플라톤의

대 히피아스
소 히피아스
알키비아데스
알키비아데스 II

플라톤의

대 히피아스
소 히피아스
알키비아데스
알키비아데스 II

박종현 역주

서광사

이 책에서의 《대 히피아스》 편과 《소 히피아스》 편의 기본 대본은 *PLATON: HIPPIAS MAIOR · HIPPIAS MINOR*: TEXTKRITISCH HERAUSGEGEBENEN VON BRUNO VANCAMP(Franz Steiner Verlag, Stuttgart, 1996)이다. 그리고 《알키비아데스》 편과 《알키비아데스 II》 편의 그것들은 Oxford Classical Texts(OCT) 중에서 J. Burnet이 교열 편찬한 *Platonis Opera*, II에 수록된 것들이다. 그 밖에도 참고 문헌 목록에서 밝힌 다른 판본들과 역주서들의 텍스트 읽기를 참조하여 번역하고 주석을 달았다.

플라톤의

대 히피아스/소 히피아스/ 알키비아데스/알키비아데스 II

플라톤 지음
박종현 역주

펴낸곳 · 도서출판 서광사
펴낸이 · 이숙
출판등록일 · 1977. 6. 30.
출판등록번호 · 제406-2006-000010호

(10881) 경기도 파주시 회동길 77-12 (문발동)
대표전화 · (031) 955-4331 / 팩시밀리 · (031) 955-4336
E-mail · phil6161@chol.com
http://www.seokwangsa.co.kr / http://www.seokwangsa.kr

제1판 제1쇄 펴낸날 · 2025년 8월 30일

ISBN 978-89-306-0649-3 93160

머리말

플라톤의 대화편들을 26편으로 보느냐, 아니면 28편으로 보느냐 하는 문제와 관련해서는 바로 이 머리말 끝 쪽에서 언급하겠거니와, 이번에 내는 이 책은 나의 《플라톤 전집》 중에서는 열두 권째 것이 된다. 이로써 1997년에 낸 《국가(정체)》 편을 위시해서 26편의 대화편들을, 위작 3편과 서간집은 제외하고도, 출간케 되는 것이다. 따라서 이제 플라톤 전집 중에서 남아 있는 건 《파르메니데스》 편과 《테아이테토스》 편을 한 권으로 묶게 되는 마지막 것이다. 나머지 위작들과 잡문들은 바로 이어서, 별도의 책으로 한 권을 추가할 생각이다.

이번에 내는 이 책에 실린 네 개의 대화편들 중에서 《소 히피아스》 편을 제외한 나머지 세 대화편들 중, 또한 위작임이 확실한 《알키비아데스 II》 편을 제외한, 두 편 곧 《대 히피아스》 편과 《알키비아데스》 편의 진위 여부에 대해서는 플라톤 전공 학자들 간에 의견들이 엇갈린다. 어느 의미에서는 그런 의견들을 두루 수합해서 참작하고서 냈을 것들로 보이는 플라톤 전집들, 그것도 비교적 근년에 발행된 플라톤 전집의 경우들에서 이를 확인하면 이렇다.

PLATON: ŒUVRES COMPLÈTES (sous la direction de Luc Brisson,

Flammarion, Paris, 2008.)에서는 《알키비아데스 II》 편에 대해서만 진위를 알 수 없는 의심스런 것으로 분류했을 뿐이다. 반면에 *PLATO: COMPLETE WORKS* (ed. by J. M. Cooper, Hackett, Indianapolis/Cambridge, 1997.)에서는 《소 히피아스》 편에 대해서만 플라톤의 것으로 모두가 인정하고, 《알키비아데스》 편과 《대 히피아스》 편에 대해서는 플라톤이 저자인지 아닌지에 대해 일반적으로 학자들이 합의를 보고 있는 건 아닌 것들로 분류되고, 《알키비아데스 II》는 플라톤이 그 저자가 아닌 걸로 일반적으로 학자들이 동의하고 있는 걸로 분류했다. 또한 이 Hackett 판에 앞서 1963~1980년에 걸쳐 발간된 *THE COLLECTED DIALOGUES OF PLATO* (edd. by E. Hamilton & H. Cairns, Princeton Univ. Press)에는 《소 히피아스》 편만 실리고, 부록 편에 《대 히피아스》가 《에피노미스》 및 〈서한들〉과 함께 실려 있다. 그런가 하면, Schleiermacher의 독일어 플라톤 전집 번역판 *Platons Werke*를 몇몇 고전학자들이 개역하여 헬라스어 원문과 함께 8권으로 엮어서 낸 *PLATON: WERKE* (in acht Baenden: griech. u. dt,, Wissenschaftliche Buchgesellschaft, Darmstadt) 중의 I권(1977)에는 《알키비아데스 II》를 제외한 나머지 셋은 다 포함하고 있다. 이를 위서로 간주해서 아예 제외한 것으로 보인다. 이 독일어 판은 헬라스어 원문 텍스트를 대역 형태로 다른 한쪽에 함께 수록하고 있는데, 이 원문 텍스트는 프랑스의 Budé 판(Les Belles Lettres) 플라톤 전집 원문을 빌려다 쓴 것이다. 이 Budé 판에서는 《알키비아데스 II》를 위서들(suspects) 속에 포함시켰다.

그러니까 이것들을 기반으로 이와 관련해서 정리한다면, 이런 정도의 언급을 할 수 있겠다. 《소 히피아스》 편에 대해서는 모두가 하나같이 플라톤의 것으로 인정하나, 《알키비아데스 II》는 플라톤의 것이 확실히 아닌 것이며, 《알키비아데스》 편과 《대 히피아스》 편에 대해서는 플라톤이 저자인지 아닌지에 대해서 단언적으로 말할 수는 없는 것으로 분류하는 것이, 따라서 확실한 플라톤의 대화편들의 수는 26편이고, 이들 두 편의 유보적인 것들을 포함하면, 28편이 된다고 말하는 것이 현재로서는 가장 무난할 것이다.

이번의 이 역주서의 기본 대본들은 *PLATON: HIPPIAS MAIOR · HIPPIAS MINOR*: TEXTKRITISSCH HERAUSGEGEBENEN VON BRUNO VANCAMP, Franz Steiner Verlag, Stuttgart, 1996. 그리고 《알키비아데스》 편과 《알키비아데스 II》 편은 Oxford Classical Texts (OCT) 중에서 J. Burnet이 교열 편찬한 *Platonis Opera*, II에 수록된 것들이다. 그 밖에도 참고 문헌 목록에서 밝힌 다른 판본들과 역주서들의 텍스트 읽기를 참조하여 번역하고 주석을 달았다. 그리고 함께 수록된 각 대화편에 대한 해제는 각 대화편 첫머리에 따로 달았으나, 참고 문헌들은 한꺼번에 수록해서 밝혔다.

2025년 초여름에
박종현

차 례

우리말 번역본과 관련된 일러두기

1. 본문에서 난외(欄外)에 나와 있는 281a, b, c, …와 같은 기호는 '스테파누스 쪽수(Stephanus pages)'라 부르는 것인데, 플라톤의 대화편들에서 어떤 부분을 인용할 때는 반드시 이 기호를 함께 표기하게 되어 있다. 그 유래는 이러하다. 종교적인 탄압을 피해 제네바에 망명해 있던 프랑스인 Henricus Stephanus(프랑스어 이름 Henri Étienne: 약 1528/31~1598)가 1578년에 《플라톤 전집》(ΠΛΑΤΩΝΟΣ ΑΠΑΝΤΑ ΤΑ ΣΩΖΟΜΕΝΑ: PLATONIS opera quae extant omnia: 현존하는 플라톤의 모든 저술)을 세 권의 폴리오(folio) 판으로 편찬해 냈다. 그런데 이 책의 각 면(面)은 두 개의 난(欄)으로 나뉘고, 한쪽에는 헬라스어 원문이, 다른 한쪽에는 Ioannes Serranus의 라틴어 번역문이 인쇄되어 있으며, 각 면의 내용을 기계적으로 약 1/5씩 다섯 문단으로 나눈 다음, 이것들을 a, b, c, d, e의 기호들로 양쪽 난의 중앙에 표시했다. 따라서 이 역주서(譯註書)의 숫자는 이 책의 각 권에 표시된 쪽 번호이고, a~e의 기호는 이 책의 쪽마다에 있는 각각의 문단을 가리키는 기호이다. 《대 히피아스》 편(*Hippias Meizōn*)은 Stephanus(약자로는 St.) 판본 III권 곧 St. III. p. 281a에서 시작해 p. 304e로 끝난다.

그리고 《소 히피아스》 편(*Hippias Elattōn*)은 St. I. pp. 363a~376e이다. 이 역주서의 기본 대본으로 삼은 옥스퍼드 판(OCT)도 그리고 B. Vancamp의 텍스트도 이 쪽수와 문단 표시 기호를 그대로 따르고 있고, 이 역주서에서도 이를 따르기는 마찬가지로 하고 있다. 따라서 우리말 번역도 이들 쪽수와 a, b, c 등의 간격을 일탈하지 않도록 최대한으로 노력했다. 그러나 가끔은 한 행(行)이 쪼개어지거나 우리말의 어순(語順) 차이로 인해서 그 앞뒤의 어느 한쪽에 붙일 수밖에 없게 될 경우에는, Les Belles Lettres(Budé) 판을 또한 대조해 가며 정했다.

2. ( )는 괄호 안의 말과 괄호 밖의 말이 같은 뜻임을, 또는 같은 헬라스 낱말을 선택적으로 달리 번역할 수도 있음을 표시하는 것이다. 더구나 중요한 헬라스어의 개념을 한 가지 뜻이나 표현으로만 옮기는 것이 무리일 수도 있겠기에, 달리 옮길 수도 있는 가능성을 열어 놓기 위해서였다.

3. 번역문에서의 [ ]는 괄호 안의 말을 덧붙여 읽고서 그렇게 이해하는 것이 좋다고 생각했을 경우에 역자가 보충한 것임을 나타내거나, 또는 괄호 속에 있는 것을 함께 읽는 것이 본래 뜻에 더 충실한 것임을 표시하는 것이다.

4. 헬라스 문자는 불가피한 경우를 제외하고는 라틴 문자로 바꾸어 표기했다. 그러나 헬라스 문자 χ를 라틴 문자 ch로 표기하던 것을 요즘 고전학자들의 경향에 따라 가급적 kh로, c로 표기하는 것은 k로 바꾸어 표기했다. 그리고 u는 y로 표기했다. 그리고 원전 읽기를 일차적인 대본과 달리했을 경우에는, 그리고 해당 구절을 원문을 갖고서 말할 수밖에 없는 경우에도 가끔은 헬라스 문자들을 그냥 썼는데, 이는 헬라스 말을 읽을 수 있는 사람들을 위한 것이니, 다른 사람들은 그냥 넘기면 될 일이다.

5. 헬라스 말을 우리말로 표기하는 경우에는 되도록 실용적이고 간편한 쪽을 택했다. 이를테면, 라틴 문자로 y(u)에 해당하는 υ는 '위' 아닌 '이'로 표기했다. 오늘날의 헬라스인들도 '이'로 발음하지만, 우리도 Pythagoras를 이왕에 '피타고라스'로, Dionysos를 '디오니소스'로 표기하고 있음을 고려해서이다. 어차피 외래어 발음은 근사치에 근거한 것인 데다, 현대의 헬라스 사람들도 그렇게 발음하고 있다면, 무리가 없는 한, 우리말 표기의 편이성과 그들과의 의사소통의 편의성을 고려하는 편이 더 나을 것 같다. 더구나 이런 경우의 '이' 발음은 우리가 '위'로 표기하는 u[y]의 발음을 쓰고 있는 프랑스인들조차도 '이'(i)로 발음하고 있다. 그런가 하면 외래어 표기법에 따라 Delphoi를 옛날에는 '델피'로 하던 걸 요즘엔 '델포이'로 더러 표기하는 모양인데, 이는 그다지 잘하는 일은 아닌 것 같다. 고대의 헬라스 사람들도 Delphikos(델피의)라는 말을 썼는데, 이는 Delphoi에서 끝의 -oi가 '이'에 가깝게 발음되었던 것임을 실증적으로 입증해 주고 있다. '델포이'는 결코 Delphoi의 정확하거나 원어에 더 가까운 표기도 아니다. 오늘날의 헬라스 사람들은 물론 세계의 다른 어느 나라 사람들도 그걸 '델피'로 알아들을 리가 없는 불편하고 억지스런 표기이다. 헬라스 말의 우리말 표기는 관용과 실용성 및 편이성을 두루 고려해서 하는 게 더 나을 것 같다. 반면에 영어에서도 the many의 뜻으로 그대로 쓰고 있는 hoi polloi의 경우에는, 영어 발음도 그렇듯, '호이 폴로이'로 표기하는 것이 현대의 헬라스 사람들을 따라 '이 뽈리'로 표기하는 것보다는 더 순리를 따르는 것일 것 같다.

6. 연대는, 별다른 표기가 없는 한, '기원전'을 가리킨다.

7. 우리말 어법에는 맞지 않겠지만, 대화자들의 인용문 다음의 '라고'나 '하고'는, 되도록이면, 넣지 않는 쪽을 택했다. 너무 많이 반복되

는 탓으로 어지러움을 덜기 위해서였다. 그리고 모든 대화편에서 '제우스께 맹세코' 따위의 강조 표현은 그냥 '맹세코', '단연코' 등으로 옮겼다.

원전 텍스트 읽기와 관련된 일러두기

1. 원문의 텍스트에서 삽입 형태의 성격을 갖는 글 앞뒤에 있는 dash 성격의 짧은 선(lineola)들은 번역문에서는, 무리가 없는 한, 최대한 없애도록 했다. 그 대신 쉼표를 이용하여, 앞뒤 문장과 연결 짓거나, 한 문장으로 따로 옮겼다. 대화에서 이런 삽입구 형태의 표시를 많이 하는 건 그리 자연스럽지 않을 것이라 생각해서다.

2. 헬라스어로 된 원문 텍스트에서 쓰이고 있는 기호들 및 그 의미들은 다음과 같은 것들인데, 이 책의 각주들에서도 이 기호들은 필요한 경우에는 썼다.

[ ]는 이 괄호 안의 낱말들 또는 글자들이 버릴 것들임을 가리킨다. 그러나 텍스트에서의 이 괄호 표시와 이 책의 번역문에서의 그것은 다른 용도로 쓰이고 있으니, 앞의 일러두기에서 이를 다시 확인해 두는 게 좋겠다.

〈 〉는 이 괄호 안의 낱말들 또는 글자들이 필사본 텍스트에 짐작으로 덧보태게 된 것들임을 가리킨다.

( )는 활자들이 마모되어 단축된 텍스트의 확충임을 가리킨다. 이

경우에도, 텍스트에서의 이 괄호 표시와 이 책의 번역문에서의 그것은 다른 용도로 쓰이고 있으니, 앞의 일러두기에서 이를 다시 확인해 두는 게 좋겠다.

†(십자가 표시 또는 단검 표시: crux)는 이 기호로 표시된 어휘나 이 기호로 앞뒤로 묶인 것들의 어휘들이 필사 과정에서 잘못 베꼈거나 잘못 고친 탓으로 원문이 훼손된 것(glossema corruptum)이어서, 그 정확한 읽기를 결정짓는 게 난감한 어구(locus desperatus)임을 가리킨다.

***(별표)는 원문 일부의 탈락(lacuna)을 가리킨다.

《대 히피아스》 편

《대 히피아스》 편(*Hippias meizōn*) 해제

19세기 이래로 이 대화편이 플라톤 자신의 것인지를 두고 적지 않은 공방이 이어져 왔다고 한다. 이와 관련해서는 오늘날의 대표적인 플라톤 전집들에서 이 대화편을 어떻게 분류하고 있는지에 대해서 앞의 '머리말'에서 이미 언급했다. 따라서 이 대화편이 과연 플라톤의 것인지 아닌지의 문제와 관련된 그 이상의 언급은 접기로 한다.

이 대화편은 그 내용상 초기 대화편들 중에서도 흔히 '소크라테스적인 대화편들'로 불리는 것들에 속하는 성질의 것이다. 이를테면, '용기'가 무엇인지를 다룬 《라케스》 편이나 '경건함'이 무엇인지를 다룬 《에우티프론》 편처럼, 이 대화편에서는 '아름다움'이 무엇인지를 다룬다. 그런데 이 '아름다움'을 이 대화편의 주제로 삼게 되는 실마리가 자연스럽지가 않고 좀 엉뚱스럽다는 생각을 갖지 않을 수 없게 한다. 왜냐하면 286c~d에서 '때마침(eis kalon)' 아테네를 찾은 히피아스를 소크라테스가 만나고 보니, 자신의 이 표현이 '아름다움([to] kalon)'을 상기케 한다며, 도대체 '아름다움 자체(auto to kalon)'가 무엇인지 가르쳐 주기를 청함으로써, 이것이 이 대화편의 주제로 된다. 헬라스어 kalon에는, 해당 각주에서도 밝혔듯, 여러 뜻들이 있는

데, 그 일차적인 뜻이 '아름다움'이다. 그러나 이 대화편에서의 이 주제의 설정 계기가 아무래도 자연스럽지가 않고, 조금은 억지스런 점이 있는 걸로 느껴진다는 점에서 '플라톤다운 것'이라고 받아들이게 되는 걸 일단은 주저케 한다. 이에 비해 《에우티프론》 편에서 '경건(hosiotēs)'이 대화의 주제로 되는 것도, 《라케스》 편에서 '용기(andreia)'를 그 주제로 삼게 되는 것도, 그것들을 주제로 삼을 수밖에 없는 상황과 인물들의 만남이 절묘하고 지극히 자연스럽다.

《에우티프론》 편의 경우를 보자. 아고라의 바실레우스 관아를 끼고 서성이고 있는 소크라테스를 뜻밖에도 만난 에우티프론이 무슨 이유로 그곳에서 그러고 있는지 물어서, 신을 믿지 않는다는 불경죄로 기소된 사연을 말한다. 마침 에우티프론도 아버지를 불경죄로 고발하기 위해서 왔는데, 그 사연은 이렇다. 자기 집 머슴이 술이 취한 상태에서 한 가복에게 화가 나서 그의 목을 베었는데, 이 사람을 아버지가 손발을 묶은 상태로 도랑에 내동댕이쳐 놓고서는, 그 처분을 어떻게 할 것인지를 문의하기 위해 이곳으로 사람을 보냈는데, 그가 돌아오기 전에 내팽개쳐진 상태로 있던 이 머슴이 굶주림과 추위로 죽어 버렸기에, 자신은 아버지를 살인을 한 불경죄로 고발했다는 것이다. 불경죄로 친아버지를 고발할 정도라면, 불경함이 무엇인지에 대한 확신이 있을 것이라 여겨, 그게 무엇인지 가르침을 받아, 자신의 변론에 도움을 얻고자, 소크라테스가 그와 문답을 하는 것이 이 대화편의 내용이다.

그건 그렇다 치고, 다시 우리의 이 대화편으로 옮겨 가자. 올림피아와 북쪽으로 이웃한 엘리스 출신의 히피아스가 오랜만에 아테네를 방문한다. 그는 다재다능하고 박학다식한 사람이다. 온갖 형태의 시문에도 밝고, 수학, 천문학, 음악, 미술 분야 등에서도 자신의 역량을 뽐낼 뿐만 아니라, 손가락의 반지에서부터 제 몸에 걸친 모든 것을 스스로 만들어 갖고서 올림피아 경기장에 나타났던 것으로 전해 온다.

소크라테스가 오랜만에 아테네를 찾은 히피아스를 반기며 나눈 첫 대화에서 히피아스는 그동안 바빴던 사연들과 많은 돈을 벌었던 일들 그리고 스파르타에서 겪었던 일들에 대한 이야기를 자랑삼아 하고서는, 이틀 뒤에 있을 연설에 초대해서, 이에 응하기로 약속한다. 그러고서 '아름다움(to kalon)'을 주제로 대화를 하게 된 사연은 앞서 이미 언급했다.

소크라테스는 최근에 자신이 "어떤 논의 중에 일부는 추한 것들로 비난하되, 일부는 아름다운 것들로 칭찬했다가" 궁지에 빠진 일이 있다며, 그에게 '아름다움' 곧 '아름다움 자체(auto to kalon)'가 무엇인지 가르침을 달라고 청한다. 박학다식을 자부하는 히피아스는 그건 '사소한 것'이며 '하찮은 것'이라고까지 말하며, 그건 아름다운 것이 무엇인지를 묻는 것과 같은 질문이겠다며, "아름다운 처녀가 아름답다"는 식으로 '아름다움'이 무엇인지가 아닌, 아름다운 사례를 든다. 다시 질문을 고쳐, 무엇으로 해서 아름다운 사물들이 아름다운지를 물으니, 황금으로 해서라고 대답한다. 금으로 장식되면 모든 것이 아름답다고 했다가, 조각가 페이디아스는 아테나 여신상의 손발은 상아로, 눈의 가운데 부분은 돌로 만들었다고 하니, 이번에는 '적합함(to prepon)'이라 대답한다. 그러나 '적합함'은 기껏해야 어떤 것을 아름다워 보이도록 만들지, 정작 아름다운 것이도록 만들지는 않는 것이겠고, '아름다움 자체'가 그러는 것이겠는데, 그게 무엇이냐고 다그쳐 묻는다. 따라서 '적합함'과 '아름다움'은 다른 것임이 밝혀진다. 그래서 난감해하면서도 곧 아름다움이 무엇인지 대답할 수 있게 될 것이라고 흰소리만 하고 있는 히피아스를 곤경에서 벗어나게 하느라,

'유용함(to khrēsimon)'이 '훌륭함 곧 아름다움(to kalon)'이겠는지 소크라테스가 묻는다. 그러나 '유용함'은 '가능한 것(to dynaton)'을 가능케 하는 데 기여하고, 이것들은 유익한 것이다. 그러나 '유익함(to ōphelimon)'은 좋은 걸로 만드는 것이지, 아름다운 걸로 만드는 것은 아니다. 아름다움(to kalon)과 좋음(to agathon)은 서로 다른 것이다. 마지막으로 시각과 청각을 통해 즐거움을 갖게 하는 것이 아름다움일 것이라는 추정을 하게 된다. 그러나 아름다움 자체가 무엇인지에 대해서는 여전히 알지 못한 채로 "아름다운 것들은 어렵다"는 속담의 뜻을 새삼 실감케 되는 걸로 대화는 끝난다.

참고삼아 '아름다움'이 '좋음'과 어떤 관계에 있는지를 언급한 《필레보스》 편(64d~65a)의 한 대목을 여기에 인용하겠다.

"일체의 혼합(synkrasis)은, 그게 무슨 혼합이건 그리고 어떻게 이루어진 것이건 간에, 적도(適度: metron)와 균형성(hē symmetros physis)에 적중하지 못한 것이면, 그것은 그 혼합을 이루고 있는 것들을, 그리고 맨 먼저 그 혼합 자체를 필연적으로 파멸시킨다는 걸세. 그건 혼화(混和: krasis)가 아니라, 실로 혼화하지 못한 채(akratos)로 한데 모인 것으로서, 그와 같은 불행은 그런 혼합을 이루어 갖고 있는 것들에 실제로 그때마다 일어나기 때문일세. … 지금 막 우리에게서 좋음(to agathon)의 특성은 아름다움의 성질로 달아나 버렸네. 왜냐하면 적도 상태(metriotēs)와 균형(symmetria)은 모든 경우에 아름다움(kallos)과 훌륭함(덕: aretē)으로 될 게 틀림없겠기 때문이네. … 그렇지만 실은 혼화(krasis)에는 진실성(alētheia)이 이것들과 뒤섞여 있네. … 그러니까 만약에 우리가 좋음(to agathon)을 한 가지 모습(성질: idea)에 의해서는 추구(추적)할 수 없다면, 세 가지에 의해서, 즉 아름다움과 균형 그리고 진실성에 의해서 포착한 다음, 하나인 것과도 같은 이것을 혼합(symmeixis) 상태에 있는 것들의 원인으로 우리가 주장하는 게 지당할 것이라고, 또한 좋은 것인 이것으로 말미암아 그 혼합도 그와 같은 것으로 된 것이라고 말하도록 하세."

목 차

I. 소크라테스가 오랜만에 아테네를 찾은 히피아스를 반기며 나눈 첫 대화: 히피아스가 그동안 바빴던 사연들과 많은 돈을 벌었던 일들 그리고 스파르타에서 겪었던 일들에 대해 듣고, 히피아스의 이틀 뒤에 있을 연설에 초대받음.(281a~286c)

II. '때마침(eis kalon)' 하게 된 히피아스의 방문에 소크라테스는 최근에 '아름다움(to kalon)'과 관련한 논의에서 곤욕을 치른 자신의 일이 생각난다며, '아름다움 자체(auto to kalon)'가 무엇인지 히피아스에게 가르침을 청하며, 그와 문답을 함.(286c~296e)

1. 소크라테스가 '아름다움'이 무엇인지를 묻는데, 히피아스는 이를 무엇이 아름다운지를, 곧 아름다운 것이 무엇인지를 묻는 것과 같은 질문이겠다며, "아름다운 처녀가 아름답다"는 식의 아름다운 사례를 듦.(~289d)
2. 다시 질문을 고쳐, 무엇으로 해서 아름다운 사물들이 아름다운지를 물으니, 황금으로 해서라고 대답함. 금으로 장식되면 모든 것이 아름답다고 했다가, 조각가 페이디아스는 아테나 여신상의 손발은 상아로, 눈의 가운데 부분은 돌로 만들었다고 하니, 이번에는 '적합함(to prepon)'이

라 대답함. 그러나 적합함은 기껏해야 어떤 것을 아름다워 보이도록 만들지, 정작 아름다운 것이도록 만들지는 않는 것이겠고, 아름다움 자체가 그리하는 것임. 따라서 적합함과 아름다움은 다른 것임.(~294e)

3. 난감해하면서도 곧 아름다움이 무엇인지 대답할 수 있게 될 것이라고 흰소리만 하고 있는 히피아스를 곤경에서 벗어나게 하느라, '유용함(to khrēsimon)'이 '훌륭함 곧 아름다움(to kalon)'이겠는지 묻는다. 유용함은 '가능한 것(to dynaton)'을 가능케 하는 데 기여하고, 이것들은 유익한 것이다. 그러나 '유익함(to ōphelimon)'은 좋은 걸로 만드는 것이지, 아름다운 걸로 만드는 것은 아님.(~296e)

III. 아름다움(to kalon)과 좋음(to agathon) 그리고 즐거움(to hēdy)의 구별과 그 관계(296e~304e)

1. '아름다움'은 '좋음'의 원인이 되는 것인가? 둘은 전혀 별개의 것들임을 밝힘(~297d).
2. 시각과 청각을 통해 즐거움을 갖게 하는 것이 아름다움일 것이라는 추정을 하게 됨. 그러나 아름다움 자체가 무엇이지에 대해서는 여전히 알지 못한 채로, "아름다운 것들은 어렵다"는 속담의 뜻을 실감케 됨.(~304e)

대화자들

히피아스(Hippias, 연대 미상, 소크라테스와 동시대): 펠로폰네소스 반도의 올림피아(Olympia)와 북쪽으로 이웃한 엘리스(Ēlis) 출신이다. 소크라테스 생존 시에 이름난 소피스테스로서 활동했다. 《프로타고라스》 편에도 등장한다. 이 대화편 285b 이후 및 《소(小) 히피아스》 편(368b 이후)에서는 그의 다재다능(多才多能)과 박학다식 그리고 강기(强記) 등에 관한 언급이 보인다. 온갖 형태의 시문에도 밝고, 수학, 천문학, 음악, 미술 분야 등에서도 자신의 역량을 뽐낼 뿐만 아니라, 손가락의 반지에서부터 제 몸에 걸친 모든 것을 스스로 만들어 갖고서 올림피아 경기장에 나타났던 것으로 전해 온다. 그의 토막글들은 참고 문헌 목록에서 밝힌 Diels/Kranz의 책에 수록되어 있다.

소크라테스(Sōkratēs, 469~399): 소크라테스의 이 대화는 니키아스(Nikias)에 의한 아테네와 스파르타 간의 평화 협정(421년 이후 50년간)이 유지되고 있던 시기(421~417년)의 어느 시점에 있었음 직한 것으로 설정되어 있다.

소크라테스: 멋지고 지혜로우신 히피아스 선생께서 오시누만. 얼마 만에 아테네로 우리에게로 오신 건지! 281a

히피아스: 겨를이 나지 않아서였습니다, 소크라테스 선생! 엘리스는 어느 나라를 상대로 해서건 일을 풀어 나가야만 할 때는, 언제나 시민들 중에서 맨 먼저 제게로 옵니다. 사절로 선발하고서죠. 각각의 나라들 쪽에서 하는 말들에 대해 더할 수 없이 충분히 판단하고 전할 사람으로요. 그래서 여러 번이나 다른 나라들에도 사절로 갔습니다 b
만, 가장 많이는 그리고 대부분의 가장 중대한 일들과 관련해서 라케다이몬(스파르타)[1]으로 갔었죠. 바로 이 때문에, 선생께서 물으시는 것처럼, 이쪽 지역으론 제가 자주 오지 않은 겁니다.

소크라테스: 하지만, 히피아스 선생, 그런 점은 진실로 지혜롭고 완벽한 사람인 것입니다. 왜냐하면 선생은 사적으로도 젊은이들에게서 많은 돈을 받되, 받은 것보다도 한결 더 그들을 이롭도록 능히 만드시

1) Lakedaimōn은 Lakōnikē의 수도 또는 라코니케 자체를 뜻하기도 한다. Spartē의 고대 명칭임.

c 고, 또한 공적으로도 선생의 나라를 능히 이롭도록 할 수 있으시니. 마치 다중 사이에서 무시당하지 않고 좋은 평판을 받고자 하는 사람이 해야 하듯이. 하지만, 히피아스 선생! 지혜로 저명한 저 옛사람들, 피타코스와 비아스[2] 그리고 밀레토스의 탈레스 학파의 사람들,[3] 더 나아가 아낙사고라스[4]까지의 훗날 사람들, 이들 모두 또는 이들 중의 많

2) Pittakos(7세기 중엽~약 570)는 레스보스섬의 미틸레네(Mytilēnē)의 정치가로서, 소아시아의 밀레토스 북쪽의 프리에네(Priēnē)의 정치가였던 Bias와 함께 일곱 현인들 중에 포함되는 거의 전설적인 인물이다.

3) 여기서 '밀레토스의 탈레스 학파의 사람들'이란 우리가 철학사에서 흔히 'Milētos 학파'라 일컫는 탈레스·아낙시만드로스·아낙시메네스로 이어지는 밀레토스 출신의 초기 자연 철학자들을 통칭하는 표현이기도 하다. Thalēs도 일곱 현인들 중의 한 사람으로서 만물의 근원을 '물'이라 하고, 585년의 일식을 예언했으며, 태양의 지점(至點)을 말하고, 삼각형의 원리를 이용하여 피라미드의 높이를 재거나 바다에 떠 있는 배가 육지에서 얼마만큼의 거리에 있는지도 측량해 내는 등 많은 놀라운 일을 했다.

4) Anaxagoras(500?~428)는 소아시아의 클라조메나이(Klazomenai, Klazumen: 옛날의 스미르나 곧 오늘날의 Izmir만 남쪽 해안에 위치함) 출신으로 480/79년에 아테네로 와서 철학을 하기(philosophein) 시작했으며, 향후 30년 동안이나 이곳에 머물렀다고 한다 (Mansfeld는 최근의 발표에서 456/5년에 아테네로 와서 437/6년까지 약 20년 남짓 머문 것으로 주장함). 그의 토막글 1에서는 "모든 것은 함께 있었다(Homou panta khrēmata). 그것들은 수와 작기에 있어서 무한하다"라고 했는데, 그 뜻은 이런 것이다. 만물을 이루는 원소들로서의 '씨들(spermata)'은 무한히 많고 지극히 작다. 모든 사물에는 모든 종류의 씨앗들이 다 들어 있지만, 다만 이것들의 다양한 비율의 상호 결합과 분리로 해서 다양한 사물들이 생기기도 하고 소멸되기도 한다고 했다. 또한 그는 무한히 많고 무한히 작은 이 씨들은 이 우주에서 사물들이 형성되기 이전의 태초에는 모두가 함께 뒤섞인 상태로 있었는데, 이것들이 분리해 나오면서 서로 구별되는 사물들의 형성을 보게 되었다고 한다. 그러나 정신(지성: Nous)만은 다른 것들과 혼합하지 않고, "일체의 것들을 통할한다(pantōn nous kratei)"고 했는데, 그것이 최초로 회전 운동을 일으켜 번져 가게 함으로써, 사물들

281c

은 이들이 나랏일들에 대해 거리를 두었던 것으로 보이니, 그 까닭은 도대체 무엇입니까?

히피아스: 소크라테스 선생, 그야 지혜로 양쪽 다에, 곧 공공의 일들과 사적인 일들 다에 미치기에는 불가능했거나 충분치 않았던 게 아니고 다른 무엇이라고 선생께선 생각하십니까? d

소크라테스: 그러니까, 단연코 다른 기술들이 향상되고, 지금의 장인들에 비해 옛날의 장인들은 하찮듯이, 이처럼 당신들 소피스테스들의 기술도 향상되었으며 지혜와 관련해서도 선생들에 비해서 옛날 사람들이 하찮다고 우리가 말할 것인지?

히피아스: 예, 전적으로 옳게 말씀하시는 겁니다.

소크라테스: 따라서, 히피아스 선생, 만약에 비아스가 지금 되살아나 준다면, 당신들에 비해서 비웃음을 사겠죠. 마치 다이달로스[5]를 조 282a
각가들도 말하듯, 만약에 조각들로 그가 명성을 얻었던 그런 것들을 지금 그가 태어나서 빚어낸다면, 비웃음을 사겠듯이.

의 결합과 분리를 가능케 했단다. 그는 페리클레스의 스승이기도 했다.

5) Daidalos는 아테네의 전설적인 명장(名匠)이다. 크레테의 미노스 왕궁에 괴물 소 미노타우로스를 가두어 두기 위해 미궁(labyrinthos)을 만들었다가, 그곳에서 빠져나오는 방법을 아리아드네에게 가르쳐 주었다는 걸 구실 삼아 미노스가 놓아주지 않고, 아들 Ikaros와 함께 이 미궁에 가두어 버린다. 이에 밀랍과 새의 깃털들로 날개를 만든 다음, 이를 이용해서 아들과 함께 탈출하나, 아들은 너무 태양 가까이 날았다가 밀랍이 녹아 떨어져 죽었으나, 그는 무사히 이카리아(Ikaria)섬(사모스섬 왼쪽에 있음)에 안착했다는 이야기는 잘 알려져 있는 것이다. 또한 조상(彫像: agalma)의 두 다리를 자연 상태로 따로 떨어져 있게 한 것(agalma periskeles)을 만들기 시작한 조각가가 바로 그였다는데, 그가 만든 조상들(아마도 나무로 만든 조상들, 즉 xoana였던 듯)은 마치 살아있는 듯해서 눈을 움직이며 걸어 다녔다고 한다.

282a

히피아스: 그것들이야, 소크라테스 선생, 선생께서 말씀하시는 대로, 그렇죠. 하지만 저로서는 옛날 분들과 우리 이전의 앞서의 분들을 지금 분들보다도 더 칭송합니다. 살아 계신 분들의 샘도 조심합니다만, 돌아가신 분들의 분노도 두렵지요.

b 소크라테스: 히피아스 선생, 선생께선 아무튼 지칭하시는 것도 생각하시는 것도, 제게 생각되기로는, 훌륭하게 하십니다. 선생께서 진실을 말씀하신다는 걸 저로서도 함께 증언할 수 있겠으며, 사적인 일들과 함께 공적인 일들도 수행해 낼 수 있음과 관련해서는 여러분의 수완이 실제로 증명해 보였습니다. 왜냐하면 레온티노이의 소피스테스인 이 고르기아스[6]도, 공공의 일들을 처리함에 있어서 레온티노이

6) Gorgias는 시켈리아(시칠리아)의 레온티노이(Leontinoi) 출신(약 483~약 385)으로 프로타고라스(Prōtagoras: 약 490/485~약 420/415)와 더불어 당시의 소피스테스들 중에서도 그 영향력이 가장 컸던 인물이었다. 427년에 레온티노이의 사절단을 이끌고 아테네에 가서, 본문에서 말하듯, 민회에서 발언도 하고, 개인적으로 한 과시성 연설(epideixis)을 듣고 감명을 받은 아테네인들의 요청으로, 아테네에 머물면서 변론술(rhētorikē)을 가르침으로써, 많은 추종자를 길러 낸다. 훗날 아테네의 유명한 변론가가 되어 자신의 학원까지 세운 이소크라테스(Isokratēs, 436~338)도 그의 가르침을 받은 것으로 전해 온다. 당시 아테네의 민주정치에서 지도자들에게 요구되는 설득의 능력을 보장해 주는 것이 곧 변론술이었으니, 이는 언변에 능한 사람으로 만드는 기술이다. 그는 또한 《있지 않는 것(to mē on), 또는 자연(본질적인 것: physis)에 관하여》라는 책을 썼는데, 이 책의 제목 자체가 당시의 자연 철학적 탐구에 대해 다분히 도전적이며 냉소적인 것이다. 자연 철학자들은 자연에서 근원적인 것 곧 본질적인 것이 '참으로 있는 것'이라며, 이를 저마다 다른 것으로 제시하는데, 그런 것은 있지도 않다는 취지로 그런 제목을 단 것이다. 그는 이 책에서 자기가 증명할 세 가지를 말하고 있는데, 그것들은 다음과 같다. 첫째로, 아무것도 존재하지 않는다. 둘째로, 설사 존재한다 할지라도, 사람이 그걸 알 수는 없다. 셋째로, 설령 알 수 있다 할지라도, 그걸

282b

사람들 중에서는 가장 유능했기에, 본국에서 사절로서 공무로 이리로 왔었고, 또한 민회[7]에서 아주 훌륭하게 말하는 걸로 여겨졌고, 사적으로도 '과시성 연설'[8]들을 하고서, 젊은이들을 제자들로 삼게 됨으로
써 많은 돈을 벌어, 이 나라에서 취하게 되었습니다. 다른 경우를 듣 c
고 싶으시다면, 우리의 친구 이 프로디코스[9]도 수시로 여러 차례나 공

이웃에 전할 수 없고 설명해 줄 수도 없다. 그의 철학적 주장과 관련된 토막글들은 Diels/Kranz, *Die Fragmente der Vorsokratiker, II*, Weidman, 1954에 수록되어 있다.

7) 아테네의 경우 민회(ekklēsia. 여기에서는 dēmos로 언급됨)는 18세 이상의 성인 남자로서 시민 자격을 갖춘 아테네인들로 구성되는 최고 의결 기구였으며, 연간 40회의 정규적인 회의와 필요에 따른 회의를 가졌다. 협의회를 통해 제의된 안건은 대체로 거수 투표(kheirotonia)에 의한 종다수로 의결되는데, 이를 psēphisma(다수표에 의해 통과된 법안, 곧 법령)라 한다. 외교 문제, 재정, 군사 작전 등, 나라의 중대사와 관련된 문제를 의결하며, 장군들(stratēgoi)의 선발, 심지어는 나라의 안위와 관련된 범죄에 대한 재판까지 하게 되는 기구였다.

8) 원어는 epideixis인데, 이는 어느 날 아테네에 나타난 소피스테스가 해 보이는 '과시성(誇示性) 연설'을 주로 가리키는 말이다. 이 연설이 끝나고 이에 이어 무엇이든 묻도록 촉구하고서 대답까지 하게 되는데, 이들 질문들에 대한 대답들의 설득력에 따라 제자로 될 젊은이들의 호응도가 달라진다. 앞으로 돈방석에 앉을지의 여부도 이때 결정되는 셈이다.

9) Prodikos는 키클라데스 군도(群島)(Kyklades nēsoi) 중에서는 아테네에 가장 가까운 섬인 케오스(Keos) 출신이다. 여러 차례에 걸쳐 아테네에 사절로 왔던 탓으로, 아테네에서 소피스테스로서 명성을 얻을 기회를 가질 수 있었다. 그는 기원전 5세기 후반에 소피스테스로 활동했다. 특히 '낱말들의 정확성(orthothēs onomatōn)'을, 곧 비슷한 낱말들의 의미를 엄격히 구분하여 정확히 사용할 것을 강조했던 것으로 알려져 있다. 그는 가르침의 대가로 고액의 사례금을 받은 것으로도 유명하다. 그는 《프로타고라스》 편에서는 실제 대화자로 등장하고, 그 밖의 대화편들에서 여러 번 언급된다. 《라케스》 편 197d에는 낱말들의 정확한 구별과 관련된 언급이 보이며, 《크라틸로스》 편 384b에서는 소크라테스가 프로디코스의

무로 왔었죠. 하지만 최근의 마지막 때에는 케오스에서 공무로 와서는, 협의회[10]에서 발언을 하고서는 아주 유명해졌죠. 그리고서 사적으

50드라크메짜리 강연은 듣지 못하고, 1드라크메짜리 강연만 들어서 아쉬워했던 것 같은 말을 하고 있다.

10) 헬라스어로 협의회(평의회)는 boulē, 협의회 의원들은 bouleutai라 한다. 아테네는 139개나 되었다는 부락 및 그 부락민(dēmos, 복수는 dēmoi임. dēmos는 '민중' 또는 '평민'을 뜻하는 말이기도 함)을 기반으로 한 새로운 행정 단위인 10개 부족(phylai)으로 클레이스테네스(Kleisthenēs)의 민주화 개혁(기원전 508/7년)에 따라 인위적으로 재편된다. 여기에서 재편되었다 함은 그가 아테네의 도심 지역과 해안 지역 및 내륙 지역을 각각 10개로 나눈 다음, 이들 나뉜 각 지역에서 하나씩, 셋을 하나로 묶어 한 부족으로 하는 10개의 부족으로 재편한 것을 두고 하는 말이다. 그래서 종래의 혈연에 기반을 둔 4부족은 인위적인 행정 단위의 10부족으로 그 성격이 바뀌게 되었고, 각 부족(phylē)을 형성하게 된 세 지역의 각각은 그 부족의 1/3에 해당된다 하여, 이를 '트리티스'(trittys: 1부족의 1/3)라 일컫게 되었다. 그리고 이 '트리티스'는 여기에 속하는 가장 큰 부락(市區: dēmos)의 이름을 따라 불리게 된다. 이처럼 10개 부족 및 그 하부 조직으로 재편된 아테네의 행정 체제가 이후의 아테네의 군 편제 및 모든 분야의 공공 생활의 기반이 된다. 이들 각각의 부족에서 30세 이상인 남자의 대표 50명씩을 매년 추첨에 의해 선출하는데, 한 부족에 속하는 각각의 부락(市區)은 그 규모에 따라 적게는 3명 많게는 22명을 선출하게 된다. 그러나 같은 한 사람이 두 번 이상 협의회 의원으로 될 수는 없다. 이렇게 해서 도합 500명의 협의회 의원들이 뽑히게 되는데, 이들은 1년을 10으로 나눈 각 분기 동안 한 부족의 의원들 50명이 협의회의 운영(실무) 위원회(prytaneis)를 구성한다. 당시에는 음력을 공식 달력으로 썼기 때문에, 추첨에 의해 먼저 협의회의 운영을 맡게 되는 4부족은 36일씩, 나중의 6부족은 35일씩 맡게 된다(아리스토텔레스의 《아테네의 나라 체제》 43. 2 참조). 이 기간(prytaneia) 동안 이들은 tholos(둥근 지붕의 원형 건물로서, 영어로는 the Rotunda라 하는 것임. 일명 Skias라고도 하는데, 이는 그 지붕이 양산 모양이라 하여 붙인 이름임)에 머물며, 국비로 식사도 하고, 협의회 및 민회(ekklēsia)의 업무 및 외교 업무 등을 주관하게 된다. 그리고 그들 가운데서 매일 한 사람의 대표를 추첨에 의해

로 과시성 연설들을 하고서는, 젊은이들을 제자들로 삼게 되어, 놀라울 정도의 돈을 벌었죠. 그러나 저들 옛 분들 중에서는 누구도 보수로 돈을 받아 낼 생각을 결코 하지 않았으며, 온갖 부류의 사람들 속에서 자기 지혜의 과시성 연설을 할 생각을 하지도 않았죠. 이들은 이처럼 d
순진했으며 돈이 많은 가치가 있다는 점을 알지도 못하고 있었던 겁니다. 이들 두 분은 저마다 지혜로 해서 돈을 벌기를 다른 어떤 기술의 장인보다도 더 많이 벌었죠. 그리고 이들보다도 더 앞서는 프로타고라스[11]가 그랬고요.

선발하게 되는데, 이 사람은 자기가 선택한 한 '트리티스' 출신의 의원들의 도움을 받으며 '톨로스'에서 24시간 당직을 서고, 그날 열리게 되는 협의회 또는 민회의 의장(epistatēs)이 되는가 하면, 국새와 국고 및 국가 문서의 보관 업무도 그의 소관이 된다. 협의회 의원으로서 의장이 되는 것은 일생에 한 번뿐이다. 그런데 협의회는 그 자체에 어떤 의안 결정권이 있는 게 아니라, 민회에서 투표에 부칠 의제 또는 의안들을 협의하고 민회의 소집권을 갖는 기구이다. 그 기간(prytaneia) 동안 네 차례의 정규적인 주요 민회(kyria ekklēsia)가 소집되고, 물론 특별한 안건이 있을 경우에도 민회는 소집된다.

11) Prōtagoras(약 490/485~약 420/415)의 생존 연대는 정확치 않고, 《메논》 편 91e를 보면, 거의 일흔 살 정도 산 것으로 전한다. 그는 가장 이름난 그리고 원조 격인 소피스테스로서, 철학사를 통해서도 큰 비중을 갖는 인물이다. 그의 철학적 주장의 요지를 담고 있는 것이 이른바 '프로타고라스적 척도'(Prōtagoreion metron)인데, 이를 흔히 '인간 척도(homo mensura) 명제'라 말하며, 그 내용은 이러하다. "사람은 만물의 척도(metron)이다. 있는 것들(-ㄴ 것들: ta onta)에 대해서는 있다(…이라)고, 있지 않는 것들(…지 않은 것들: ta mē onta)에 대해서는 있지 않다(…지 않다)고 하는 척도이다." 이 인간 척도설은 상당한 설명이 필요한 것이지만, 오해를 최소한 피하는 선에서만, 간단한 언급을 하겠다. 이 명제에서 말하는 '사람'은 '각자'이고, 있거나 있지 않음(…이거나 …이 아님)은 각자의 감각적 지각(aisthēsis)에 근거한 것이다. 따라서 각자가 갖게 되는 앎은 의견(판단: doxa)일 수밖에 없고, 모든 의견은 대등하기에

히피아스: 실은 이와 관련된 굉장한 일들 중에서 아무것도 선생께서는 모르십니다, 소크라테스 선생! 만약에 선생께서 제가 얼마나 많은 돈을 벌었는지를 아신다면, 놀라실 겁니다. 다른 경우들은 제쳐 놓고도, 언젠가 제가 시켈리아에 갔을 땐데요, 이곳에 프로타고라스께
e 서 손님으로 머무실 땐데, 유명하셨고 연세도 더 많으셨을 땐데, 훨씬 젊었던 저는 짧은 시간에 150므나[12]보다도 훨씬 많은 돈을 벌었으며,

---

변론술에 의한 설득 또는 제압이 필요하게 된다. 소피스테스들에 대한 사회적 수요가 바로 여기에 있다. 그는 자신의 가르침에 대한 보수(misthos)로 당대 최고 액수였던 100므나(mna)를 최초로 받아 냈다고 한다.

12) 1므나(mna)는 100드라크메에 해당된다. 아테네 화폐의 가장 기본적인 단위는 오볼로스(obolos)와 드라크메(drakhmē)라 하겠다. 이 화폐단위의 어원과 관련해서는 LSJ의 대사전에 이런 설명이 실려 있다. obolos에는 obelos, obelas 등의 방언들도 있는데, 원래 이는 '못(큰못?)' 또는 이런 유형의 '쇠꼬챙이'를 지칭하던 것으로, 주조 화폐가 생기기 전의 초기에는 이것이 '돈' 구실을 했단다. 그런데 이것들을 화폐로도 전용하면서, 이것들의 '한 옴큼'을 '드라크메'라 일컫는 화폐 단위(6오볼로스)로 쓰게 되었다고 한다. 이후 갖가지 형태의 주화들이 쓰이다가, 아테네의 경우엔 508년의 민주화 이후에는 아테나 여신과 올빼미가 새겨진 은화들이 쓰이기 시작하고, 483년 라우리온(Laurion) 은광 발견 이후엔 지중해 연안 나라들의 이른바 국제 통화로서의 수요에 응해 특히 4드라크메 은화(tetradrakhmon)를 위주로 한 은화들을 대규모로 꾸준히 공급했다고 한다. 당시 화폐의 현실적 가치를 가늠할 수 있는 예들 몇 가지를 들면, 이런 것들이다. 당시에 건장한 기능인의 하루 수당이 1드라크메였다고 한다. 《소크라테스의 변론》 편(38b)을 보면, 소크라테스가 자신에 대한 벌금형으로 1므나를 제의하니까, —당시에 포로의 석방 대가가 이 금액이었다고 함—, 여러 사람이 30므나의 벌금을 제의하도록 하고 자기들이 물겠다고 하는 장면이 나온다. 또한 같은 대화편(26d)에서 아낙사고라스의 책을 1드라크메로 구입할 수 있었다는 언급이 보인다. 그리고 당시에 노동력을 상실한 노인들이 주류를 이루었던 배심원들의 일당이나 축제 행사 때 가난한 시민들의 극장 관람을 위해 나라에서 각자에게 제공하는 '관람 비용(theōrika)'이 처음에는 2오볼로스였다가 나중엔 3오볼로스로

아주 작은 지역인 이니콘[13]에서도 20므나 이상을 벌었죠. 그리고 이를 집으로 갖고 와서는 아버지께 드렸더니, 아버지도 다른 시민들도 놀라서 넋이 나갔죠. 그리고 소피스테스들 중에서 다른 두 사람을 누구든 초들어 합친 것보다도 더 많은 돈을 제가 거의 번 것으로 저는 생각합니다. 282e

소크라테스: 아, 히피아스 선생! 어쨌든 옛사람들에 비해 선생과 지금 사람들의 지혜가 굉장하며 얼마나 차이가 나는지 그 증거를 선 283a
생께선 말씀하시고 있습니다. 선생의 주장에 따르면, [아낙사고라스와 관련해서 하는 말인데,][14] 선인들의 무지가 큽니다. 왜냐하면 아낙사고라스에게는, 선생들의 경우와는, 반대의 일이 일어난 걸로 말하고들 있으니까요. 왜냐하면 그는 많은 돈을 물려받았지만, 소홀히 해서 모두 탕진해 버렸으니까요. ―이처럼 그는 헛똑똑이입니다.[15]―사람들은 다른 옛사람들과 관련해서도 그런 류의 또 다른 이야기들을 하죠. 따라서 선생께서는 이를 옛날 사람들에 비한 요즘 사람들의 지혜와 관련된 훌륭한 증거로 제시하는 것으로 제게는 보이거니와, 많은 사람들도 같은 생각일 겁니다. 지혜로운 자는 스스로를 위해 최 b
대로 지혜로워야만 한다고. 그러니까 이의 기준은 최대로 돈을 벌게 되는 자일 것입니다. 그러면 이로써 충분한 걸로 하죠. 그럼 다음에 대해서 말씀해 주시죠. 선생께서는 선생께서 가신 나라들 중에서 어

올랐다고 한다. 그런가 하면, 펠로폰네소스 전쟁 말기에 아테네에서는 가난한 시민의 하루 생계비로 2오볼씩 지급했는데, 이를 diōbelia(2오볼 수당)라 했다.

13) Inykon은 시켈리아(시칠리아)의 작은 나라였다.

14) [ ] 괄호는 원전 텍스트의 것으로, 삭제할 것임을 뜻한다.

15) 여기서 '헛똑똑이이다'로 옮긴 말의 원어는 'anoēta sophizesthai'이다.

283b

디에서 가장 많은 돈을 버셨는지요? 역시 바로 가장 많이 찾으신 곳인 라케다이몬에서였을 게 명백하겠네요?

히피아스: 단연코 아닙니다, 소크라테스 선생!

소크라테스: 어떻게 하시는 말씀인지? 하면 가장 적게인가요?

c 히피아스: 그러니까 전혀 번 적이 없습니다.

소크라테스: 기이하고 놀라운 말씀을 하십니다, 히피아스 선생! 제게도 말씀해 주세요. 선생의 지혜는 그 자리에 참석했던 사람들과 제자들을 그 훌륭함(덕: aretē)에 있어서 더 나아지게 만들 수가 없었던가요?

히피아스: 그들 또한 훨씬 낫게 했죠, 소크라테스 선생!

소크라테스: 하지만 이니콘 사람들의 아들들은 더 낫게 만들 수 있었지만, 스파르타인들의 아들들은 그럴 수가 없었던가요?

히피아스: 천만에요.

소크라테스: 그러나 시켈리아인들은 더 나아지기를 바라지만, 라케다이몬 사람들은 그러지 않는가요?

d 히피아스: 아마도 라케다이몬인들 또한 전적으로 바랄 것입니다, 소크라테스 선생.

소크라테스: 그렇다면 그들은 돈 부족으로 해서 선생과의 함께함을 회피한 건가요?

히피아스: 그건 물론 아닙니다. 그들에게는 그게 충분히 있으니까요.

소크라테스: 그러면 왜 그럴까요? 그들이 더 나아지기를 바라고 돈도 가졌다면, 또한 선생께서 그들을 가장 크게 이롭게 할 수 있는데도, 돈을 잔뜩 안겨서 선생을 보내지 않은 걸까요? 그건 라케다이몬인들이 자신들의 아이들을 선생보다도 더 잘 교육할 수 있을 것이라 해서가 아닐까요? 혹시 이를 우리가 이렇게 말하고, 선생 또한 동의

283d

하실 건지요?

히피아스: 그건 전혀 그렇게 말할 것이 아닙니다. e

소크라테스: 그러면 선생께서 라케다이몬에서 젊은이들에게 그들이 선생과 함께함으로써 훌륭함에서 자신들의 스승들과 함께하는 것보다도 더 진전을 볼 것이라는 걸 설득할 수 없었거나, 아니면 그들의 아버지들에게 정녕 그들의 아들들을 어떤 점에서고 걱정한다면, 자신들이 보살피기보다도 선생께 내맡겨야 한다는 걸 설득할 수 없었거나 한 것인가요? 설마하니 이들이 자신들의 아이들이 더할 수 없이 훌륭하게 되는 걸 시샘해서는 최소한 아닐 테고.

히피아스: 저로서는 그들이 최소한 시샘을 해서는 아닐 것이라 생각합니다.

소크라테스: 그러나 적어도 라케다이몬은 실로 훌륭한 법질서를 갖추고 있죠.[16]

16) '훌륭한 법질서를 갖춘'의 원어는 eunomos(under good laws)이고, 이의 명사형 '훌륭한 법질서'의 그것은 eunomia(good order)이다. 스파르타의 법률 제정을 한 인물은 전설적인 인물인 리쿠르고스(Lykourgos)이고, 따라서 스파르타의 eunomia도 전적으로 그로 해서 확립될 수 있었던 것이다. 이 법률 제정은 대개 7세기 무렵의 일이었을 것으로 추정된다. 그는 부왕의 사망으로 왕위 계승을 하게 된 형마저도 잇따라 사망하였는데, 유복자가 있어서, 그 아이가 아들일 경우에는 왕위를 이 아들에게 양위하기로 하고 잠정적으로 왕위에 오른다. 그러나 왕족과 인척들의 의심의 눈길이 싫어서, 스파르타를 떠나, 먼저 크레테로 가서, 이곳의 정치 체제와 법률을 살펴보며, 명사들과도 사귀게 되었다. 이어 소아시아와 이집트 및 리비아, 심지어는 인도 등지까지도 돌아다녔다. 그러는 동안, 본국에서는 왕들을 비롯해 아무도 그만큼 훌륭한 지도자가 없음을 모두들 하나같이 절감하게 되어, 여러 차례에 걸쳐 사람을 보내, 그의 귀국을 청했다. 마침내 귀국한 그는 혁명적인 개혁을 단행하기로 작심하고, 델피로 가서 신탁을 받아 오기로 했다. 말이 신탁이지, 사실은 자신이 그동안 접

283e

히피아스: 어찌 그렇지 않겠습니까?

284a 소크라테스: 더욱이 훌륭한 법질서를 갖춘 나라들에서는 [사람으로서의] 훌륭함(덕)[17]이 더없이 존중받죠.

한 견문과 함께 연구해 온 법률을 정리해서, 신탁을 통한 재가를 받는 형식의 절차를 거친 것으로 보면 되겠다. 따라서 이 법률은 신탁을 통해서 받은 것이긴 하지만, 입법자와 인민들 간에 맺은 맹약처럼 지키기로 한 것이라는 뜻으로 '레트라(rhētra)'로 일컫게 된 것이다. 2명의 왕들, 60세 이상의 원로들 28명으로 구성되는 원로회(gerousia), 30세 이상의 시민들로 구성되는 민회(apella), 그 밖에도 아주 중요한 권력 제어 장치로서 5명의 국정 감독관들(ephoroi)의 제도를 훗날 덧보태게 되었는데, 이는 리쿠르고스 사후 130년이 지나서였다고 한다. 이들은 해마다 시민들 가운데서 선출했고, 그 권한은 막강하고 광범위한 것이었다. 그다음으로 리쿠르고스가 단행한 조처는 토지의 재분배(anadasmos)였다. 나라체제의 고질병의 근원인 부와 가난, 이로 인한 갈등 등을 타파하기 위해 모두의 토지를 일단 공탁케 한 다음, 이 가운데서 일부는 '변두리 선주민들(hoi perioikoi)' 몫으로 떼어서 나눠주고, 나머지 것들을 모두에게 동등하게 분배함으로써, 물질적으로는 모두가 동등한 조건에서 살아갈 수 있게 함으로써, 남다름은 [사람으로서의] 훌륭함(덕: aretē)에 따른 것일 수 있게 했다. 이와 함께 탐욕 충족의 수단일 수 있는 금화나 은화는 쓰지 못하게 하고, '철전(쇠돈)'만 쓰게 했다. 갖고 다닐 수는 없고, 우마로 실어 나를 수밖에 없는 돈으로는 아무런 귀한 걸 살 수도 없게 되니, 다른 나라와의 교역도 할 수가 없고, 돈을 벌려는 사람들이 이 나라에 드나들 일도 없게 되었다. 도대체 부를 과시하며 거들먹거릴 일 또한 없어지니, 집안의 세간붙이에나 신경 쓰는 게 고작일 뿐이었다. 게다가 남자들은 15명 내외로 한 조를 이루는 '공동식사(syssitia)'를 했는데, 이를 스파르타에서는 '피디티아(phiditia)'라 했거니와 '우애와 식사'를 뜻하는 복합어 명칭이다. 각각의 구성원은 달마다 일정량의 보릿가루·포도주·치즈·무화과와 함께 생선 등의 구매를 위한 소액의 돈을 냈다. 이들은 토지를 분배받기는 했지만, 농사에 종사하는 일은 없었다. 농사는 정복된 이웃 나라, 특히 메세니아(Messēnia)인들인 농노들(heilōtai)이 짓고, 이들에게서 일정 지분을 거두었다.

17) 이 책에 함께 수록된 《알키비아데스》 편 120e에서 해당 각주를 참조할

284a

히피아스: 물론입니다.

소크라테스: 한데, 선생께선 이를 남에게 전승할 줄 앎에 있어 누구보다도 빼어나십니다.

히피아스: 실상 퍽 그렇기도 하고요, 소크라테스 선생!

소크라테스: 그러니까 승마술을 가장 훌륭하게 전수할 줄 아는 사람은 헬라스의 테살리아[18]에서 가장 존중받고 돈도 가장 많이 받으며, 다른 곳 어디에서고 이에 열의를 보이겠죠?

히피아스: 아마도 그럴 것입니다.

소크라테스: 훌륭함에 있어서 그야말로 가장 값진 배움들을 전수할 수 있는 분이 라케다이몬에서 가장 존중받지도 못하고, 원한다면, 가
장 많은 돈도 벌게 될 사람이 그러지도 못하게 된다면, 그리고 헬라스 b
의 훌륭한 법질서를 갖춘 어떤 나라에서고 그리 된다면? 하지만, 보세요, 오히려 시켈리아에서는 그리고 이니콘에서는 존경받고 많은 돈도 벌게 된다고 생각하십니까? 히피아스 선생, 이를 우리가 믿을까요? 만약에 선생께서 그러라고 하신다면, 믿어야죠.

히피아스: 소크라테스 선생, 라케다이몬 사람들에게는 법률을 바꾸는 것도, 관습에 어긋나게 아들들을 교육하는 것도 조상 전래의 인습이 아니기 때문입니다.

소크라테스: 어떻게 하시는 말씀인지? 라케다이몬 사람들에게는 옳게 행하는 것이 조상 전래의 인습이 아니라 잘못하는 것이 그런 것
이라는 겁니까? c

것. 이곳의 각주 공간 여유가 없을 것 같아, 그쪽 각주로 처리함.

18) 테살리아(Thessalia)는 헬라스 본토의 북동쪽에 있는 큰 평야지대로서, 올림포스산과 오사산·핀도스산·펠리온산 등이 에워싸고 있어서 형성된, 페네이오스(Pēnēios)강이 흐르는 비옥한 지역이다.

히피아스: 저로서는 그리 말하지 않을 것입니다, 소크라테스 선생!

소크라테스: 그러니까 젊은이들을 더 좋게 행하되 더 나쁘게 행하지는 않도록 교육하는 게 옳지 않겠어요?

히피아스: 옳습니다. 그러나 이들에게 있어서는 이국적인 교육을 한다는 것은 합법적이지 않습니다. 잘 아셔야 하겠는데, 만약에 다른 누군가가 교육으로 그 대가로 돈을 받는 일이 있었다면, 저야 월등하게 많이 받기도 했겠지만,—어쨌거나 제 강연을 듣고서는 좋아도 하고 칭찬들도 하니까요—제가 하는 말은 그게 합법적이지 않다는 것입니다.[19]

d 소크라테스: 한데, 히피아스 선생, 선생께선 법을 나라에 해가 되는 것이라 아니면 이익이 되는 것이라 말씀하십니까?

히피아스: 제가 생각하기로는 법은 유익함을 위해서 제정되지만, 때로는 해를 입힙니다. 법이 잘못 제정될 경우에는 말입니다.

소크라테스: 하지만, 어떤가요? 법은 나라에 최선의 것으로서 입법자들이 제정하지 않았나요? 그리고 이것 없이는 훌륭한 법질서(eunomia)와 함께 삶이 불가능하겠죠?

히피아스: 정말입니다.

---

19) 조금 앞서 스파르타의 법률과 관련된 언급을 한 각주에서 밝힌 상황에서 볼 때, 그들이 이국적인 풍물의 유입을 경계할 것은 뻔한 일이었을 것이다. 그런 성향을 갖는 그들의 정책이 '외국인 추방 또는 배제(xenēlasia)'였을 것이다. 이는 특히 스파르타에서 쓰던 정책으로서, 투키디데스의 《역사》 II, 39, 1에 실린 이른바 '페리클레스의 추도사'의 일부로 아테네 사람들에 대비된 스파르타 사람들의 폐쇄성에 대한 언급 가운데서도 나오는 것이다. 이와 관련해서는 《프로타고라스》 편 342c 및 《법률》 편 950b에서도 언급되고 있다. 게다가 금화는 물론 은화도 쓰지 않고, 오직 철전만을 썼던 그들로서는 거금의 돈을 그런 보수로서 줄 엄두조차 낼 수 없었을 터였을 것이다.

284d

소크라테스: 그러니까 법률을 제정하려는 사람들이 좋음에 적중하지 못할 경우에는, 합법적인 것과 법에 적중하지 못한 것입니다. 아니면 어떻게 말씀하시겠습니까?

히피아스: 엄격히 말하면, 그렇습니다, 소크라테스 선생! 하지만 e
사람들은 그렇게 표현해 버릇하지 않습니다.

소크라테스: 식자들이 그런가요, 식자들이 아닌 자들이 그런가요?

히피아스: 다중이요.

소크라테스: 이들, 곧 진실을 아는 자들이 다중인가요?

히피아스: 분명히 아닙니다.

소크라테스: 하지만 식자들은 아마도 더 이롭지 못한 것보다도 더 이로운 것을 모든 사람들을 위해 진실로 더 합법적인 것이라 여길 것입니다. 혹시 동의하지 않기라도 하십니까?

히피아스: 아뇨, 진실로 그러하다는 것에 저는 동의합니다.

소크라테스: 그러니까 그게 그러하며, 식자들이 생각하는 그대로인 거죠?

히피아스: 물론입니다.

소크라테스: 하지만 선생께서 말씀하시듯, 라케다이몬인들에게는
선생에 의한 이국적인 교육을 받는 것이 본고장의 교육을 받는 것보 285a
다도 더 이로울 수 있겠습니다.

히피아스: 어쨌든 제가 진실을 말하기도 하고요.

소크라테스: 또한 더 이로운 것들이 더 합법적이기도 하다는 이 말씀도 하시는 거고요, 히피아스 선생!

히피아스: 실은 그 말을 한 겁니다.

소크라테스: 그러니까 선생의 주장에 따르면, 라케다이몬인들의 아들들로서는 히피아스에게서 교육받는 것이 더 합법적이지만, 아버지

285a

들에게서 교육받는 것은 더 비합법적인 것입니다. 만약에 선생으로 해서 그들이 참으로 더 이득을 보게 된다면 말입니다.

히피아스: 하지만 그들은 확실히 더 이득을 보게 될 것입니다, 소크라테스 선생!

b 소크라테스: 그렇다면 라케다이몬인들은 선생께 돈을 드리고 자신들의 아들들을 맡기길 하지 않음으로써 법을 어기고 있는 것이네요.

히피아스: 그 점은 제가 동의합니다. 왜냐하면 선생께서 제 편을 들어 그 말씀을 하시는 것으로 제게는 생각되거니와, 그것에 대해 제가 반대해야 할 게 아무것도 없으니까요.

소크라테스: 보세요, 그러니 라케다이몬인들이 법을 어기는 사람들임을 우리가 확인하거니와, 이것도 가장 중대한 것들에 있어서, 가장 준법적인 사람들로 여겨지는 사람들이 말입니다. 그런데 히피아스 선생, 그들이 단연코 선생을 칭찬하고 기뻐하기도 한 것은 어떤 것들을 듣고서였나요? 그러니까 혹시 선생께서 가장 잘 아시는 그것들, 곧
c 별들과 하늘의 상태들과 관련된 것들인 게 명백한가요?

히피아스: 천만에요. 그들은 그것들에 대해서는 참고 있지도 못합니다.

소크라테스: 그러나 기하학과 관련된 건 듣기를 좋아합니까?

히피아스: 결코 그렇지 못합니다. 요컨대, 그들 중의 다수는 셈을 할 줄도 모르니까요.

소크라테스: 그러니까 계산과 관련해서 선생께서 제시해 보이는 걸 참아 내기에는 한창 멀었겠네요?

히피아스: 단연코, 한참 멀죠.

소크라테스: 하지만 선생께서 사람들 중에서는 가장 정확하게 나누
d 실 수 있는 그것들, 곧 문자들과 음절들 그리고 리듬들과 화음들의 기

능들과 관련해서는 듣기를 확실히 좋아했겠네요?

히피아스: 선생이시여, 어떤 화음들과 문자들을 말씀하시는 건지?

소크라테스: 하지만 진실로 그들이 선생에게서 즐겁게 듣고서 칭송하는 것은 무엇입니까? 몸소 제게 말씀해 주세요. 제가 아직 알아내지 못해섭니다.

히피아스: 소크라테스 선생, 그들은 영웅들과 인간들의 계보에 관해서, 그리고 고대에는 나라들이 어떻게 세워졌는지, 그 정착들에 관해서, 요컨대 전체 고대사에 관해서 듣기를 더없이 즐거워해서, 저로서는 이들로 해서 그런 것들 모두를 철저히 배우고 철저히 익혔죠. e

소크라테스: 네, 히피아스 선생, 어쨌든 단연코 운이 좋았습니다. 만약에 이들에게 누군가가 솔론[20]을 시작으로 우리의 아르콘들[21]을 늘

20) Solōn(약 640～약 560/559)은 귀족 출신이었지만, 아테네의 민주화에 크게 기여한 정치가였으며 유명한 시인이기도 했다. 594/3년에 집정관(arkhōn)으로 있으면서, 아테네의 여러 가지 정치적인 개혁들을 단행했다. 그 중의 하나는 당시의 농경사회에서 거의 노예 상태로 전락해버린 가난한 농부들에게 일체의 빚 탕감(seisakhtheia) 조처를 단행했다. 이로 해서 이들은 빚으로 잡힌 농토를 다시 자기 것으로 갖게 됨으로써, 이른바 육일조(1/6租)로 곡물 생산을 바치던 질곡에서 벗어나 떳떳한 시민으로 살아갈 수 있게도 되었다. 또한 이때까지는 관직들을 귀족 명문 출신들([hoi] Eupatridai)이 장악하고 있었지만, 이제는 곡물의 수입 단위를 기준으로 세금 납부의 의무를 지게 하는 한편, 관직들에도 이에 상응하여 일정 수준 참여할 기회를 갖도록 했다. 그것은 곡물의 수입 단위를 기준으로 한 과세기준 재산(timēma)에 따라 네 계층으로 나눈 것이었다.

21) 아르콘(arkhōn. 복수는 arkhontes)은 아테네에서 11세기에 왕정의 종식과 함께 귀족 계층에서 뽑은 3명의 '아르콘들'의 10년간의 통치 체제에서 시작해서, 683년부터는 1년간씩 집권한 이른바 실제 '집정관'으로서의 '아르콘' 시대를 지나, 487년부터는 선출직 아닌 추첨에 의해서 결정되었다. 이렇게까지 실권 없는 형식상의 한직으로 전락하게 된 계기는 501년부터 클레이스테네스(Kleisthenēs)가 새로 편성한 10개의 부족 단위에서

285e

어놓는다면, 라케다이몬 사람들은 좋아하지 않을 테니까요. 그렇지 않았다면, 선생께선 그걸 외웠어야 했을 테니.

히피아스: 어디가요, 소크라테스 선생? 한 번 들으면, 이름들 쉰 개는 제가 기억할 텐데요.

소크라테스: 진실을 말씀하십니다. 한데 선생께서 훌륭한 기억력을 지니고 계신다는 걸 제가 미처 생각지 못했네요. 그래서 제가 알아차립니다. 아마도 라케다이몬 사람들은 선생께서 많이 아시기에 반기
286a 고, 또한 마치 아이들이 즐겁게 이야기를 들려줄 나이 많은 여인들을 이용하듯, 선생을 이용합니다.

히피아스: 또한 맹세코, 소크라테스 선생! 최근엔 젊은이가 종사해야 할 실로 훌륭한 활동들과 관련해서 제가 이곳에서 자세히 말함으로써 좋은 평판을 얻게 되었습니다. 저로서는 이와 관련된 아주 잘 구성된 연설이었으며, 특히 낱말들이 잘 구사되었었죠. 이야기는 이렇게 진행됩니다. 그 연설의 첫 서두는 이런 것입니다. 트로이아가 점령
b 된 뒤, 네오프톨레모스가 네스토르[22]에게 물었는데, 누군가가 젊어서 종사해서 가장 유명해질 수 있는 훌륭한 활동들이 무엇인지를요. 물론 그 다음에 말한 이는 네스토르이고, 그에게 아주 많은 훌륭한 관례

각각 선출된 장군들(stratēgoi)이 실권을 행사하게 되었기 때문이다. 490년의 마라톤 전투에서의 승전을 주도했던 밀티아데스(Miltiadēs)도, 니키아스(Nikias)도, 그리고 페리클레스(Periklēs)는 443년부터 사망했던 그해 429년까지에 걸쳐 무려 15번이나 '스트라테고스'로 활약했다.

22) 네오프톨레모스(Neoptolemos)는 호메로스의 《일리아스》 첫 줄에서 말하는 분노의 주인공인 영웅 아킬레우스(Akhilleus)의 아들이다. 네스토르(Nestōr)는 필로스(Pylos)의 왕으로서, 엄청 장수한 것으로 알려졌거니와, 존경받는 지혜로운 건장한 노장이거니와, 《일리아스》 1권의 첫 장면인 아가멤논과 아킬레우스 사이의 험악한 입씨름을 듣고서, 장황한 중재의 설득을 하는 장면에 우리는 접하게 된다.

286b

들 또는 법규들[23]을 들어가면서 했다는 겁니다. 바로 이걸 거기에서도 연설했거니와 이곳에서는 모레 할 예정입니다. 페이도스트라토스 학원[24]에서요. 그 밖에도 많은 들을 만한 것들도요. 아페만토스의 아들 에우디코스[25]가 제게 요청을 해섭니다. 내가 몸소 참석하고, 연설하게 된 걸 듣고서 충분히 판단할 수 있는 다른 사람들도 데리고 오도록 청 c
한 겁니다.

소크라테스: 신이 바란다면, 그야 그럴 것입니다, 히피아스 선생! 하지만 이와 관련해서 지금 간단한 걸 제게 대답해 주세요. 마침[26] 저

23) '관례들 또는 법규들'로 옮긴 것의 원어는 nomima이다.

24) 달리 알려진 바가 없는 작은 학원인 것 같다.

25) Eudikos 역시 달리 알려진 바는 없고, 《소 히피아스》 첫머리에서 방금 끝난 히피아스의 연설을 소크라테스도 듣고서, 왜 칭찬이나 질문 또는 반론이라도 하지 않고 있는지 다그치면서, 그리 하도록 유도하는 장면이 나오는데, 이로 미루어 아테네를 찾은 히피아스가 유숙하고 있는 집 주인으로서, 지적인 호기심도 상당했던 것 같다.

26) 여기서 '마침'으로, 또한 바로 아래 d의 끝 쪽에서 '때마침'으로 옮긴 것의 원어는 eis kalon인데, '때맞추어(in good time)'를 뜻하는 데에 이것(kalon)이 쓰이게 되어, 이것이 곧이어 언급되는 '추한 것들(aiskhra)' 및 '아름다운 것들(kala)' 그리고 결국엔 '아름다움 자체(auto to kalon)'에 대한 본격적인 물음으로 확장되는 실마리를 제공한 것이게 했다는 뜻으로 하는 말이다. 사실 kalos(여성: kalē, 중성: kalon)에는 여러 뜻이 있다. 이 대화편의 첫 문장에서 '멋지다'로 옮긴 원어가 kalos다. 이 낱말은 일차적으로 광범한 의미에 있어서 '아름답고' '예쁘며' '곱고' '좋다'는 뜻으로 쓰인다. '놀랍다', '멋지다' 그리고 도덕적으로 또는 일반적으로도 '훌륭하다'는 뜻으로도 쓰인다. 이 말의 이런 광범위한 사용이 오늘날에 이르러서는, 마침내 대부분의 경우에 '좋다'는 표현은 'kala(깔라!)' 일색이 되게 했다. 그런 결과로 원래 '좋다(good)'는 뜻의 agathos가 사람에 적용될 경우에는 '착하다, 순진하다, 단순하다'는 뜻으로 쓰이게 되어, 한국어 '착해빠졌다'처럼, '단순한', '어리석다'는 뜻으로 쓰이게 되었으니, 더는 사람에게 함부로 적용할 수 없는 말이 되어 버린 셈이다.

로 하여금 상기케 해서이기도 합니다. 보세요, 최근에 누군가가 어떤
논의 중에 일부는 추한 것들로 비난하되, 일부는 아름다운 것들로 칭
찬하는 나를 궁지에 빠뜨려섭니다. 대강 이런 식으로 물었는데, 몹시
무례하게요. "하지만, 소크라테스, 무엇을 근거로 해서 어떤 것들이
d 아름답고 추한지를 아는지? 아름다움(to kalon)이 무엇인지 말해 줄
수 있다면, 해 줄 테고?" 하지만 나는 나의 변변치 못함으로 해서 당
황스러웠고, 그에게 적절히 대답할 수도 없었습니다. 그래서 그 모임
을 파하고서는, 스스로에게 화가 나서 자신을 비난하고선, 다짐했습
니다. 선생들과 같은 지혜로운 이들 중의 누군가를 처음으로 만나게
될 때는, 듣고서 배우고 충분히 학습하고서는, 질문자에게로 다시 가
서, 논의를 다시 하는 겁니다. 제 말은, 그러니까 지금 때마침 오신 거
니, 아름다움 자체(auto to kalon)가 무엇인지 충분히 가르쳐 주시고
e 서, 제게 대답하심에 최대한 정확하게 말씀하시도록 애써 주셔서, 두
번 다시 제가 반박당해서 웃음거리가 되지 않도록 해 주십시오. 왜냐
하면 선생께선 그걸 알고 계신 게 분명하거나, 이는 선생께서 알고 계
신 많은 것들 중에서 아마도 작은 배움일 게 틀림없겠기 때문이죠.

히피아스: 물론, 단연코 사소한 것입니다, 소크라테스 선생! 또한 말하자면 하찮은 것이기도 하고요.

소크라테스: 그렇다면야 제가 쉽게 배우기도 하겠고, 더는 아무도 저를 논박하지도 못하겠네요.

히피아스: 물론 아무도 그러지 못할 것입니다. 그럴 수 있는 것이라
287a 면, 제 일은 하찮고 풋내기나 하는 것일 테니까요.

소크라테스: 맹세코, 히피아스 선생, 선생께선 좋은 말씀을 하십니다. 만약에 우리가 그 사람을 굴복시킨다면 말입니다. 하지만 선생께서 저를 최대한 철저하게 단련시키느라고, 가령 논의에서 선생께서는

287a

대답을 하시고 제가 반론을 할 경우, 제가 그를 모방하더라도, 제지하시는 일은 없겠죠? 반론들에는 아마도 제가 다소 경험이 있긴 하니까요.[27] 그러니 선생께 별로 상관이 없다면, 제가 반론을 하게 되길 바랍니다. 더 강건해지는 걸 배우게끔 말입니다.

히피아스: 하면, 반론을 하세요. 그래서 방금 제가 말한 것은 큰 물
음도 아니거니와, 이보다 훨씬 어려운 것도 대답하시도록 제가 선생 b
을 가르쳐서, 인간들[28] 중에서는 그 누구도 선생을 반박할 수 없도록 할 것이기 때문입니다.

소크라테스: 아, 얼마나 좋은 말씀인지! 그럼, 선생께서도 그리하라고 하시니, 자, 제가 최대한 그 사람이 되어서, 선생께 묻도록 하겠습니다. 만약에 이 사람에게 선생께서 훌륭한 활동들[29]과 관련된 이 연설을 해 보이고, 이 사람은 듣고, 선생께서 연설을 그치자, 다른 것에 대해선 먼저 묻지 않고, 아름다움(to kalon)에 대해서 묻는다
면, ─이게 그의 습관이니까─그는 이렇게 물을 것입니다. "아, 엘리 c
스에서 오신 손님이시여! 올바른 사람들이 올바른 것은 올바름(정의: dikaiosynē)[30]에 의해서가 아닌가요?" 따라서, 히피아스 선생, 그를 질

27) 아무래도 소크라테스답지 않은 표현이다.

28) 이 경우의 anthrōpōn은 신들(theoi)에 대비되는 인간들을 의식해서 하는 표현이다.

29) 여기에서 '훌륭한 활동들'로 옮긴 ta kala epitēdeumata에서 'kala'라는 말이 쓰이고 있다.

30) 여기에서도 dikaiosynē를 일차적 역어로 '정의'로 하지 않고, '올바름'으로 옮긴 것은 이 용어가 플라톤의 경우에 특히 핵심적 주제로 본격적으로 다루어지고 있는 《국가(정체)》 편의 논의 틀에서는 '정의'라는 역어의 개념이 도무지 맞지 않기 때문이다. 오늘날의 대표적인 정의 이론의 큰 저술을 개정판까지 낸 존 롤즈조차도 동명의 저술 어디에서도 정작 정의 문제 자체와 관련해서는, 아리스토텔레스의 경우와는 달리, 단 한 줄도

287c

문자로 대하시고, 대답하시죠.

히피아스: 나는 그건 올바름에 의해서라고 대답할 것입니다.

소크라테스: "그러니까 올바름은 '무엇인가인 것(ti)'[31]이죠?"

히피아스: 물론입니다.

소크라테스: "그러니까 역시 지혜에 의해서 지혜로운 사람들이 지혜롭고, 좋음에 의해서 모든 좋은 것들이 좋은 거죠?"

히피아스: 어찌 그렇지 않겠습니까?

소크라테스: "어쨌거나… 어떤 것들인 것들에 의해서 이런 것들인 게고. 어쨌든 어떤 것들이 아닌 것들에 의해서는 아닌 것들일 게 확실하겠고요."

히피아스: 확실히 그렇죠.

소크라테스: "그렇다면 아름다운 것들 모두도 아름다움에 의해서

플라톤의 dikaiosynē와 관련된 언급을 하고 있는 대목이 없다는 사실이 이를 잘 입증해 주고 있다. 주로 시민들의 권리 측면에서의 공정(fairness)의 개념을 핵심으로 삼는 그의 '정의'와 나라(polis)의 기능(구실: ergon: function) 수행 및 시민들의 성향(physis)에 따른 역할(구실) 수행을 핵심으로 삼고 있는 '올바름'이 사실상 어떤 공통점을 갖기는 쉽지 않다. 한쪽은 시민들의 권리의 측면에 주안점이 맞추어져 있는 데 비해, 다른 쪽은 그 의무, 곧 나라의 구성원들로서 마땅히 감당하고 수행해야 할 구실 곧 그 기능 쪽에 초점이 맞추어져 있기 때문이다. 플라톤의 사물관은 사실상 사물들 나름의 '기능' 곧 그 '구실', 더 나아가 그 '훌륭한 상태(aretē)'와 그 구현에 그 초점이 맞추어져 있다. 이는 '나라'라는 조직체로서의 공동체에도 그대로 적용된다. 이 공동체의 기능 작동과 그 구현에 초점이 맞추어져 있기 때문이다. 이와 관련된 이 이상의 보충적 설명은 역자가 곳곳에서 하고 있지만, 특히 《국가(정체)》 편 개정·증보판(3쇄 이후) 끝 쪽의 '책 끝에 붙여' 또는 역자의 저서 《적도(適度) 또는 중용의 사상》 개정·증보판(서광사, 2022) 117~131쪽을 참조할 것.

31) 여기에서 '무엇인가인 것'으로 옮긴 원어는 ti이다. 이는 흔히 '어떤 것(any thing, a certain thing, something)'이란 뜻의 대명사이다.

아름다운 게 아닌가요?"

히피아스: 네, 아름다움에 의해섭니다. d

소크라테스: "어쨌든 이 어떤 것인 것에 의해서죠?"

히피아스: 그것에 의해섭니다. 왜 그렇지 않겠어요?

소크라테스: "그러니 말씀하세요, 손님이시여!" 그가 물을 것입니다. "이 '아름다움'은 무엇이죠?"

히피아스: 소크라테스 선생, 그러니까 이를 묻는 사람은 무엇이 아름다운지를 알고자 하는 것 이외에 무엇이겠습니까?

소크라테스: 제게는 그리 생각되지 않고, 아름다움이 무엇인지를 알고자 하는 걸로 생각됩니다, 히피아스 선생!

히피아스: 그리고 이것이 그것과 무엇이 다르죠?[32]

소크라테스: 선생께는 아무런 차이도 없는 걸로 생각됩니까?

히피아스: 실상 아무런 차이도 없으니까요.

소크라테스: 하지만 실은 선생께서 더 잘 알고 계실 테죠. 그렇더라도, 선생님, 생각해 보세요. 왜냐하면 그는 선생께 무엇이 아름다운지를 묻고 있는 게 아니라, 아름다움이 무엇인지를 묻고 있으니까요. e

히피아스: 알겠소, 선생! 그러면 어쨌든 제가 무엇이 아름다움인지 그에게 대답하겠거니와, 더는 결코 논박당하지 않을 겁니다, 소크라

---

32) 헬라스어로 'to(단수 중성 정관사)+형용사'는 추상명사로서, 그런 개념(플라톤의 경우엔 형상 또는 이데아)을 나타낸다. 여기에서 그 좋은 예로 to kalon(아름다움)이 언급되고 있다. 그러나 'ta(복수 중성 정관사)+형용사'는 그런 사물들을 가리킨다. ta kala는 '아름다운 것들' 곧 그런 사물들을 뜻한다. 그런데 히피아스는 추상명사로서의 to kalon(아름다움)의 개념 또는 본질과 그런 사례들, 곧 아름다운 사물들 간의 근본적 차이를 전혀 의식하지 못하고 있는데, 그의 이런 답답한 상태는 소크라테스와의 대화에서 계속 이어지고 있다.

287e

테스 선생, 잘 알고 계십시오! 진실을 말해야 한다면, 아름다운 처녀가 아름답습니다.

소크라테스: 히피아스 선생, 어쨌든 단연코[33] 훌륭하게 그리고 존경스럽게 대답하셨습니다. 제가 이 대답을 한다면, 그 질문에 대한 대

288a 답을 옳게 한 것이 되겠으며, 논박도 당하지 않게 될까요?

히피아스: 소크라테스 선생, 어떻게 논박을 당하겠습니까? 어쨌든 모두에게 그리 생각되고 듣는 사람들 모두가 선생께서 옳게 말씀하시는 걸로 증언해 줄 텐데요.

소크라테스: 됐습니다. 물론 그러시겠죠. 자, 그러면, 히피아스 선생! 저를 상대로 선생께서 하시는 말씀을 제가 다시 거론합니다. 그 사람은 제게 대충 이렇게 물을 것입니다. "자, 소크라테스 선생, 대답하세요. 선생이 아름답다고 말하는 이것들 모두가, 아름다움 자체(auto to kalon)가 무엇이면, 이것들이 아름답겠는지?"[34] 그러면 저는 이렇게 말할까요? 아름다운 처녀가 † 아름다우면, 이 때문에 이것들이 아름다울 것이라고?" †[35]

b 히피아스: 그래서 선생께서는 여전히 이 사람이 선생께서 말씀하시는 게 아름답지 않다고 선생을 논박할 것이라고 생각하십니까, 아니면, 그가 논박하려 들면, 웃음거리가 되지 않을 것이라고 생각하십니까?

---

33) 이를 원어대로 번역하면, '개에 맹세코(nē ton kyna)'가 된다. 이와 관련해서는 《변론》 편 22a의 각주, 《고르기아스》 편 461b 및 《국가(정체)》 편 399e 등의 해당 각주에서도 언급했기에, 여기에서 또 새삼스레 언급하지는 않겠다.

34) 287c~d3 참조.

35) 텍스트 읽기에서 † … † 표시로 묶인 것의 의미와 관련해서는 이 책 앞쪽의 "원전 텍스트 읽기와 관련된 일러두기"를 참조할 것.

288b

소크라테스: 놀랍습니다. 그가 논박하려 들 것이라는 건 제가 잘 알고 있습니다. 그러나 그가 정작 논박을 하려 들면, 웃음거리가 될 것인지는, 사실이 보여 줄 것입니다. 하지만 그가 말할 것들을 제가 선생께 말씀드리고 싶군요.

히피아스: 그럼 말씀하시죠.

소크라테스: "참 재밌는 분이시오, 소크라테스! 아름다운 암말이 아름답지 않소? 신도 그 신탁에서 칭찬했던 그 암말[36] 말이오." 하고
그는 말할 것입니다. 히피아스 선생, 우리가 뭐라 말하겠습니까? 역 c
시 그 암말이, 그 아름다운 암말이 아름답다고 말하는 것 이외에? 실로 어떻게 우리가 감히 그 아름다운 것이 아름답지 않다고 부인할 수 있겠습니까?

히피아스: 진실을 말씀하십니다, 소크라테스 선생! 실로 신[37] 또한 옳게도 그 말을 했으니까요. 우리가 키우는 그 말들은 아주 아름다운 것들로 되었기 때문이죠.

소크라테스: "좋습니다. 하면, 아름다운 리라는 뭐라 하나요? 아름답다고 하지 않나요?" 그렇다고 할까요, 히피아스 선생?

히피아스: 네.

소크라테스: 그러면 그 다음으로 그는 물을 것입니다. 그의 성향으로 미루어 판단컨대, 거의 대강은 제가 알겠습니다. "아, 선생이시여,

---

36) 메가라인들이 자부심이 대단해서 어느 나라 사람들이 자기들보다 더 나은지에 대해 신탁의 대답을 구했더니, "모든 땅 중에서도 그 어느 땅보다도 펠라스고스(=헬라스)의 아르고스(Argos) 땅이 더 좋으며, 트라케의 암말들이, 라케다이몬의 여인들이 그러하다."(Schol. ad Theocr. XIV. 48)고 했다는데, 그 암말들에 대한 표현을 원용한 것이겠다.

37) 물론 그런 신탁의 대답을 내린 델피의 아폴론을 지칭해서 하는 말이겠다.

288c

하면, 아름다운 단지는 어떤가요? 그러니까 아름답지 않나요?"

d 히피아스: 소크라테스 선생, 그 사람은 누굽니까? 진지한 논의에서 이처럼 하찮은 물건들의 이름들을 들먹이고 드는 교양 없는 사람이.

소크라테스: 그런 사람입니다, 히피아스 선생! 세련되지 못한 잡스럽고, 사실 이외에는 다른 어떤 것도 생각지 않는 사람이죠. 하지만 그렇더라도 그 사람에게 대답해야만 하며, 저로서는 즉각 의견을 천명합니다. 훌륭한 도공에 의해서 만들어진 도기가 정말로 매끈하고 둥글며 훌륭히 굽혔다면, 아름다운 도기들 중의 어떤 것들은 두 손잡이가 달린 것들로서 6쿠스[38]를 담을 수 있는 그런 것들로 아름다운 것들인데, 그래서 그런 도기에 대해 묻는다면, 그야 아름답다고 동의해

e 야만 하죠. 어찌 우리가 아름다운 걸 아름답지 않다고 말할 수 있겠습니까?

히피아스: 결코 그럴 수는 없습니다, 소크라테스 선생!

소크라테스: "그러니까 그 도기 또한 아름답습니까? 대답하세요." 하고 그가 말할 것입니다.

히피아스: 저는 그런 걸로 생각합니다, 소크라테스 선생! 이 도구 또한 아름답게 만들어졌으니, 아름답긴 하지만, 전반적으로 이것은 말이나 처녀 그리고 그 밖의 모든 아름다운 것들에 비해서는 아름다운 것으로 판단할 가치는 없습니다.

289a 소크라테스: 좋습니다. 알겠습니다, 히피아스 선생! 그러니까 이런 것들을 묻는 사람을 상대로는 우리가 이렇게 대답해 주어야만 한다는 걸. 아, 선생이시여, 선생은 헤라클레이토스의 이런 말이 훌륭하다는

38) khous는 액량 단위로서 1쿠스는 약 2.85리터이니까, 6쿠스는 약 17.1리터에 해당되겠다.

걸 모르시나요? "원숭이들 중에서 가장 아름다운 것도 인간들의 부류에 비해서는 추하다는 걸." 또한 도기들 중에서 가장 아름다운 것도 처녀들의 부류에 비하면 추하죠, 지혜로우신 히피아스 선생께서 주장하시듯. 그렇지 않나요, 히피아스 선생?

히피아스: 그야 물론이죠, 소크라테스 선생! 옳게 대답하신 겁니다.

소크라테스: 그러면 들으시죠. 그 다음에 그가 말할 걸 저는 잘 알고 있습니다. "뭐겠어요, 소크라테스 선생? 누군가가 처녀들의 부류를 신들의 부류와 비교한다면, 도기 부류가 처녀들의 부류와 비교되 b
었을 경우와 똑같은 사태를 겪지 않겠어요? 가장 아름다운 처녀가 추해 보이지 않겠어요? 선생이 인용하는 헤라클레이토스도 바로 이 말을 하고 있지 않나요? 신과 비교된 사람들 중에서 가장 지혜로운 자가 지혜와 아름다움 그리고 다른 모든 것들에 있어서도 원숭이로 보이지 않겠어요?" 히피아스 선생, 신들의 부류와 비교된 가장 아름다운 처녀가 추하다는 데 우리는 동의하겠죠?

히피아스: 실로 누가 이에 반대하겠습니까, 소크라테스 선생?

소크라테스: 그래서 이에 우리가 동의하게 되면, 그가 웃고서는 말 c
할 것입니다. "소크라테스, 그러면 선생은 질문받았던 것을 기억하나요?" 저야 아름다움 자체가 도대체 무엇인지였다는 걸[39] 기억한다고 말할 것입니다. 그는 또한 말할 것입니다. "그러면, 아름다움이 무엇인지를 질문받고서, 선생은 대답하기를, 선생이 말하듯, 추한 것과 같이 아름답지도 않다"고 말할 것입니다. 그럴 것 같다고 제가 말하겠죠. 아니면, 뭐라 말하도록 제게 조언하시겠습니까, 선생이시여?

히피아스: 저로서는 그것이죠. 신들에 비하면 인간 부류는 아름답

39) 288a 참조.

지 않다고 말하는 게 그야말로 진실을 말하는 것일 테니까요.

소크라테스: 그는 물을 것입니다. "만약에 제가 처음부터 무엇이 아
름답기도 하고 추하기도 한 것인지를 선생께 묻고, 선생께선 바로 방
d 금 하신 대답을 제게 하셨다면, 선생께서 옳게 대답을 하신 게 아니겠
어요? 한데, 여전히 선생께는 아름다움 자체, 이것에 의해서 다른 모
든 것들도 장식되어 아름다워 보인다고 생각되나요? 그 형상(eidos)
이 그것에 나타나게 되면, 이것이 처녀이든 말 또는 리라이든 말입니
다." 하고.

히피아스: 그러나 사실은, 소크라테스 선생, 만약에 그가 이걸 어
쨌든 찾고 있다면, 그에게 대답해 주기에 뭣보다도 가장 쉬운 건, 그
것에 의해서 다른 모든 것들도 장식되고 이것이 덧붙여져서 아름답게
보이는 것입니다. 그러니까 그 사람은 가장 단순한 사람이며 아름다
e 운 소유물들에 전혀 아는 게 없는 이죠. 왜냐하면 그가 묻고 있는 아
름다운 것인 이것은 금 이외의 다른 것이 아니라고 그에게 대답해 주
면, 당황스러워하며 선생을 반박하려 들지도 않을 것이기 때문입니
다. 아마도 우리 모두가 이 사실은 알고 있을 테니까요. 어디에나 이
것이 덧붙여지면, 앞서는 추해 보이다가도, 어쨌든 금으로 장식되고
서는 아름다워 보이니까요.

소크라테스: 히피아스 선생, 선생께선 이런 사람에 대해서는, 얼마나 무례하며 아무것도 쉽게 받아들이지 않는지에 대한 경험이 없으십니다.

히피아스: 그러니까 이건 어째서죠, 소크라테스 선생? 옳게 말하는
290a 걸 그로서는 받아들여야만 하거니와, 받아들이지 않는 사람으로서는
웃음거리가 되게 마련이죠.

소크라테스: 그리고 실은 이 대답을 그는 받아들이지 않을 뿐만 아

니라, 저를 비웃기까지 하며, 말할 것입니다. “아, 답답한 분이여, 선생은 페이디아스[40]를 신통치 않은 장인이라 생각합니까?” 그리고 저는 전혀 그렇지 않다고 제가 말할 것이라 생각합니다.

히피아스: 또한 어쨌거나 옳게 말씀하시는 겁니다, 소크라테스 선생!

소크라테스: 물론 옳지요. 그래서 제가 페이디아스는 훌륭한 장인이라는 것에 동의하게 되면, 그는 말할 것입니다. “그러면 선생이 말
하는 이 아름다움을 페이디아스는 모른다고 생각하시오?” 요점이 뭔 b
가요? 하고 제가 묻겠죠. 그가 말할 것입니다. “그는 아테나 여신의 두 눈을 금으로 만들지 않았으며, 얼굴의 다른 부분도 손발도 그러지 않았소. 비록 금으로도 더할 수 없이 아름답도록 조화롭게 보이게 할 수 있었겠지만. 하지만 상아로 만들었소. 이는 무지로 해서 실수를 한 것이 명백하오. 금이 덧붙여지는 데는, 금이 모든 것을 아름답도록 만든다는 걸 그는 몰랐던 것이오.” 그러면 이런 말을 하는 사람에게 우리가 뭐라 대답을 할까요, 히피아스 선생?

히피아스: 어려울 건 아무것도 없습니다. 그가 옳게 만들었다고 우 c
리는 말할 테니까요. 또한 상아도 아름답다고 저는 생각하기 때문입

40) Pheidias(약 490~432/1년)는 아테네 출신의 이름난 조각가이며 건축가이기도 하다. 금과 상아로 세공을 한 거대한 올림피아의 제우스 상과 아테네의 파르테논 신전의 아테나 여신상이 특히 유명한 그의 작품이다. 447년에 시작해서 438년에 완공된 파르테논 신전의 건립은 페리클레스에 의해서 추진되었는데, 그와 가까운 사이였던 페이디아스는 이 거대한 여신상을 여기에 세웠을 뿐만 아니라, 이 신전 자체의 건립에도 깊이 관여하였던 것으로 전한다. 이 신전 자체의 건축은 당대의 건축가 이크티노스(Iktinos)와 그를 도운 칼리크라테스(Kallikratēs)가 했지만, 페이디아스는 신전 건립에서 총감독 역할을 했으며, 외부 조각들도 그의 손이 많이 갔을 것으로 추정되고 있다. 오늘날 올림피아의 유적지에는 그의 작업실이 발굴되어 보존되고 있다.

니다.

소크라테스: "그러면 무엇 때문에 두 눈의 가운데 부분도 상아로 만들지 않고, 돌로 만들었는가요? 상아와 돌의 유사성을 찾을 수 있어서였던가요? 아니면 아름다운 돌 또한 아름다워서요?" 그렇다고 우리는 대답하겠죠, 히피아스 선생?

히피아스: 물론 우리는 어쨌든 그게 적합할 경우에는, 그리 말할 것입니다.

소크라테스: "그러나 적합지 않을 때는, 추한가요?" 제가 이에 동의할 것인지 말아야 할 것인지?

히피아스: 적합지 않을 때는, 추하다는 것에 동의합니다.

d 소크라테스: "어떤가요? 상아와 금은? 현명하신 선생이시여, 적합할 때는 아름다워 보이게 만드나, 그렇지 못할 때는 추해 보이게 만들지 않나요?" 하고 그가 물을 것입니다. 우리는 부인하는 쪽일까요 아니면 그가 옳게 말한다고 그에게 동의를 할까요?

히피아스: 우리는 어쨌든 이에, 곧 각각에 적합한 것, 이것이 각각의 것을 아름답게 만든다는 데 동의할 것입니다.

소크라테스: 그가 물을 것입니다. "그러면 누군가가 방금 우리가 말한 도기를, 좋은 콩들로 가득한 아름다운 도기를 끓이는데, 이 도기에는 금 국자 또는 무화과나무 국자 중에 어느 것이 적합한가요?" 하고.

히피아스: 헤라클레스여,[41] 어떤 인간을 말씀하시는 겁니까, 소크
e 라테스 선생? 누군지 제게 말씀해 주시고 싶지는 않으신 건가요?

소크라테스: 선생께 제가 그 이름을 댄들, 모르실 텐데.

---

41) 이처럼 헤라클레스를 부르는 것은 히드라(Hydra)와 같은 괴물을 처치한 힘을 빌리고 싶은 심정임을 나타내는 외침이겠는데, 놀람·분노·지긋지긋함·넌더리 등을 나타내는 감탄사로 쓰이는 셈이다.

290e

히피아스: 하지만 이제 제가 알겠네요. 무지한 자라는 걸.

소크라테스: 아주 말썽꾼입니다, 히피아스 선생! 하지만 그렇더라
도 우리가 뭐라 말하죠? 국자들 중에서 콩과 도기에는 어느 게 적합
한지를? 혹시 무화과나무 국자가 그런 게 명백한지? 왜냐하면 아마
도 이것이 콩을 더 향기롭도록 만들며, 또한 동시에, 선생이시여, 우
리로 하여금 도기를 찌그러트려서 콩을 흘러나오게 하여 불을 꺼트리
어서는, 잔치를 하려던 사람들을 아주 뛰어난 요리도 없는 상태로 만
들어버리는 일이 없게 할 것인지? 반면에 금 국자는 이 모든 사태를
일으키어, 우리로 하여금 금 국자보다는 무화과나무 국자가 더 적합 291a
하다고 말하도록 할 것으로 제게는 생각됩니다. 선생께서 달리 하실
말씀이 없다면요.

히피아스: 실상 그게 더 적합합니다, 소크라테스 선생! 하지만 그런 걸 묻는 사람과는 저로서는 정말로 대화를 하고 싶지가 않군요.

소크라테스: 옳으신 말씀입니다, 선생! 그런 낱말들로 채워진 대화
가 선생께는, 이처럼 잘 차려 입으시고, 신발도 잘 갖추시고, 지혜로
도 온 헬라스에서 유명하신 선생께는 적합지가 않을 테니까요. 하지
만 제게는 그런 사람을 상대로 어울리는 게 아무런 일도 아닙니다. 그 b
러니 저를 미리 가르쳐 주시고 저를 위해 대답도 해 주세요. 그 사람
은 말할 것입니다. "정말로 금 국자보다도 무화과나무 국자가 더 적합
하다면, 더 훌륭하기도(아름답기도) 한 게 아니고 다른 무엇이겠소,
소크라테스? 적합한 것이 적합지 않은 것보다 더 훌륭하다(아름답다)
고 동의했으니 말이오." 히피아스 선생, 금 국자보다 무화과나무 국자
가 더 훌륭하다(아름답다)고 우리가 동의하고 있는 게 아니고 무엇이
겠습니까?

히피아스: 소크라테스 선생, 선생께선 아름다움이 무엇인지를 내가

선생께 말함으로써 스스로를 많은 논의에서 벗어나게 하길 바라시는 거죠?

c 소크라테스: 물론입니다. 하지만 방금 말한 두 국자 중에서 어느 것이 더 적합하고 훌륭한지(아름다운지) 제가 대답할 걸 선생께서 제게 말씀해 주시기 전에는 아닙니다.

히피아스: 그러나, 선생께서 원하신다면, 그 사람에게 무화과나무로 만들어진 국자가 그렇다고 대답하세요.

소크라테스: 그러면 이제 방금 말하려던 걸 말씀하세요. 왜냐하면 이 대답에 의해서, 제가 아름다운 것은 금이라고 말한다면, 금이 무화과나무보다도 전혀 더 아름답지(훌륭하지) 않은 것으로 제게 드러나 보이게 될 테니까요. 그러면 이번에는 무엇이 아름다운 것이라고 말씀하시겠습니까?

d 히피아스: 제가 선생께 말씀드리죠. 제게는 선생께서 아름다운 것으로 이런 어떤 걸, 곧 어느 때 어느 곳 누구에게도 결코 추한 것으로 보이지 않는 것이라는 대답을 찾고 있는 것으로 생각되니까요.

소크라테스: 그야 물론입니다, 히피아스 선생! 또한 이번에는 어쨌든 훌륭하게 포착하셨습니다.

히피아스: 그러면 들으세요. 이것에 대해서는 알아두세요. 만약에 누군가가 무엇이든 반대하시는 게 있으면, 제가 어떤 것에도 정통하지 못하고 있다고 말씀하십시오.

소크라테스: 그러면 신들에 맹세코, 되도록 빨리 말씀해 주세요.

히피아스: 그러니까 저는 언제나 말합니다. 모든 사람에게 어디에서나 부유하고, 건강하며, 모든 헬라스인들에 의해 존경받으며, 노령
e 이 되고, 자신의 돌아가시는 부모를 훌륭히 장례 지내고, 제 자식들에 의해 품위 있게 매장된다는 건 더할 수 없이 아름다운 것이라고.

291e

소크라테스: 좋아요 좋아, 히피아스 선생! 놀랍고 당당하게 그리고 선생답게 말씀하셨습니다. 또한 맹세코, 선생께서 인정 있게 능력껏 도우시려는 것으로 제게는 생각되어 감탄합니다. 그러나 실은 우리가 그 사람을 제대로 타격하지 못해서, 우리를 이제 더할 수 없이 비웃게 될 것이라는 걸 잘 알고 계세요.

히피아스: 어쨌거나 반갑지 않을 비웃음일 것입니다, 소크라테스
선생! 왜냐하면 이에 대해서 아무런 할 말도 없고, 웃을 뿐이라면, 그
는 스스로를 비웃게 될 것이고, 현장에 있던 사람들에 의해 자신이 웃
음거리가 될 것이기 때문입니다. 292a

소크라테스: 아마도 그럴 것입니다. 하지만 어쨌든 이 대답에 대해서는, 제가 예측하듯, 저를 비웃기만 할 것 같지가 않습니다.

히피아스: 하지만 그건 왜니까?

소크라테스: 만약에 그가 막대기를 갖고 있고, 제가 도망가며 그를 피하지 않는다면, 저를 몹시 때리려 할 것 같기 때문입니다.

히피아스: 어찌 하시는 말씀인지? 그 사람이 선생의 무슨 주인이기
라도 해서, 그런 짓을 하고서도 저지당하지도 재판을 받지도 않게 되
겠어요? 아니면 당신들의 나라는 법도 없어서, 시민들이 서로 부당하 b
게 두들겨 패는 걸 허용하나요?

소크라테스: 그건 어떤 식으로도 허용하지 않습니다.

히피아스: 그러니까 그는 어쨌든 부당하게 선생을 구타함으로써 벌을 받게 될 것입니다.

소크라테스: 제게는 그리 생각되지 않습니다, 히피아스 선생! 만약에 제가 그런 대답을 한다면, 그렇지가 않고, 정당하게 저를 구타하는 것이 될 것으로 제게는 생각됩니다.

히피아스: 그러니까 제게도 그리 생각됩니다, 소크라테스 선생! 스

292b

스로 그리 생각하신다니 말입니다.

소크라테스: 그러면 제가 이런 대답을 함으로써 왜 당연히 구타당하는 것이라고 스스로 생각하는지도 선생께 말씀드릴까요? 아니면 선생께서도 재판 없이 저를 구타하시겠습니까? 아니면 제 주장을 받아들이겠습니까?

c 히피아스: 소크라테스 선생, 만약에 제가 그걸 받아들이지 않는다면, 실로 끔찍한 일일 것입니다. 하지만 어떻게 말씀하실 것인지?

소크라테스: 저는 선생께 말할 것입니다. 방금 했던 것과 똑같은 방식으로, 그를 모방해서요. 선생을 상대로 제가 말하는 언사들이 아니라, 그가 저를 상대로 해서 하는 말투로, 거칠고 생소한 언사들로요. 잘 알아 두세요. 그는 말할 것입니다. "소크라테스! 내게 말하시오. 당신은 질문을 받고서, 누구든 곡조도 엄청 틀려 가며 그처럼 비시가적으로 그런 식의 디티람보스[42]를 읊는 사람이 부당하게 매를 맞는다고 생각하시오?" 어떻게 되어서 말이오? 제가 묻겠죠. 그가 말할 것입니다. "어떻게 되어서라니? 그래 선생이 그걸 기억하지 못할 수가 있소? 아름다움 자체가 무엇인지를 내가 물었던 것을, 그것이 덧붙여지
d 는 모든 것이, 돌도 나무도 사람도 신도 그리고 모든 행위도 모든 배움도 아름답게 되는지를 물었던 걸? 보시오, 나로서는 아름다움(kallos) 자체가 무엇인지를 묻고 있소. 그리고 나는 선생에게 이런 선언을 하는 것 이외에 더할 수 있는 게 아무것도 없소. 선생이 두 귀도 뇌

42) dithyrambos란 디오니소스를 기리는 합창가무단의 서정적인 송가를 말한다. 기원전 7세기 말엽부터 등장한 것이었으나, 아테네에 유입되고서는 디오니소스 대축제에서 경연 형태로 공연되었는데, 헬라스 비극은 이에서 유래된 것으로 알려져 있다. 디티람보스는 5세기 말부터 쇠퇴해지기 시작하다가, 플라톤 시대에는 완전히 쇠퇴했다고 한다.

도 없이 내 옆에 돌로, 이것도 맷돌로 앉아 있다는 것 말고는 말이오." 그래서 제가 놀라서 이에 대해서 이렇게 말한다면, 히피아스 선생, 선생께선 마음 상하지 않으실지? 하지만 이것이 아름다움이라고 히피아스 선생께서는 말씀하셨습니다. 선생께서 제게 물으셨듯이, 제가 e 그에게 물었죠. 그건 모두에게 그리고 언제나 아름다운 것인지를. 그러면 선생께서는 어떻게 말씀하시겠습니까? 제가 그걸 말해도, 마음이 불편하지 않으실지?

히피아스: 소크라테스 선생, 제가 말한 건 모두에 아름다운 것이며 그리 생각될 것이라는 것이었음을 저는 잘 알고 있습니다.

소크라테스: "실로 앞으로도 그럴까요? 어쨌든 아름다운 것은 언제나 아름다울 것으로 저는 생각하니까요." 하고 그는 말할 것입니다.

히피아스: 물론입니다.

소크라테스: "그러니까 그건 또한 아름다웠고요?" 그는 물을 것입니다.

히피아스: 역시 그랬죠.

소크라테스: "또한 실로 아킬레우스[43]로서도 그의 부모보다는 나중

---

43) Akhilleus는 테살리아 지역 프티아(Phthia)의 왕 펠레우스(Peleus)와 해신 네레우스(Nēreus)의 딸들 중의 하나인 테티스(Thetis)의 아들이다. 그의 도움 없이는 트로이아 함락이 불가능할 것이라는 예언을 들었던 어머니는 트로이아 원정군에 가담하는 아들이 헤파이스토스가 만든 무장을 갖추게 한다. 그는 아가멤논과의 불화 때문에 헬라스의 원정군이 연방 곤욕을 치르는 걸 목격하면서도 직접 참전은 하지 않고 있다가, 하도 딱한 나머지, 자기 대신 단짝 벗인 파트로클로스(Patroklos)로 하여금 자신의 무장을 갖추고 출전케 한다. 그래서 그를 아킬레우스인 줄로 알고 겁을 먹은 적들은 도망하기 바빴으나, 트로이아의 헥토르(Hektōr)가 그를 상대해 죽이고서, 무장도 벗겨진다. 친구를 잃은 그는 다시 어머니가 마련해 준, 헤파이스토스가 만든 무장을 갖추고서, 헥토르를 죽임으로써, 친

292e

에 매장되는 게 좋다고 엘리스의 손님은 말하며, 그의 할아버지 아이아코스로서도, 그리고 신들의 후손들로서도, 그리고 또 신들 자신들
293a 로서도 그렇다는 건가요?" 하고 그가 물을까요?

히피아스: 그게 무슨 말씀인지? 맹랑한 말씀을! 어쨌든 이런 질문들은 좋은 징조의 것들이 아닙니다,[44] 소크라테스 선생!

소크라테스: 어떤가요? 다른 사람이 이런 질문을 해도 아주 불길하지 않겠어요?

히피아스: 아마도 그럴 것입니다.

소크라테스: "그러니까 아마도 당신이 이 사람, 곧 자식들에 의해 매장해 받되, 부모들은 매장해 드리는 것이 모두에게 언제나 좋다고 말하는 사람이겠소, 이 모두 중의 한 사람으로는 헤라클레스도 그리고 방금 우리가 말한 모두도 포함되지 않겠소?" 하고 그가 말할 것입니다.

히피아스: 그러나 내가 말한 건 신들에게는 아닙니다.

b 소크라테스: "영웅들에게도 아닌 걸로 보입니다."

히피아스: 어쨌든 신들의 자식들인 경우들도 아닙니다.

소크라테스: "그러나 신들의 자식들이 아닌 경우들엔 그렇습니다."

히피아스: 그야 물론입니다.

소크라테스: "그러니까 당신의 주장에 따르면, 그리 보이듯, 영웅들 중에서 탄탈로스[45]와 다르다노스[46] 그리고 제토스[47]에게는 끔찍

구의 죽음을 보상하게 된다. 그러나 그도 훗날 파리스(Paris)의 화살을 그의 약점인 뒤꿈치에 맞고서 죽게 되니, 결국 아버지보다 먼저 무덤에 묻히게 된 것이다.

44) 불사의 존재들([hoi] athanatoi = [the] immortals)인 신들이 죽는다는 말을 하는 것이니 불경한 말을 함부로 하고 있다고 해서 하는 말이다. 반면에 인간들은 '죽게 마련인 자들(thnētoi = mortals)'이다.

45) Tantalos는 프리기아와 리디아의 경계지역 시필로스(Sipylos) 지역의

하고 불경하며 추하지만, 펠롭스[48] 및 같은 처지의 출생인 자들에겐

왕으로서 굉장한 부자였다고 한다. 그는 제우스의 아들이기도 한 데다, 신들과 가까이 지내게 되다 보니, 그들의 잔치에도 초대되자, 이런저런 못된 짓을 저지르게 된다. 신들의 음식인 '넥타르'와 '암브로시아'를 몰래 친구들에게 가져다준다거나 신들의 비밀을 그들에게 들려주는가 하면, 신들을 시험해 보느라, 신들을 초청한 연회에서 제 아들인 펠롭스의 어깻죽지를 도려내 요리한 것을 내놓았다. 모두들 기미를 채고 먹지 않았으나, 데메테르(Dēmētēr)는 딸을 잃은 슬픔으로 해서 넋이 나간 상태에서 그걸 먹었다고 한다. 신들은 그 부분을 상아로 메우고서, 살려 냈다는 이야기다. 그래서 지하 세계 곧 하데스의 아래 타르타로스(Tartaros)에서 그 유명한 형벌을 받게 된다. 머리 위에서 흔들거리는 돌덩이, 연못에서 목이 말라 물을 마시려면 수위가 쑥 내려가 버리고, 과일나무 밑에서 가지에 매달린 과일을 따려고만 하면 휙 멀어지는 그 가지들, 이런 고통들을 안기는 잔치의 벌을 받게 되었다는 이야기다.

46) Dardanos는 제우스와 엘렉트라(Ēlektra: Pleiades 일곱 자매들 중의 하나) 사이의 아들로서 훗날 트로이아의 성채를 세우고서, 그 지역을 통치함.

47) Zēthos는 암피온(Amphiōn)과 함께 제우스와 안티오페(Antiopē) 사이의 쌍둥이 형제로서, 출생과 함께 버려졌다가, 목동에 의해 구조되어, 제토스는 전투·농사·가축 사육에 종사했고, 암피온은 헤르메스에게서 리라 선물을 받고서 음악에 열심이었다. 우여곡절 끝에 그 목동이 그들의 생모를 알아본 덕에, 그들은 마침내 상봉하게 되었고, 테베를 통치하게 된다.

48) 펠롭스(Pelops)의 아버지는 좀 전의 각주에서 언급한 탄탈로스이지만, 아버지와는 달리, 한 세대가 지난 터라, 신성이 약화된 인간 혈통인 셈이다. 게다가 그의 가문에는 비운들이 뒤따르는데, 이는 펠롭스가 저지른 살해 사건의 피해자의 저주(ara)에 따른 것이다. 헬라스 역사에서 중대한 사건들과 이 가문에 얽힌 일들의 전말의 대강을 가계도와 함께 정리하면, 다음과 같다. 펠롭스는 소아시아에서 펠로폰네소스 반도의 엘리스(Ēlis)의 피사(Pisa)로 이주해서 이곳의 왕이 된다. 그는 Hippodameia와 혼인하길 원하고, 그 딸도 그와의 사랑에 빠진다. 그러나 그 아버지 오이노마오스(Oinomaos)는 자기와의 전차 경주에서 이기는 자라야 자기가 던지는 창을 맞지 않고서, 자기 딸과 혼인할 수 있다는 조건을 단다. 이에

293b

응한 그는 마부 미르틸로스(Myrtilos)에게 뇌물을 주고, 그가 짝사랑해 오던 히포다메이아와 하룻밤 동침토록 해 주겠다고 약속함으로써, 마차 바퀴 한쪽의 쐐기를 빼어 내고선 밀랍 모형의 것으로 그걸 바꿔 놓게 하여, 경주 도중에 오이노마오스가 마차에서 떨어져 죽게 한다. 다음으로 펠롭스는 그 보답 동침에 들떠 있던 마부를 유인해서 바다에 던져 넣고서 죽게 함으로써 그의 저주를 받게 된다. 잘나가던 그의 가문은 그의 두 아들 아트레우스와 티에스테스 사이의 갈등에서 마침내 그 저주가 작동하기 시작한다. 아트레우스가 미케네(Mykenai)의 왕이 되는데, 티에스테스가 그 아내 아에로페(Aeropē)를 유혹하매, 그를 추방했다가, 화해를 구실 삼아, 초청을 하고선, 연회를 베푼다면서, 그의 두 아들의 살을 고기로 만들어 대접했고, 그는 이를 먹었다가, 이 사실을 알게 되고선 기겁을 하고선, 아트레우스 가문에 대한 저주를 한다. 이번에는 제 딸 펠로피아와의 사이에서 아이기스토스(Aigisthos)를 낳게 되니, 딸은 이 아이를 출산과 함께 내다 버리는데, 목동들이 이를 키우게 된다. 이를 알게 된 아트레우스는 아이를 데려다가 제 자식처럼 키워, 성인이 되매, 제 아비 아이기스토스를 죽이도록 보냈으나, 제 아들임을 알아본 아이기스토스 부자는 아트레우스 살해를 꾀한다. 훗날 이 아이기스토스는 트로이아 원정에 참가한 헬라스 군대의 총사령관이었던 아가멤논(Agamemnōn)이 출정한 뒤에 왕비 클리타이므네스트라(Klytaimnēstra)를 유혹하여 그 정부가 되어, 왕비와 공모하여 원정에서 미케네(Mykēnē)로 귀환한 아가멤논을 살해하고선 왕이 된다. 이로부터 8년째 되던 해에 아가멤논의 아들 오레스테스(Orestēs)가 나타나, 누이 엘렉트라(Ēlektra)의 적극적인 도움을 받으며, 그와 자신의 어머니까지도 살해함으로써, 그 복수를 하게 된다. 이 사건과 관련된 이야기는 호메로스의 《오디세이아》 1권과 3권에 나오거니와, 훗날 특히 아이스킬로스의 삼부작 비극 "Oresteia(오레스테스 이야기)"의 내용이 된다. 이 가계도를 중점적으로 그린다면, 다음과 같다.

제우스+플루톤(Ploutō. Kronos의 딸)
　└→탄탈로스+디오네(Dionē)
　　└→펠롭스+히포다메이아→티에스테스+친딸→아이기스토스
　　　└→아트레우스→메넬라오스+헬레네(Helenē)
　　　　└→아가멤논+클리타이므네스트라
　　　　　└→오레스테스, 엘렉트라, 이피게네이아

좋지요(kalon).”

히피아스: 제겐 그리 생각되네요.

소크라테스: 그는 말할 것입니다. “그러니까 당신 생각은 방금은 말하지 않은 것이라는 것이겠네요. 곧 조상은 매장해 드리되 후손들에 의해서 매장해 받는 것이 때로는 그리고 어떤 사람들에게는 부끄러운 것이라는 거겠네요. 더 나아가 이것이 모두에게 아름다워지고 아름답 c
다는 것도 불가능해서, 이 경우도 앞서의 저 경우들처럼, 처녀와 도기처럼, 같은 사태를 겪게 되고, 더 나아가서는 더욱 우습게도 어떤 사람들에게는 아름답지만, 어떤 사람들에게는 아름답지 않습니다.” 또한 그는 말할 것입니다. “소크라테스, 아름다움이 무엇인지에 대한 질문에 당신은 결코 오늘도 대답을 할 수가 없소.” 제게 이런 그리고 이와 같은 모욕을 해서 옳지요. 만약에 제가 그에게 이처럼 대답을 한다면 말입니다. 히피아스 선생, 그러니까 대개는 이런 대화를 그가 저와 하겠죠. 그러나 때로는 마치 저의 무경험과 무교육을 딱해하듯, 자신 d
이 제게 아름다움이 제게는 이런 걸로 생각되는지, 또는 그 밖의 것으로 탐문하려는 다른 것과 관련해서, 그리고 또 논의 대상인 것과 관련해서 질문을 던집니다.

히피아스: 무슨 뜻으로 그 말씀을 하시는 건지, 소크라테스 선생?

소크라테스: 제가 선생께 말씀드리죠. 그는 말할 것입니다. “아, 보시오, 소크라테스! 당신은 그런 대답들을 하고서 이런 식으로 그칩니다. 너무 단순하며 실은 쉽게 반박될 수 있소. 하지만 이런 것이 당신에게 아름다운 것으로 생각되는지 살피시오. 바로 방금도 대답하 e
는 가운데 쥐었던 것이오. 금이 적합한 것들에는 아름다우나, 그렇지 못한 것들에는 그렇지 않다고, 그리고 그 밖의 것들로 이것들에 이것이 덧붙여지는 모든 것도 그러하다고 우리가 말했을 때 말이오. 이 적

293e

합함(to prepon) 자체 그리고 이 적합함 자체의 본성[49]이 아름다움(to kalon)인지 고찰하시오." 그러니까 저는 이런 것들에는 매번 동의하는 게 버릇이 되어 있죠. 무슨 말을 할지 몰라섭니다. 그러면 선생께는 적합함이 아름다운 것으로 생각되십니까?

히피아스: 전적으로 그리 생각됩니다, 소크라테스 선생!

소크라테스: 고찰해 봅시다, 그러니까 어떤 면에서도 우리가 속지 않도록 말입니다.

히피아스: 살펴는 보아야죠.

소크라테스: 그러면 보십시오. 그러니까 우리는 적합함을 이런 것

294a 으로 말하나요? 어떤 것에 있게 됨으로써, 이것이 있게 된 것들의 각각을 아름다워 보이게 만드는 것이거나, 또는 아름다운 것이게 만드는 것이거나, 또는 둘 중의 어느 것도 아니거나?

히피아스: 제게는 아름다워 보이게 만드는 것으로 생각됩니다.[50] 마치 어떤 사람이 두름겉옷[51]을 입거나 맞는 신발을 신거나 했을 때, 설령 우습더라도, 더 아름다워 보인다면 말입니다.

소크라테스: 그러니까 실제로 아름답기보다도 더 아름답게 보이도록 정녕 적합함이 만든다면, 아름다움과 관련해서 적합함은 일종의 기만이겠으며, 이는 우리가 찾고 있는 것도 아니겠죠, 히피아스 선생? 왜냐하면 우리는 그것에 의해서 모든 아름다운 사물들이 아름다

49) 적합함 자체(auto to prepon)의 본성(physis)의 원문은 hē physis autou tou prepontos이다.

50) 텍스트 읽기에서 [potera]는 표시 그대로 생략하고서 읽었다.

51) '두름겉옷'으로 옮긴 것의 원어는 himation인데, 이 옷과 걸치는 방식에 대해서 굳이 알고 싶은 분은 《카르미데스》 편(155d의 각주)에서 자세한 각주를 달았으니, 참고하면 되겠다.

294a

운 걸 아마도 찾고 있었겠기 때문입니다. 마치 모든 키 큰 것들이 그 b
것 곧 솟음에 의해서[52] 크듯이. 이것에 의해서 모든 것이 크며, 그리 보이지 않더라도, 키 크며, 이것들로서는 키 큰 게 필연적입니다. 바로 이처럼 아름다움(to kalon), 이것에 의해서 모든 것들이 아름답습니다, 그것들이 그리 보이거나 않거나 간에 말입니다. 왜겠어요? [그게] 적합함이 아닐 테니까요. 왜냐하면, 선생의 주장처럼, 그게 실제보다 더 아름다워 보이게는 만들지만, [정작] 아름다워 보이게 하는 그런 것은 아니기 때문이죠. 그러나 방금 제가 말했던 것은, 그리 보이건 보이지 않건 간에, 아름답도록 만드는 것이 무엇인지를 말해야
만 한다는 겁니다. 우리가 진정으로 아름다움을 찾고 있다면, 이걸 우 c
리가 찾고 있는 거니까요.

히피아스: 그러나, 소크라테스 선생, 적합함은, 이것이 [어떤 것에] 있게 되면,[53] 아름답도록 그리고 그리 보이도록 만듭니다.

소크라테스: 그러면 참으로 아름다운 것이, 아름다워 보이게 하는 것이 어쨌든 있는데도, 아름다워 보이지 않게 될 수는 없는 거죠?

히피아스: 그럴 수는 없죠.

소크라테스: 그러니까 우리는 이에 대해서 동의하겠네요, 히피아스 선생? 참으로 아름다운 것들과 관례들 그리고 활동들은 언제나 모

52) '솟음(to hyperekhōn)'에 의해서' "A가 B보다 크다"는 이런 식의 표현은 《파이돈》 편(102b~103a)에서 시미아스가 소크라테스보다는 크지만, 파이돈보다는 작은 것은 시미아스에 있게 된 큼(megethos)과 작음(smikrotēs)에 의해서라는 구절의 차용인 셈이다.

53) 사물들이 아름다운 것은 아름다움 [자체]가 그것들에 '나타나 있게 되어서(paron: present)'라고 하는 주장은 역시 같은 대화편 100c~d에서 언급되고 있는데, 그 명사형은 '나타나 있음(parousia)'이다. 역시 이 용어의 차용이겠다.

d 두에게 아름다운 것들로[54] 여겨지고 또한 그리 보이거나, 또는 정반대로, 알려지지도 않고, 이것들과 관련해서 그 무엇보다도 최대의 불화와 다툼이 사적으로는 개인들 간에도, 공적으로는 나라들 간에도 있을 것이라고.

히피아스: 오히려 뒤쪽 편, 곧 모르는 편이겠습니다, 소크라테스 선생!

소크라테스: 하지만 아마도 이것들에 '그리 보임'[55]이 덧붙여진다면, 그렇지 않을 것입니다. 만약에 정말로 적합함이 아름답고, 또한 아름다울 뿐만 아니라 그리 보이도록 만든다면, 그게 덧붙여지는 것이겠죠. 그래서 적합함이 [사물들을] 아름다운 것들이도록 만든다면, 그게 우리가 찾고 있는 아름다움일 것입니다. 하지만 어쨌든 그리 보이도록 만드는 것은 아닙니다. 또한 적합함이 [사물들을] 그리 보이도
e 록 만드는 것이라 할지라도, 우리가 찾고 있는 아름다움은 아닐 것입니다. 왜냐하면 어쨌든 그것이 그런 것이도록 만들기 때문입니다. 그러나 그런 것으로 보이게 그리고 그런 것이게 만드는 것은, 아름다운 것들의 경우이건 또는 다른 어떤 경우이건, 동일한 것이 결코 그럴 수는 없습니다. 그러면 적합함이 아름다워 보이도록 만드는 것인지, 아니면 아름다운 것이도록 만드는 것인지 선택합시다.

히피아스: 아름다워 보이도록 만드는 것으로 내게는 생각되네요,

54) 이런 것들 곧 여기에서의 nomima kai epitēdeumata 그리고 295d에서 ta epitēdeumata kai tous nomous(업무들과 법률)를 아름다운 것들의 예로서 들고 있는 것도, 《향연》 편(210c, 211c)에서 아름다운 것들의 사례들로 들고 있는 것들과 역시 《고르기아스》 편(474e)에서 들고 있는 같은 사례들의 차용 사실로 증언하고 있다고 D. Tarrant는 언급했다. (그의 책 주석 64쪽)

55) 원어는 'to phainesthai'이다.

294e

소크라테스 선생!

소크라테스: 허, 이런! 그러고 보니, 히피아스 선생, 아름다움이 도대체 무엇인지를 아는 일이 우리에게서 달아나 버렸습니다. 적합함이 아름다움과는 다른 것임이 어쨌든 밝혀졌으니까요.

히피아스: 단연코, 그러네요, 소크라테스 선생! 또한 제게는 몹시 이상스럽기도 하고요.

소크라테스: 하지만, 보십시오, 아직은 이를 그냥 보내지는 마십시 295a
다. 아직도 아름다움이 도대체 무엇인지 드러나게 될 어떤 희망은 있
기 때문입니다.

히피아스: 그건 아주 확실합니다, 소크라테스 선생! 찾기 어렵지도 않으니까요. 그러니까 제가 잘 알고 있습니다. 잠시 홀로 골똘히 성찰해 보게 되면, 이를 그 어떤 정확성보다도 더 정확한 것으로 말씀드릴 수 있겠다 싶네요.

소크라테스: 아, 히피아스 선생, 큰 소리는 마시고요. 그게 우리에
게 얼마나 많은 문제를 야기했는지 이미 보셨습니다. 우리에게 화가
나서, 더 달아나 버리는 일이 없도록 말입니다. 하지만 공연한 말이
죠. 선생께서야 혼자서도 이를 쉽게 찾아내실 걸로 저는 생각하니까 b
요. 하지만 신들 앞에서 그리고 제 면전에서 찾아내시죠. 그러나 원하
신다면, 방금처럼 저와 함께 찾으시고요. 그리고 만약에 우리가 찾는
다면, 더없이 좋겠지만, 만약에 그러지 못하더라도, 제 운이라 받아들
이겠지만, 선생은 떠나시면 쉽게 찾으실 겁니다. 그리고 만약에 우리
가 지금 그걸 찾더라도, 선생 쪽에서 찾아낸 것이, 그게 무엇인지 물
으면서, 선생께 성가신 사람이 되지 않을까 걱정하시지는 마십시오.
그러나 지금은 이것이 아름다움인 걸로 선생께 생각되시는지 보십시
오. 그래서 이것이라 저는 주장합니다. 하지만 제가 헛소리를 하지 않 c

도록 아주 유의하시면서 살펴 주십시오. 실은 유용한(khrēsimon) 것이면, 우리에게는 아름답다(훌륭하다: kalon)고 하죠. 한데 이는 이런 생각을 하고서 말한 것입니다. 눈이 아름답다고 우리가 말하는 건, 볼 수도 없는 눈들이 그런 것들인 걸로 생각된다는 게 아니라, 볼 수 있으며 봄과 관련해서 유용한 것들이라는 겁니다. 안 그런가요?

히피아스: 그렇습니다.

소크라테스: 따라서 우리는 이런 식으로 몸 전체가 훌륭하다(아름답다: kalon)고 말합니다. 때로는 달리기와 관련해서, 때로는 레슬링
d 과 관련해서, 또한 동물들 모두를 상대로, 말을 아름답다고, 닭과 메추리, 그리고 온갖 도구들과 육지 수레들 그리고 해양 선박들과 삼단노 전함들, 그리고 또 도구들과 악기들 그리고 각종 기술들에서 쓰는 기구들, 또한 원한다면, 관례들과 법률, 거의 이런 것들 모두를 같은 식으로 아름다운(훌륭한) 것들로 지칭합니다. 이것들 각각을 타고난 본성대로, 만들어진 그대로, 그게 처한 상태 그대로 바라보면서, 그 유용함(to khrēsimon)을 그게 어떤 식으로 유용하며 무엇과 관련해서
e 유용하며 또한 언제 유용해서 '훌륭하다'고 우리가 말하지만, 또한 이 모든 점에서 무용해서 쓸데없다[56]고도 말합니다. 선생께도 그리 생각되지 않나요, 히피아스 선생?

히피아스: 제게도 그리 생각됩니다.

소크라테스: 따라서 이제 우리가 유용함이 뭣보다도 '훌륭하다'고 말하는 게 옳은가요?

히피아스: 참으로 옳습니다, 소크라테스 선생!

---

56) kalon에 여러 가지 뜻들이 있듯, 이의 반대어인 aiskhron에도 당연히 여러 뜻들(추한, 부끄러운, 창피한, 몹쓸, 흉한, 민망한, 못난 등)이 있다.

295e

소크라테스: 그러니까 가능한 각각의 것을 바로 가능한 것으로 이루어내는 데, 이에 유용한 것과, 반면에 이게 불가능한 것은 무용한 것이 아니겠습니까?

히피아스: 물론입니다.

소크라테스: 그러면 그 가능성(능력: dynamis)은 훌륭하나, 불가능성(무능: adynamia)은 수치스런 것이겠네요?

히피아스: 그야 다분히 그렇죠. 어쨌거나, 소크라테스 선생, 다른
것들도 이게 이러함을 우리에게 증언해 주고 있습니다. 그러니까 정 296a
치도 그렇습니다. 왜냐하면 정치에 있어서 그리고 그대의 나라에 있어서도 유능함은 그 무엇보다도 훌륭한 것이지만, 무능함은 그 무엇보다도 창피한 것이죠.

소크라테스: 잘 하시는 말씀입니다. 맹세코, 히피아스 선생, 이 때문에 지혜가 뭣보다도 훌륭한 것이지만, 무지는 무엇보다도 창피한 것이죠?

히피아스: 하지만 무슨 생각을 하고 계신 건가요, 소크라테스 선생?

소크라테스: 조용히 해 주십시오, 선생이시여! 도대체 우리가 무슨 말을 또 하고 있는 건지 두려워섭니다.

히피아스: 또 왜 두려우신 건지, 논의가 지금은 선생께 아주 잘 진 b
행되고 있는 터인데?

소크라테스: 저도 바라는 바입니다만, 이 점을 저와 함께 살펴 주시죠. 그러니까 누군가가 자신이 알지도 못하고 도무지 할 수도 없는 뭔가를 하려고 한다면?

히피아스: 결코 그럴 수는 없죠. 어떻게 자신이 할 수 없는 걸 할 수 있겠습니까?

소크라테스: 그러니까 잘못하는 사람들이 잘못하기를 비자발적으로 한다면, 이 사람들이 이를 할 수 없었다면, 결코 하지 않았을 게 아니고 무엇이겠습니까?

히피아스: 그야 명백합니다.

c 소크라테스: 하지만 할 수 있는 사람들은 어쨌든 그 능력에 의해서 할 수 있습니다. 무능에 의해서는 아마도 할 수 없을 테니까요.

히피아스: 할 수 없는 게 명백합니다.

소크라테스: 자신들이 만드는 것들을 만드는 사람들은 어쨌든 모두가 만들 수 있습니까?

히피아스: 네.

소크라테스: 모든 사람들은, 아이들일 때부터 시작해서, 어쨌든 좋은 것들보다는 나쁜 것들을 훨씬 더 많이 하는데, 잘못하는 건 비자발적입니다.

히피아스: 그건 그렇습니다.

소크라테스: 왜 그럴까요? 이 능력(가능성)과 이 유용한 것들이 어떤 나쁜 일을 하는 데 유용한 것들이라면, 이를 우리가 훌륭한 것들이라 말하겠습니까, 아니면 이와는 한참 거리가 멀겠습니까?

d 히피아스: 한참 먼 것으로 제게는 생각됩니다, 소크라테스 선생!

소크라테스: 그러니까, 히피아스 선생, 가능함(할 수 있음: to dynaton)과 유용함이 우리에게는 아름다움(훌륭함)은 아닌 것으로 보입니다.

히피아스: 적어도 좋은 것들을 할 수 있고 이런 것들에 유용하다면야, 소크라테스 선생!

소크라테스: 그래서 그건 물러가 버렸습니다. 단순히 '가능함(할 수 있음)'과 '유용함'이 아름답다(훌륭하다)는 주장은. 그러니까 히피아

296d

스 선생, 우리의 속마음(혼)이 말하고자 한 것은 이것, 곧 좋은 뭔가를 하는 데 '유용함'과 '할 수 있음'이 '아름다움(훌륭함)'이라는 것이겠죠?

히피아스: 제게는 그리 생각됩니다. e

소크라테스: 하지만 이는 유익한 것입니다. 안 그런가요?

히피아스: 그야 물론입니다.

소크라테스: 바로 이처럼 아름다운 몸들과 아름다운 법규들 그리고 지혜와 바로 방금 말한 것들 모두가 아름다운(훌륭한)데, 유익하기 때문입니다.

히피아스: 그건 명백합니다.

소크라테스: 그러니까 유익함(to ōphelimon)이 우리에게는 아름다움(to kalon)인 걸로 보입니다, 히피아스 선생!

히피아스: 전적으로 틀림없는 것 같습니다, 소크라테스 선생!

소크라테스: 하지만 유익함은 좋은 걸로 만드는 것이죠.

히피아스: 실상 그렇죠.

소크라테스: 하지만 [그리] 만드는 것은 [그] 원인(to aition) 이외에 다른 것이 아닙니다. 안 그런가요?

히피아스: 그렇습니다.

소크라테스: 그러니까 좋음(to agathon)의 원인은 아름다움(훌륭함)입니다.

히피아스: 실은 그렇습니다. 297a

소크라테스: 하지만, 히피아스 선생, 원인은 그 원인이 원인으로 되고 있는 그 대상과는 다른 것이죠. 어쨌든 원인은 원인의 원인이 아니겠기 때문입니다. 이렇게 생각해 보시죠. 원인은 만드는 쪽이 아닌가요?

297a

히피아스: 물론입니다.

소크라테스: 그러니까 만드는 자에 의해서 만들어지는 것은 생성되는 것 이외의 다른 것이 아니니, 만드는 쪽이 아니죠.

히피아스: 그건 그렇습니다.

소크라테스: 그러니까 생성되는 것과 만드는 쪽은 각기 다르지 않습니까?

히피아스: 네.

소크라테스: 그러면 원인은 원인의 원인이 아니라, 그것에 의해서
b 생성되는 것의 원인입니다.

히피아스: 물론입니다.

소크라테스: 따라서 만약에 아름다움(to kalon)이 좋음(to agathon)의 원인이라면, 아름다움에 의해서 좋음이 생기겠죠.[57] 그리고 이

57) 이 번역문의 원문은 가정을 전제로 하고서, 희망적인 결과를 기원하는 구조의 것이다. 그런데 이 다음에서는 이를 사실처럼 시인된 걸로 삼고서, 이런 말을 하고 있는 셈이다. 《향연》 편에서 아름다운 사물들에 이끌린 그런 것들을 통한 출산이 마침내 아름다움 자체에 이르게 되는 근원적인 것으로의 상승을 연상케 하는 발언인 셈이다. 그러나 이는 《국가(정체)》 편에서 말한 것과는 극단적으로 배치되는 것이다. 단적으로 말해서, 플라톤 철학에 있어서 만물의 궁극적 원리(arkhē anypothetos)는 '가장 큰 배움(to megiston mathēma)'의 대상인 '좋음(to agathon)' 곧 좋음 자체(auto to agathon)이다. 이는 나라의 최고 통치자가 일생 동안 본(paradeigma)으로 삼아야 하는 것이기도 하다. 따라서 아름다움(to kalon)도, '적합함'도, '유익함'도, '유용함'도, 요컨대 중용도, 적도(適度)도, '좋음'이 구현되는 양상 또는 양태일 뿐이다. 이를테면, 어떤 현실적 사물들의 아름다움의 구현을 위해서는 그 구성 요소들의 비율 따위를, 적도의 구현을 위해서는 수적인 한도 따위를 파악하고서 정하는 것이 필수적이겠기 때문이다. '좋음'의 인식에 이르는 예비적 학문으로서의 수학 등의 수적인 것들이 역으로 현실적 실천에 있어서는 구체적 차원에서의 좋음을 구현하는 수단 내지 방책이 되는 까닭이 그 때문이다. 궁극적 원리로서의

297b

때문에 우리는 지혜와 그 밖의 '모든 아름다운(훌륭한) 것들(panta ta kala)'에 진지한 것 같습니다. 이것들의 결과물과 소산이 진지하게 추구할 가치가 있는 것, 곧 '좋음'이며, 이것들로부터 좋음의 아버지로서의 어떤 모습을 갖추고 있는 아름다움을 우리가 발견하는 것 같습니다.

히피아스: 분명히 그렇습니다. 정말 훌륭히 말씀하시고 있습니다, 소크라테스 선생님!

소크라테스: 그러니까 이것 또한, 곧 아버지는 아들이 아니고, 아들도 아버지가 아니라는 이 말을 내가 하는 건 옳게 하는 것이겠죠?

히피아스: 물론 옳게 하시는 겁니다. c

소크라테스: 원인인 것은 생성되는 것이 아니고, 생성되는 것도 또한 원인이 아닙니다.

히피아스: 진실을 말씀하십니다.

소크라테스: 맹세코, 보십시오, 그러니까 아름다움도 좋음이 아니고, 좋음도 아름다움이 아닙니다. 혹시 방금 말한 것들에서 그런 게 가능하다고 선생껜 생각되시기라도 하는지?

히피아스: 단연코, 제게는 그리 보이지 않습니다.

소크라테스: 그러면 그건 됐고, 아름다움은 좋지 않고, 좋음도 아름답지 않다고 말해도 좋겠는지?

히피아스: 단연코 아닙니다. 그건 전혀 제 마음에 들지 않습니다.

소크라테스: 진실로 단연코요, 히피아스 선생! 그건 이제껏 한 말들 중에서 가장 마음에 들지 않습니다. d

히피아스: 실상 그런 것 같습니다.

'좋음'과 관련해서는《국가(정체)》편 506d~511e 참조.

297d

소크라테스: 그러니까 우리에게 방금 밝혀졌듯, 유익함과 유용함 그리고 좋은 뭔가를 만들 수 있음이 아름다운 건 아닌 것으로, 이러하지는 않은 것 같아 보이는데, 저 처음 것들, 곧 처녀가, 그리고 앞서 언급되었던 각각의 것이 아름다운 것이라고 우리가 생각했던 것들보다도, 더 가소로운 것으로 보입니다.

히피아스: 그리 보이네요.

소크라테스: 그리고 히피아스 선생, 저로서는 어디로 방향을 틀지 아직도 모르겠고, 당혹스럽습니다. 선생께서 하실 말씀이라도 있으신지?

e 히피아스: 어쨌든 당장엔 없습니다만, 방금 말했듯, 잘 궁리하면, 방도는 찾을 것이라는 걸 익히 알고 있습니다.[58]

소크라테스: 그러나 저는 앎의 욕구로 해서, 그럴 생각만 하시는 선생을 기다리고 있을 수가 없을 것으로 생각됩니다. 게다가 실은 방금 뭔가 방도를 찾은 것으로 생각되기도 하고요. 보십시오. 우리를 기뻐하게(khairein) 만드는 것은, 모든 즐거움이 아니라, 청각과 시각을 통한 것, 이걸 우리가 아름답다고 말하는데, 어떻게 왜 우리가 시비를
298a 하겠습니까? 히피아스 선생, 아마도 모든 훌륭한 사람이 모든 다채로운 그림들과 조각들을 보는 우리를, 그것들이 아름다우면, 즐거워하게 한다고 말합니다. 아름다운 소리들도, 일체의 음악도 언설도 이야기들도 똑같은 이 작용을 하기에, 저 무례한 사람에게 "보시오, 아름다움은 청각을 통한 그리고 시각을 통한 즐거움이오." 하고 우리가 대답한다면, 그의 무례함을 멈출 수 있을 것으로 생각지 않습니까?

58) Tarrant가 지적하듯, 히피아스의 일관된 '자기 과신'이 295a에서처럼, 여기에서도 고스란히 드러나고 있다. 이에 대해 소크라테스는 그런 막연한 큰 소리는 말라(mē mega lege)고 나무랐는데, 이번에도 바로 다음에서 보듯, 그런 막연한 말을 기다리고 있을 순 없다고 핀잔을 주고 있다.

298a

히피아스: 소크라테스 선생, 어쨌든 이제는 아름다움이 무엇인지를 잘 말씀하시게 된 걸로 제게는 생각됩니다. b

소크라테스: 어떤가요, 히피아스 선생? 아름다운 관례들과 법률이 청각 또는 시각을 통해 즐거운 것들이어서 아름다운 것들이라 우리가 말할 것인지, 아니면 다른 어떤 형태를 가진 것인지?

히피아스: 소크라테스 선생, 아마도 이것들은 사람의 주목을 받지 못하는 것들인 것 같습니다.

소크라테스: 맹세코, 히피아스 선생, 제가 허튼소리를 하며 무의미한 말을 하면서 뭔가 뜻있는 말을 하는 것처럼 행세하면서, 가장 창피해할 사람을 그러지는 못한 것 같습니다.

히피아스: 그 사람은 누군가요?

소크라테스: 소프로니스코스[59]의 아들로서, 제가 모르는 것을 아는 것으로 넘기지 않듯, 제대로 조사하지도 않은 상태의 것들을 경솔하 c
게 말하는 걸 제게 전혀 허용하지 않는 자[60]입니다.

히피아스: 하지만 제게도, 선생께서 그리 말씀하시니까 그럽니다만, 저 자신에게도[61] 법률과 관련된 경우는 다른 것으로 생각됩니다.

소크라테스: 조용히 하십시오, 히피아스 선생! 지금 우리가 처한 당혹스러움이, 아름다움과 관련해서 우리가 빠졌던 당혹스러움과 같은데, 그것과는 다른 좋은 상황에 처한 것으로 우리가 생각하고 있는 것 같아섭니다.

59) Sōphroniskos는 소크라테스의 아버지다.

60) 소크라테스가 자신을 제3자인 것처럼 객관화해서 말하고 있다.

61) 바로 앞에서 소크라테스가 자신을 객관화해서 말한 흉내를 내면서 하는 말투이겠다. 304d에서는 자신 안에서 언제나 입바른 소리를 하는 자에 대한 언급이 보인다. 해당 각주 참조.

298c

히피아스: 어떻게 그 말씀을 하시는 건지, 소크라테스 선생?

소크라테스: 제가 제대로 말씀드린다면, 어쨌든 제게 명백히 보이
d 는 바를 선생께 제가 말씀드릴 것입니다. 법률 및 관례들과 관련된 것들인 이것들이 아마도 청각과 시각을 통한 지각들을 벗어나 있는 걸로 우리에게 보이지는 않겠기 때문입니다. 그러나 이 주장을, 곧 이것들을 통해 즐거운 것은 아름답다는 주장을 유지합시다. 법률의 그러함은 전혀 논읫거리로 끌어들이지 말고요. 그러나 우리가 말하고 있는 이 사람이든, 또는 다른 누구이건 간에 그가 우리에게 묻는다고 해요. "아, 히피아스 선생 그리고 소크라테스 선생! 선생들은 왜 선생들이 아름답다고 말하는 이런 식으로 즐거운 것을 즐거움과 구별하고서
e 는, 곡물이나 음료수, 성적인 즐거움 그리고 또 그 밖의 이런 것들 모두와 관련되는 감각들과 관련해서는 아름답다고 말하지 않나요? 혹시 즐겁지도 않고, 이런 것들에는 전혀 즐거움들은 없다고 말하며, 봄과 들음 이외의 다른 것에도 그건 없다고 말하는지?" 히피아스 선생, 우리가 뭐라 말할 것인지?

히피아스: 소크라테스 선생, 다른 것들에도 아주 큰 즐거움들이 있다고 물론 우리가 말할 것은 틀림없습니다.

소크라테스: 그는 물을 것입니다. "그러니까 왜 저것들보다도 전혀 못지않은 즐거움들인데, 이 낱말[62]을 떼어 내고서는, 아름다운 것들임
299a 을 앗아 버리나요?" 우리는 대답하겠죠. 우리를 비웃지 않을 사람이 아무도 없겠기 때문이오. 만약에 우리가 먹는다는 건 즐겁지 않고, 아름답다고 하고, 즐겁게 하는 냄새가 나는 걸 즐겁지 않고 아름답다고 말한다면 말이오. 반면에 아마도 성적인 즐거움과 관련해서는 더없이

62) 여기에서 '이 낱말'이란 'kalon(아름답다)'이라는 지칭을 말한다.

299a

즐거운 것이라고 모두가 주장하기를 우리와 싸우듯 하겠지만, 만약에 누군가가 이 행위를 실제로 행하기라도 한다면, 아무도 이를 못 보게끔 해야만 할 것이니, 이를 보이게 되는 것은 더할 수 없이 창피하기 때문입니다. 우리가 이런 말을 하면, 히피아스 선생, 아마도 그는 말할 것입니다. "선생들이 오래도록 이 즐거움들을 아름다운 것들이라고 말하길 부끄러워해 왔다는 걸 알겠는데, 사람들에게 아름다운 걸로는 생각되지 않기 때문이죠. 그러나 제가 물었던 것은 이것, 곧 다 b
중에게 아름답다고 여겨지는 것이 아니라, 무엇이 아름다운가 하는 것이었습니다." 그러면 우리는 바로 우리가 가정했던 바로 그것을 말할 것으로 저는 생각합니다. "즐거움의 이 부분, 곧 시각과 청각에 상응해서 생기는 그 부분이 아름답다"고. 하지만 선생으로선 이 주장을 채택할 가치가 있는지, 아니면 또 다른 어떤 걸 우리가 말할 것인지, 히피아스 선생?

히피아스: 어쨌든, 이미 언급된 것들에 비추어, 이것들 이외의 다른 것들은 말하지 않아야만 합니다, 소크라테스 선생!

소크라테스: 그는 말할 것입니다. "선생들은 물론 훌륭히 말하는 겁니다. 그러니까 시각과 청각을 통해서 즐거운 것이 정녕 아름답다면, 이런 종류의 즐거운 것들에 포함되는 것이 아니라면, 이건 아름답지 c
않을 게 명백하군요?" 우리는 동의하겠죠?

히피아스: 네.

소크라테스: 그는 또한 물을 것입니다. "그러면 시각을 통해 즐거운 것은 시각과 청각을 통해서도 즐거운가요, 또는 청각을 통해서 즐거운 것은 청각을 통해서도 시각을 통해서도 즐거운가요?" 우리는 대답하겠죠. 결코 그렇지 않습니다. 그럴 경우엔, 다른 한쪽을 통해서 그런 것이 양쪽을 통해서 그런 것으로 될 테죠. ―그리 말씀하시는 것으

로 우리에겐 생각되니까요.—하지만 우리는 이 즐거운 것들의 각각이 그것 자체로 아름답고, 그리고서 양쪽이 아름답다고 말했던 것이라고. 우리는 이렇게 대답하지 않겠습니까?

d 히피아스: 그야 물론입니다.

소크라테스: 그는 말할 것입니다. "그러면 어떤 즐거운 것이든 즐겁다는 이 점에서 어떤 즐거움과 다른가요? 어떤 즐거움이 더 크거나 더 작거나 또는 더하거나 덜하거나 한 것이냐가 아니라, 즐거움들 중에서 한쪽은 즐거움이지만, 다른 쪽은 즐거움이 아니라는 바로 이 점에 있어서 어떤 차이가 있느냐는 것입니다."[63] 어쨌든 우리에겐 그리 생각되지 않나요, 안 그런가요?

히피아스: 실상 그리 생각되지 않습니다.

소크라테스: 그는 말할 것입니다. "그러니까 다른 무엇 때문이겠습니까? 즐거움들이기 때문에, 이 즐거움들을 다른 즐거움들 중에서 선
e 생들이 선택한 것이고, 양쪽에서 이런 뭔가를 보고서, 다른 것들과 다른 어떤 차이점을 갖고 있기 때문에, 이를 바라보고서 이것들을 아름답다고 선생들이 말하는 거죠? 왜냐하면 시각을 통한 즐거움이 이로 해서, 곧 시각을 통한 것이기 때문에, 아름다운 건 아마도 아니겠기 때문이오. 만약에 이것이 그게 아름다운 원인이라면, 다른 즐거움 곧 청각을 통한 즐거움은 결코 아름답지 못할 테니까요. 이는 어쨌든 시각을 통한 즐거움이 아니니까요." 당신은 진실을 말하고 있다고 우리는 말하겠죠?

---

63) 이를테면, 《필레보스》 편(12c~d)에서는 무절제한 사람이 즐거워하는 경우와 절제하는 사람이 절제함으로 해서 누리게 되는 즐거움, 그리고 앞 경우의 어리석은 생각으로 가득 찬 사람이 즐거워하는 모습과 슬기로움으로 해서 즐거워하는 사람의 모습을 대비해 보이고 있다.

299e

히피아스: 실상 우리는 그리 말할 것입니다.

소크라테스: "다시, 청각을 통한 즐거움도, 청각을 통한 것이기 때 300a
문에, 이 때문에 아름다운 건 아닐 것이오. 이번에는 시각을 통한 즐거움은 아름답지 못한 게 될 테니까요. 그게 청각을 통한 즐거움은 어쨌든 아니니까요." 히피아스 선생, 우리는 이 말을 하는 사람이 진실을 말한다고 말하겠죠?

히피아스: 정말입니다.

소크라테스: "하지만 실은, 당신들이 말하듯, 양쪽 다가 어쨌든 아름답소." 사실 그렇다고 우리는 말하겠죠?

히피아스: 우린 그렇다고 말할 것입니다.

소크라테스: "그러면 이것들을 아름다운 것으로 만드는 것 자체는 이것들 양쪽에 공통으로 그리고 그 각각에 개별적으로 속하는 이 공
통된 뭔가를 갖고 있소. 왜냐하면 아마도 달리는 양쪽 다가 그리고 각 b
각이 아름다울 수가 없겠기 때문이오." 그에게 대답하듯 제게 대답해 주세요.

히피아스: 제가 대답하리다. 제게도 선생께서 말씀하시는 대로인 것으로 생각됩니다.

소크라테스: 그런데 이들 즐거움들 양쪽 다가 어떤 상태에 있게 되었지만, 각각이 그리 된 건 아니라면, 어쨌든 이 상태로 해서 이것들이 아름다운 건 아닐 것입니다.

히피아스: 그리고, 소크라테스 선생, 어떻게 이런 일이 있을 수 있겠습니까? 어느 쪽도 아무런 일도 겪지 않았는데, 아무 쪽도 겪지 않은 이 상태를, 양쪽이 겪게 되는 일이?

소크라테스: 그럴 수는 없는 걸로 선생께는 생각됩니까? c

히피아스: 실은 이런 것들의 성질과 지금 하고 있는 논의의 용어들

300c
에 대해서는 제가 아주 경험이 없겠네요.
소크라테스: 상냥하게 말씀하십니다, 히피아스 선생! 그러나 선생
께서 할 수 없다고 말씀하시듯, 뭔가를 어쩌면 제가 본 것으로 생각되
는 것 같기도 하지만, 제가 실은 아무것도 못 보네요.
히피아스: 소크라테스 선생, 선생께선 못 보시는 것 같은 게 아니
라, 대뜸 잘못 보시는 것 같습니다.
소크라테스: 게다가 제 혼에는 많은 그런 것들이 많이 나타나 보이
지만, 저는 그것들을 믿지 않습니다. 지금 살아 있는 사람들 중에서는
지혜로 해서 가장 많은 돈을 번 사람인 선생께는 그것들이 나타나지
d 않지만, 결코 돈을 전혀 번 적이 없는 제게는 나타나 보이기 때문입
니다. 또한 친구시여, 저는 생각합니다. 선생께서 저를 상대로 장난을
하지도 않을 것이고 의도적으로 속이지도 않을 것이라고. 제게는 이
처럼 강렬히 그리고 많이 나타나 보입니다.
히피아스: 소크라테스 선생, 선생께 나타나 보이는 이것들을 선생
께서 말씀하고자 하신다면, 제가 장난을 하는지 안 하는지는 그 누구
도 선생보다 더 잘 알지 못할 것입니다. 공연한 말씀을 하시는 것으로
보일 테니까요. 저도 선생께서도 겪지 못한 이것을 우리 둘이 겪게 되
었음을 선생께서 발견하시게 되는 일은 결코 없을 테니까요.
e 소크라테스: 어떻게 하시는 말씀인지, 히피아스 선생? 아마도 선
생께선 뭔가를 말씀하시는 것 같습니다만, 저는 이해하지 못하겠습니
다. 그러나 제가 말하고자 하는 바를 더 명백하게 들어 주세요. 제가
결코 겪은 일이 없는 것, 저도 선생께서도 또한 겪은 일이 없는 것, 이
것을 우리들 양쪽 다가 겪을 수도 있죠. 하지만 우리들 양쪽 다가 겪
은 다른 것들, 이것들이 이번에는 우리들 중의 어느 쪽도 아닐 수도
있습니다.

300e

히피아스: 또다시 기이한 것들을 대답하시는 것 같습니다, 소크라
테스 선생! 조금 전보다도 한층 더 큰 기이한 것을 말입니다. 생각해
보세요. 만약에 우리들 양쪽 다가 올바르면, 우리들 각각도 올바르지
않겠는지, 또는 우리들 각각이 올바르지 못하면, 우리들 양쪽 다가 또
한 그렇지 않겠으며, 또는 양쪽 다가 건강하면, 각각 또한 그렇지 않
겠는지? 또는, 만약에 무슨 병이 났다거나, 다쳤다면, 또는 두들겨 맞 301a
았거나 또는 그 밖의 다른 어떤 일을 우리 각자가 겪었다면, 양쪽 다
가 이번에도 이를 겪게 되겠죠? 따라서 더 나아가 만약에 양쪽 다가
황금 인간들 또는 은의 인간들 또는 상아 인간들이 되었다면, 또는 원
한다면, 고귀한 분들이나 지혜로운 분들 또는 영예로운 분들, 또는 연
로한 분들이나 젊은이들 또는 인간들 속의 어떤 사람들로 양쪽 다가
되기를 바라든, 우리들 각자는 이런 사람으로 될 게 다분히 필연적이
지 않겠습니까?

소크라테스: 전적으로 그럴 게 확실합니다. b

히피아스: 하지만 실은, 소크라테스 선생, 선생께서도 또한 선생께서 늘 함께 대화를 하시는 분들도 사물들 전체를 고찰하시지 않고, 아름다움 그리고 있는 것들 각각을 논의에서 조각내 갖고서는 검토하십니다. 이 때문에 여러분은 이처럼 자연적인 존재의 크고 쪼개어지지 않은 상태의 커다란 물체들을 미처 보지 못합니다. 지금도 선생께서 미처 주목하지 못하게 됨은 다음과 같은 정도입니다. 선생께서는 상태(속성; pathos)나 본질(ousia)[64] 같은 어떤 것이 있는 걸로 생각하시

64) 여기에서 언급되고 있는 pathos는 원래는 어떤 사물이 처하여 있게 된 상태나 조건 또는 처지 또는 사람이 그런 상황에서 겪게 되는 감정이나 고난 따위를 뜻한다. 여기에서처럼 사물과 연관된 철학적 논의와 관련해서는 주로 상태·우유성·속성 등의 뜻으로 쓰인다. 철학 용어로는 '본질·

면서, 이것들이 양쪽 다와 관련해서는 동시에 그러하지만, 각각과 관
련해서는 그러하지 않거나, 또는 이번에는 각각과 관련해서는 그러하
c 지만, 양쪽과 관련해서는 그러하지 않다고 생각하십니다. 이처럼 선
생께선 비이성적이고 생각이 없으시고 단순하시며 생각을 하지 않으
시는 상태로 계십니다.

소크라테스: 아, 히피아스 선생, 우리의 세상일들이라는 게 그렇습
니다. 누군가가 원하는 대로의 것들이 아니라, 할 수 있는 대로의 것
들이라고[65] 사람들은 번번이 속담으로 말하죠. 그러나 선생께선 늘 충
고를 하시며 우리를 이롭게 하십니다. 이런 충고를 선생에게서 듣게
되기 전에는, 방금도 우리가 얼마나 어리석었는지! 여전히 저는 이와
관련해서 우리가 생각했던 바를 말함으로써 선생께 제가 더 보여 드
d 릴 수 있겠습니다, 아니면 말하지 말까요?

히피아스: 이미 알고 있는 자에게 말씀하시게 될 텐데요, 소크라테스 선생! 논의에 참여한 사람들 각자가 어떤 마음 상태에 있는지를 제가 알고 있기 때문입니다. 그렇더라도 선생께는 그게 더 즐거우신 편이라면, 말씀하세요.

소크라테스: 하지만 그 쪽이 어쨌든 더 즐겁겠네요. 보십시오, 선생

실재성·존재'를 뜻하는 ousia는 일상어로서는 '자산'을 뜻한다. 플라톤의 《국가(정체)》 편에서 이 낱말은 일상어로서의 '자산'과 철학적 의미의 것으로 쓰이는 빈도가 거의 반반이다. 이의 라틴어 substantia와 영어 substance에도 철학적 의미 이외에 '자산'의 뜻이 있다. 이와 관련된 어원적 의미 추적과 관련해서는 역자의 《에우티프론》 편 11a에서의 각주 50 또는 《파이드로스》 편 245e에서의 각주 129를 참조할 것.

65) 일종의 고어사전인 Souda에 "실로 우리는 우리가 원하는 대로가 아니라, 우리가 할 수 있는 대로 산다."는 속담 형식의 것이 있는 것으로 전한다고 한다. 그 원문은 다음과 같다. ζῶμεν γὰρ οὐχ ὡς θέλομεν, ἀλλ᾽ ὡς δυνάμεθα.

301d

께서 이런 말씀을 하시기 전에는, 우리가 이처럼 어리석었습니다. 저 그리고 선생과 관련해서, 우리들 각각은 하나라는 의견을 갖고 있었습니다만, 우리들 각각인 이것은 양쪽이 아니겠죠. 우리는 하나가 아니라, 둘이니까요. 이처럼 우리는 단순했습니다. 하지만 지금은 우리가 선생에게서 이미 가르침을 잘 받았습니다. 만약에 우리 양쪽이 둘 e
이라면, 우리들 각각도 필연적으로 둘이지만, 각각이 하나라면, 양쪽 또한 하나인 게 필연적이라는 걸. 히피아스 선생에 따른 본질의 연속적인 논의에 의해서는 달라질 수 없고, 양쪽인 것이라면, 이는 각각이기도 하고, 각각인 것은 양쪽인 것이기도 하죠. 지금은 선생에 설복되어 제가 여기에 앉아 있습니다. 하지만, 히피아스 선생, 먼저 저를 일깨워 주세요. 저와 선생은 하나인가요, 또는 선생도 둘이고 저도 둘인가요?

히피아스: 무슨 말씀을 하시는 겁니까, 소크라테스 선생?

소크라테스: 바로 지금 제가 말하고 있는 그대롭니다. 제가 선생께 자세히 말하기가 두려워섭니다. 선생께선 뭔가 각별한 걸 몸소 말씀하시기라도 한 것으로 생각되실 경우에는, 제게 거칠게 대하시기 때문입니다. 그렇더라도 여전히 제게 말씀해 주세요. 우리 각자는 하나 302a
이며 하나인 이 상태로 있지 않나요?

히피아스: 물론입니다.

소크라테스: 그러니까 정녕 하나라면, 우리 각자는 홀수일 것입니다. 혹시 하나를 홀수가 아니라고 생각하시기라도 하나요?

히피아스: 저야 홀수라고 생각하죠.

소크라테스: 그러면 우리들 양쪽 또한 홀수인가요, 둘인 터에?

히피아스: 그렇지는 않겠습니다, 소크라테스 선생!

소크라테스: 그러나 어쨌거나 양쪽은 짝수이겠습니다. 그렇죠?

302a

히피아스: 물론입니다.

소크라테스: 그러면 양쪽은 짝수니까, 이 때문에 우리들 각각도 짝수인가요?

b 히피아스: 명확히 아닙니다.

소크라테스: 그러니까, 방금 선생께서 말씀하셨듯이, 양쪽이며 각각인 것은, 각각이며 양쪽일 것도 전적으로 필연적이지 않겠는지.

히피아스: 그런 것들이 아니라, 제가 앞서 말한 대로의 것들입니다.

소크라테스: 그걸로 족합니다, 히피아스 선생! 일부는 그리 보이지만, 일부는 그리 보이지 않기에, 그것도 수긍은 하니까요. 그리고 이 논의를 하게 된 발단을 기억하신다면, 실은 제가 이런 말을 했었죠. 시각을 통한 그리고 청각을 통한 즐거움은 다음 것으로 해서 아름다
c 운 건 아니라고요. 이것들 각각이 그런 상태에 있게는 되었지만, 양쪽이 그런 건 아니거나, 또는 양쪽이 그런 거지만, 각각이 그런 건 아니라, 이들 양쪽이 그리고 각각이 아름답다고 선생께서 동의하시니, 그것으로 해서 양쪽이 그리고 각각이 아름다운 겁니다. 바로 이 때문에 양쪽에 수반되는 본질로 해서, 정녕 양쪽이 아름답다면, 이것으로 해서 이것들이 아름다워야 하지, 다른 면에서 부족한 것에 의해서는 아니라고, 저는 생각했었습니다. 지금도 여전히 그리 생각하고 있습니다. 그러나 처음부터 하듯, 제게 대답해 주십시오. 시각을 통한 즐거움과 청각을 통한 즐거움, 정녕 이것들 양쪽이 그리고 각각이 아름답
d 다면, 이것들을 아름답도록 만드는 것도 이것들 양쪽과 그 각각에 수반되겠죠?

히피아스: 그야 물론입니다.

소크라테스: 그러니까 이것들 각각도 양쪽도 즐거움이기에, 이 때문에 이것들이 아름답겠죠? 혹은 이 때문에 다른 모든 즐거움도 이것

302d

들 못지않게 아름다운가요? 기억하신다면, 즐거움들이 조금도 못지 않게 즐거움들인 걸로 보였으니까요.

히피아스: 기억합니다.

소크라테스: 그러나 어쨌든 이 즐거움들은 시각과 청각을 통한 것들이기에, 이 때문에 이것들을 아름답다고 했습니다. e

히피아스: 그 또한 그랬습니다.

소크라테스: 하지만 내가 진실을 말하는지 살피십시오. 내가 기억하기로는, 즐거운 것이 아름답다고 말했는데, 모두는 아니고, 시각과 청각을 통한 것이 그렇다고 했었죠.

히피아스: 정말입니다.

소크라테스: 그러니까 어쨌든 이 상태(속성)는 양쪽에 수반되지, 각각에 수반되지는 않죠? 앞에서 말한 건 아마도 이것들 각각은 어쨌든 아니고, 양쪽을 통한 것이지만, 양쪽을 통한 양쪽 것들이지, 각각은 아니니까. 그렇죠?

히피아스: 그렇습니다.

소크라테스: 각각에 수반되지 않는 것('양쪽'이란 각각에는 수반되지 않으니까), 어쨌든 이것에 의해서 이것들의 각각이 아름다운 건 아니니까, 양쪽 것들 자체는 전제에 따라 아름답다고 말할 수 있지만, 각각은 그럴 수 없습니다. 아니면 어떻게 말할까요? 필연적이지 않습니까? 303a

히피아스: 그리 보입니다.

소크라테스: 그러면 양쪽은 아름답지만, 각각은 그렇지 않다고 우리가 말할까요?

히피아스: 그걸 막을 게 무엇이겠습니까?

소크라테스: 이게 막을 것으로 제게는 생각되네요, 선생이시여! 아

303a

마도 우리에게는 각각의 사물들에 이런 식으로 일어나는 일들이 있었던 것 같기 때문입니다. 양쪽 것들에 일어나면, 각각에도 일어나고, 각각에 일어나면, 양쪽에도 일어나는, 선생께서 말씀하셨던 그 모든 경우들이 말입니다.[66] 안 그런가요?

히피아스: 그렇죠.

소크라테스: 하지만 다음으로 제가 자세히 밝힌 경우들[67]은 그렇지 않았습니다. 그것들 중에 바로 '각각'도 '양쪽'도 있었죠. 그렇죠?

히피아스: 그렇습니다.

b 소크라테스: 그러면, 히피아스 선생, 그것들 중에 어느 쪽에 아름다움이 속하는 것으로 선생께는 생각됩니까? 선생께서 말씀하신 것들 중에 어느 것인지. 가령 제가 강하고 선생께서도 그러시다면, 양쪽도 그러하며, 또한 양쪽이 그러하면, 각각도 그러합니다. 바로 이처럼 또한 제가 훌륭하고(아름답고) 선생께서도 그러시면, 양쪽도 그러하며, 또한 양쪽이 그러하면, 각각도 그러하겠죠? 또는 이런 걸 막을 경우도 없겠죠? 짝수인 어떤 양쪽의 각각은 아마도 홀수이기도 하지만, 짝수이기도 하겠듯, 또한 이번에는 무리수인 각각의 양쪽 합이 아마도 유리수일 수도 무리수일 수도 있겠으며, 그 밖에도 이런 것들이
c 수도 없이 많으며, 바로 제가 또한 제게 나타나 보인다고 말했던 것들이기도 합니다.[68] 그러면 아름다움은 어느 쪽 것들에 속하는 걸로 보십니까? 혹시 이것과 관련해서는 제게 보이듯, 선생께도 그리 보이나요? 제게는 우리들 양쪽은 훌륭하나(아름다우나) 각각은 그렇지 않다거나, 각각은 그러하나 양쪽은 그렇지 않다는 건, 또는 이와 같은 다

---

66) 300e~301a에서 히피아스가 말한 부분 참조.

67) 301e 후반 좀 지나서 302a에서의 소크라테스가 말한 부분 참조.

68) 300c 참조.

303c

른 어떤 것이라는 건 대단한 불합리라 생각됩니다. 선생께선 저처럼 선택하십니까, 아니면 다른 쪽을 선택하십니까?

히피아스: 저는 선생처럼 선택합니다, 소크라테스 선생!

소크라테스: 어쨌든 선생께선 잘 하시는 겁니다, 히피아스 선생! 더 탐구하는 것에서 우리가 벗어나게도 되는 거고요. 만약에 이런 것 d
들에 아름다움이 속한다면, 시각과 청각을 통한 즐거움은 더는 아름다운 게 아닐 것입니다. 시각과 청각을 통한 즐거움이 양쪽을 아름답도록 만들지, 각각을 그러지는 않습니다. 이는 불가능했습니다, 저도 선생께서도 동의하셨듯이, 히피아스 선생님!

히피아스: 실상 우리가 동의했죠.

소크라테스: 따라서 시각과 청각을 통한 즐거움이 아름답기는 불가능합니다. 만약에 그게 아름답게 된다면, 불가능한 일들 중의 하나가 일어나기 때문입니다.

히피아스: 그렇습니다.

소크라테스: 그는 말할 것입니다. "처음부터 다시 말씀해 주시오. 당신들이 이에 대해서 실수를 했기 때문이오. 왜 당신들은 이 아름다 e
움이 이들 양쪽 즐거움들에 있어서의 것이라 말합니까? 무엇 때문에 당신들은 이 즐거움들을 다른 것들에 앞서 귀히 여겨 아름다운 것들로 일컬었나요?" 히피아스 선생, 이것들이 즐거움들 중에서도 가장 무해하고 가장 좋은 것들이며, 또한 양쪽 다가 그리고 그 각각이 그러하다고 말할 게 그야말로 필연적이라고 제게는 생각됩니다. 혹시 선생께서 그것들이 다른 것들과 구별되게 하는 다른 어떤 걸 말씀하실 게 있으신지?

히피아스: 전혀요. 실로 그것들이 최선의 것들이니까요.

소크라테스: 그는 물을 것입니다. "그러니까 당신들은 물론 이게 아

303e 름다움이며, 유익한 즐거움이라 말하고 있는 거죠?" 우리에겐 그런 것 같습니다 하고 저로선 말할 것입니다. 선생께선?

히피아스: 저도요.

소크라테스: 그는 말할 것입니다. "그러니까 좋은 걸로 만드는 것은 유익하지만, 만드는 것과 만들어지는 것이 다른 것은 방금 다른 것으로 드러났기에, 당신들의 논의는 또 이전 것으로 왔죠? 좋음은 아름
304a 다움이 아니고, 아름다움은 좋음이 아니겠기 때문이오. 이것들 각각이 다른 것일진대 말이오." 우리가 마음이 건전하다면, 뭣보다도 그렇다고 대답할 것입니다, 히피아스 선생! 옳게 말하는 사람에게 동의하지 않는다는 건 아마도 합당치 않을 것이기 때문입니다.

히피아스: 하지만 그러니까, 소크라테스 선생, 이 모든 것들은 무엇이라 생각하십니까? 실로 논의를 갉아 내고 조각낸 것들이며, 방금 말했듯,[69] 얇게 쪼개진 것들입니다. 그러나 그것은 아름답고 많은 가치가 있으며, 법정에서고 또는 협의회서고 또는 다른 어떤 관청
b (arkhē)에서고 그걸 상대로 하는 논변일 것이며, 그들을 설득하고서 귀가할 것이고, 최소가 아닌 가장 큰 성취를 보게 할 것이며, 자신과 재산 그리고 친구들의 안전을 확보해 줄 것입니다. 따라서 이것들 모두를 지켜 내야만 합니다. 이런 사소한 논의와는 작별하고서요. 지금처럼 허튼소리나 시시껄렁한 소리나 하고 있는 것처럼, 너무 생각 없는 사람으로 여겨지는 일은 없게끔 말입니다.

소크라테스: 아, 친애하는 히피아스 선생! 선생께선 복 받으신 분이십니다. 선생께선 사람이 추구해야 할 것들을 아시고 계시며, 선생
c 께서 말씀하시듯, 충분히 추구해 오셨으니까요. 하지만 저는 신적인

69) 301b에서 비슷한 표현을 했다.

304c

어떤 운명이 제지하는 것 같습니다.[70] 저는 헤매며 언제나 당혹스러워
하죠. 제가 제 주장을 펼쳐 보이기라도 하면, 그 주장으로 해서 저의
당혹스러움을 여러분 현자들께 보여 드림으로써, 모욕을 당하죠. 당
신들은 나를 두고 바로 선생께서도 방금 말씀하신 것들을 말하죠. 공
허하고 사소하며 아무런 가치도 없는 것들로 분주하게 지낸다고. 그
러나 이번에는 당신들에게 설득되어, 바로 당신들이 말하는 것들을
말하기라도 할 경우에는, 곧 법정에서나 또는 다른 어떤 모임에서 잘
훌륭히 짜인 논변을 해낼 수 있다는 것은 아주 대단한 것이라고 말할
경우에는, 이곳의 다른 사람들에게서도 또한 언제나 저를 논박하는 d
이 사람에게서도 온갖 나쁜 소리를 듣습니다. 또한 이 자는 제겐 가장
가까운 친족이며 같은 곳에서 거주하는 자이니까요.[71] 그래서 집으로
내 자신의 거처로 들어가서 이것들을 내가 말하는 걸 듣게 되면, 그

70) 여기에서 '신적인 어떤 운명'의 원어는 daimonia tis tykhē이다. 이것이 자신을 '제지하는(katekhei)' 것 같다고 한다. 이 대화편처럼 플라톤의 것인지가 불확실한 《알키비아데스》 편 103a에서는 ti daimonion enantiōma(일종의 영적인 반대)가 보인다. 아마도 소크라테스의 저 유명한 to daimonion sēmeion(영적인 알림)을 이런 식으로 표현한 것으로 보인다. 이와 관련시킨 이곳에서의 언급들은 이 대화편을 여러 모로 플라톤의 것인 듯이 보이게 한 위작의 치부가 드러나는 대목들 중의 하나라 할 수 있는 것이다. 참고로 daimōn은 올림피아의 신들을 제외한 온갖 개별적인 신들이나 수호신 또는 신령을 뜻한다. 이와는 달리 to daimonion에서 daimonion은 daimōn의 축소형이 아니라, 이의 '형용사' 형태이다. 이와 관련해서는 그리고 소크라테스의 '영적인 알림'과 관련해서는 역자의 《국가(정체)》 편 496c에서의 해당 각주 또는 《에우티프론》 편 3b에서의 해당 각주를 참조할 것.

71) 여기서 언급되고 있는 자 그리고 바로 앞에서 '언제나 자신을 논박하는 이 사람'으로 지칭되고 있는 자는 다름 아닌 소크라테스 자신 안에서 언제나 다른 그러나 바른 소리를 내는 또 다른 자신을 지칭하고 있는 셈이다.

가 질문을 하죠. 아름다움과 관련해서 이것 자체가 도대체 무엇인지도 내가 알지 못한다고 뻔히 논박당하는 터에, 아름다운 활동들과 관련해서 감히 대화를 하려 든다는 게 부끄럽지도 않은가 하고. 그는 물을 것입니다. "그럴진대 그대가 어떻게 알겠는가? 무슨 논변이고 개
e 진된 것이 훌륭한지 또는 그렇지 못한지를, 또는 다른 어떤 행위가 그런지 아닌지를, 아름다움을 알지도 못하면서? 그런 처지에 있는 때에, 사는 게 죽는 것보다 더 좋은 걸로 그대에게 생각되는지?" 하고. 바로 내가 말하는 이런 일이 내게 일어났습니다. 당신들에게서는 나쁜 말을 듣고 모욕당하는가 하면, 그에게서는 나쁜 말을 듣는 일이요. 하지만 이 모든 건 아마도 견디어 내야 할 것입니다. 제가 그 덕을 본다 해도, 전혀 이상할 것이 없을 테니까요. 따라서, 히피아스 선생, 두 분 선생들과의 함께함으로 해서 제가 은혜를 입게 된 것으로 제겐 생각됩니다. "아름다운 것들은 어렵다"[72]고 한 속담이 도대체 무슨 뜻인지를 제가 알게 된 걸로 생각되어섭니다.

72) 원어는 Khalepa(Chalepa) ta kala인데, 솔론이 한 말로 전한다. 널리 알려진 속담이다.

《소 히피아스》 편

《소 히피아스》 편(*Hippias elattōn*) 해제

이 대화편이 《대 히피아스》 편의 경우와는 달리 플라톤의 것임을 결정적으로 확인케 하는 증언을 우리는 아리스토텔레스의 《형이상학》 5권 29장 1025a6~7에서 접하게 되는데, 그건 다음과 같다. "동일한 사람이 거짓되기도 하고 참되기도 하다는 《히피아스》 편에서의 주장은 [우리를] 착란케 한다." 이 주장이 왜 우리를 착란케 하는지는 이어지는 언급들에서 곧 드러날 일이다.

나는 플라톤의 이 대화편이 "aretē([사람으로서의] 훌륭함)는 곧 epistēmē(앎)이다"라는 소크라테스 철학의 핵심적 주제를 정면으로 다루는, 따라서 소크라테스 철학의 진짜 속내를 밝혀 보이려는 작업의 일환인 플라톤 초기의 소크라테스적 대화편들 중의 하나라는 생각을 도저히 떨쳐 버릴 수가 없다.

그러면 먼저 이 대화편이 왜 우리를 착란케 하는지 그 대화 줄거리부터 훑어보고, 그 다음으로 이 대화편이 어떤 점에서 바로 앞에서 언급한 소크라테스 철학의 주제와 직결되는지 살펴보기로 하자.

에우디코스의 초빙으로 아테네를 방문한 히피아스는, 호메로스와 관련된 자기의 과시성 연설(epideixis)에 초대된 소크라테스와, 그 연설이 끝나고 청중들이 떠난 뒤에, 셋이서 대화를 한다. 소크라테스가 질문자다. 그는 호메로스의 작품에 등장하는 두 주인공과 관련해서 질문을 한다. 그래서 "여신이시여, 펠레우스의 아들 아킬레우스의 분노를 노래하소서!"로 시작되는 《일리아스》의 주인공 아킬레우스와 《오디세이아》의 주인공 오디세우스 중에서 누가 더 낫다고 생각하는지 묻는다. 호메로스는 트로이아로 간 사람들 중에서 아킬레우스를 가장 용기 있는(aristos) 사람으로 만들고, 네스토르는 가장 지혜로운(sophōtatos) 사람으로, 오디세우스는 가장 계략이 풍부한(polytropōtatos) 사람으로 만들었다고 대답한다. 이에 소크라테스는 호메로스가 아킬레우스를 계략이 풍부한 걸로 만들지는 않았는지 반문하는 데서, 둘 중에 누가 더 계략이 풍부한지를 두고 설전이 시작된다. (이상 363a~364e)

히피아스는 단연코 그렇지 않고, 아킬레우스는 '가장 단순하고 가장 진실한' 사람으로 묘사되고 있다고 말한다. 그 단적인 예로, 《일리아스》 9권 〈간청〉 편에서, 앞서 총사령관 아가멤논의 어이없는 처사에 분노한 아킬레우스가 참전을 거부한 탓으로 밀리고 있는 원정군의 곤욕에서 벗어나기 위해, 아가멤논의 진솔한 사과와 함께 온갖 선물을 약속하는 사절단을 이끌고 간 오디세우스에게 한 그의 발언을 인용하는데, 그건 이 대화편의 365a~b에 걸친 것이다. 이 인용 부분에서 "계략이 풍부한 오디세우스여!" 하고 불러 놓고, 곧이어 "실은 내게는 그가 하데스의 대문처럼이나 밉살스럽소./ 마음속에 품은 것과 하는 말이 다르다오." 하고 말하는데, 여기에서 '그'로 지칭된 당사자는 실은 아가멤논이지만, 오디세우스도 넌지시 포함시킨 것이라 하겠는데, 아닌게아니라 히피아스는 숫제 그를 지칭한 것처럼 말하고 있다. 그래서 이 시 구절에서 아킬레우스를 '진실하고 단순한' 걸로, 오디세우스는 '계략이 풍부하고 기만하는' '거짓말쟁이(pseudēs)'로 묘사되고, 따라서 두 사람의 '삶의 방식(tropos)'이 완연히 대비된다는 것이다.

유능하고 계략이 풍부한 사람은 능히 속일 수도 있고, 일종의 분별력도 갖춘 자이며, 거짓말쟁이일 수도 있다. 반면에 참으로 무지한 사람은 거짓말을 제대로 할 수가 없는데, 그럴 능력이 없어서요, 거짓말쟁이가 될 수 없다. 히피아스는 계산과 산술에 능하기에, 700×3이 몇인지에 대해서 누구보다도 빨리 언제나 정답을 댈 수 있고, 그러고자 하면, 거짓 대답도 그렇게 할 수 있다. 무지한 사람은 그럴 능력이 없고, 이와 관련해서 거짓말을 할 수 없고, 어쩌다가 실수로 정답을 말할 수는 있다. 거짓을 제대로 말할 능력이 없는 자는 거짓말쟁이가 될 수도 없다. 그러니까 같은 사람이 계산도 정확히 하고, 거짓도 제대로 말할 수 있다. 따라서 같은 사람이 진실하기(alēthēs)도, 거짓되기도 하고 거짓말쟁이(pseudēs)이기도 하다. (이상 365a~368e)

다시 원점으로 돌아가, 이제까지의 주장을 정리하면서, 논의를 이어간다. 아킬레우스는 진실하나, 오디세우스는 거짓말을 하고 계략이 풍부한 걸로 말했지만, 실은 같은 사람이 거짓말하기도 진실을 말하기도 하고, 양쪽으로 능히 그럴 수 있는 능력을 가진 사람들이어서, 두 사람이 상반되지도 않고 같다. 아닌게아니라 앞에서 언급한 〈간청〉 편에서 이어지는 대목에서 아킬레우스는 다음 날 동트는 새벽에 트로이아를 떠나 귀향길에 오를 것임을 공공연히 선언해 놓고서는, 자기가 언제 그런 말을 했느냐는 듯, 실제로는 전혀 그럴 시늉조차 하지 않고, 아이아스를 상대로는 적장 헥토르가 감히 자신의 군막에는 접근하지 못하고, 자신에게 제지당할 것이라고 장담한다. 이 일은 오디세우스도 그의 거짓말에 감쪽같이 속아 넘어갔던 것이다.

그러면 자발적으로 거짓말하는 걸 연상케 하는 경우로, 자발적으로 잘못한 자들과 비자발적으로 그리한 자들 중에서 어느 쪽이 더 나은지를, 이런 경우에 보자. 잘 달리는 선수는 훌륭하지만, 잘 못 달리는 선수는 열등하다. 달림에 있어서 빠름은 좋으나, 더딤은 나쁘다. 따라서 자발적으로 느리게 달리는 자와 비자발적으로 느리게 달리는 자 중에서 나은 자는 자발적으로 그러는 자인 게 분명하다. 인간의 오관 중에서 어떤 것이 제 기능을 발휘함에 있어서도, 자발적으로 부실하게 작용할 수 있게 되는 것이 비자발적으로 부실한 것보다 더 나은 것임이 분명하다. 인간의 혼의 경우는 어떤가? 우리는 자신의 혼을 최선의 것으로 갖고 싶어 한다. 혼이 자발적으로 잘못하고 실수를 하는 경우라도, 비자발적으로 그러는 경우보다도 그 혼이 낫다. 이는 자발적으로 비행을 저지르는 자들이 비자발적으로 그러는 자들보다 더 낫다는 말인데, 섬뜩할 일이다. 그러나 이치는 그렇다는 것이다. 올바름은 일종의 힘이거나 앎 또는 양쪽이다. 올바름이 앎의 일종이라면, 더 지혜로운 혼은 더 올바르겠지만, 더 무지한 혼은 그렇지 못하다. 더 강하고 더 지혜로운 이 혼이 더 나으며, 이런 혼이 아름다운 것도 추한 것도 더욱 유능하게 해낼 수 있는 것이다. (이상이 367a~376c에서의 논의의 대강이다. 이 대화편의 목차는 따로 만들지 않는다.)

이 대화편 해제 첫머리에서 이 대화편이 "aretē([사람으로서의] 훌륭함)는 곧 epistēmē(앎)이다"라는 소크라테스 철학의 핵심적 주제를 정면으로 다루는 것이라는 생각을 떨쳐 버릴 수 없게 하는 것이라는 말을 했는데, 이제 그 이유를 밝힐 차례인 것 같다. 단도직입적으로 역설적으로 말해서, 이 대화편 끝 쪽(376b)의 "자발적으로 불의를 저지름은 훌륭한 사람의 소관사이다"라는 말 속에 그 해답이 들어 있다고 할 것이다. 이 말 속에는 참으로 훌륭한 사람은 그런 선택을 할 수 있는 능력은 있지만, 참으로 훌륭한 사람으로서는 그런 선택은 단연코 하지 않는다는 역설적인 확실성이 담보되어 있다. 그게 왜 그렇겠는지를 생각해 볼 차례인 것 같다.

앞에서 말한 소크라테스의 주제로 다시 돌아가 생각해 보자. 소크라테스는 일상적인 비근한 일들을 갖고 논의를 시작하는 감각, 아니 재주가 탁월하다. 그가 그리하듯, 제화공의 경우를 갖고 이야기를 시작해 보자. 제화공의 기술(tekhnē)은 '전문적 지식'으로서의 '앎'이다. 이 앎은 일차적으로 신발의 기능(ergon), 곧 신발 '구실'에 대한 앎이다. 신발이 무엇을 위한 것인지도 모르고 신발을 만들려고 덤빈다면, 빰따귀부터 맞을 일이다. 다음으로 알 일은 그 재료들에 대한 앎과 도구 사용의 기술이겠다. 이것들이 기본이고, 그 이상으로 편하고 아름답고 기능적으로 효율적이라면, 그의 경우에 "[제화공으로서의 그의] 훌륭함은 곧 [그의] 전문 기술이다." 그러니까 "그의 전문 기술로 해서 그런 훌륭한 제화공이 되었다"는 말이요, 그런 훌륭한 사람이 되려면, 그런 어떤 것에 대한 앎이 있어야 한다는 말이다. 이런 이해를 통해서 정작 소크라테스가 하고자 하는 말은 따로 있다. "사람으로서 훌륭하려면, 사람 구실(ergon)에 대해서 알아야 할 것이다." 진정으로 지혜로우려면, 참 지혜가 무엇인지 알아야 할 것이요, 진정으로 용감한 사람이려면, 용기가 무엇인지 알아야 할 것이다. 이 대화편에서의 주인공 아킬레우스가 상징하는 대표적인 면모가 바로 '용기'이다. 《일리아스》에 등장하는 장수들이 추구하는 최고의 가치는 aristeuein에 있는데, 이는 '가장 훌륭함 · 가장 용감함(to be best or bravest)'이다. 용기가 무엇인지를 주제로 다루는 플라톤의 대화편이 《라케스》 편인데, 여기에 등장하는 인물들은 당대의 이름난 정치가들과 장군들이다. 저마다 용기가 어떤 것인지는 말할 수 있었지만, 그게 정작 '무엇인지' 인지에 대한 정확한 의미 규정 곧 그 정의(horismos)에는 실패한다. 그러나 이 대화편은 그 실패 자체가 어떤 철학적 의미와 과제를 갖는지를 절감케 하는 대화편이기에 관심 있는 독자는 우선적으로 읽어야 할 대화편이기도 하다. 그리고 그 대답은 《국가(정체)》 편에 있다.

사람이 어떤 사람으로 훌륭하게 되고 싶다면, 그 어떤 것에 대한 앎이 있어야 된다는 게 소크라테스의 이 명제가 뜻하는 것이다. 그런 앎, 더 나아가 참된 지혜를 터득한 자는 마침내 그런 인격을 굳혀 가지게 된다. 이 인격 형성과 관련해서는 헬라스인들의 기본적 이해의 언어 틀이 형성되어 있다. 그것은 hexis → ethos → ēthos라는 단계적 틀이다. hexis는 '몸가짐' 또는 '마음가짐'을 반복적으로 '굳혀 가짐'을 뜻하는 것으로 우리말로 '해 버릇함'을 뜻한다. 그렇게 해 버릇함이 마침내 굳어져 '버릇'이 되고 확장되면 '관습'으로 된다. 그리고 이게 고착화되면, 마침내 '성격'이나 '성품' 그리고 '인격'으로 굳어지며, 일반적인 의미에서 '특성'의 의미로 지칭된다. 인격 형성은 그렇게 해서 되는 것이다. 그 단계까지에는 선택(proairesis)의 고민이 늘 뒤따르겠지만, 어떤 사람의 성품이나 인격으로 확실히 굳혀진 다음에는, 그 지혜와 함께 선택의 고민도 없어질 것으로 기대된다. "자발적으로 불의를 저지름은 훌륭한 사람의 소관사이다"라는 앞서의 언명은 그런 단계의 인격에만 일임할 수 있는 일일 것이다. 참고삼아 이런 지혜로서의 앎을 아는 자라야 이에 정면으로 대비되는 불의에 대한 앎도 같은 이치에 따라 알게 될 것이라는 논조를 펴고 있는 플라톤의 글을 그의 《국가(정체)》 편(484c~520c)에서 읽어 보는 것으로 끝을 맺겠다.

"나라들의 법률과 관행들을 수호할 수 있을 것으로 보이는 사람들이면, 이들을 수호자들로 임명해야 할 걸세. … 하지만 이 점은, 즉 무엇이든 감시해야 할 수호자가 눈먼 사람이어야 될 것인지 아니면 날카롭게 보는 사람이어야 될 것인지는 분명하겠지? … 그러면 눈먼 사람들과 이런 사람들이 어떤 점에서 다를 것으로 생각되는가? 즉 각각의 '실재'에 대한 앎을 정말로 갖지 못하여, 그 혼 안에 아무런 뚜렷한 본(paradeigma)도 지니지 못한 사람들, 따라서, 마치 화가의 그림 모델처럼, 가장 진실한 것을 주목하면서 언제나 거기에 연관지으며 또한 되도록이면 가장 정확하게 관찰함으로써, 아름다운 것들과 올바른 것들 그리고 좋은 것들과 관련되는 이 세상의 법규들을 정해야만 될 필요가 있을 때는, 물론 이를 그런 식으로 정하되, 이미 제정된 것들은 지키고 보존하는 그런 일을 할 수 없는 사람들이 말일세. … 그런데도 '각각의 실재'를 인식하고 있으면서 경험에 있어서도 조금도 그들에 못지않으며 또한 다른 어떤 부문의 훌륭함(aretē)에 있어서도 뒤지지 않는 사람들보다도 오히려 그들을 수호자들로 우리가 임명할 것인가? … 이 사람들이 정녕 다른 점들에 있어서도 부족함이 없다면야, 다른 사람들을 선택한다는 것은 이상한 일일 것입니다. 이 사람들은 어쩌면 바로 이 가장 중대한 것에 있어서 빼어날 것이기 때문입니다. … 그렇다면 이를, 즉 동일한 사람들이 어떻게 해서 그런 면들과 함께 이런 면을 지닐 수 있게 되겠는지를 우리가 말하도록 해야 하지 않겠는가? … 그러므로 우리가 이 논의를 시작하면서 말했던 것은 이들의 자질을 맨 먼저 제대로 알아야만 된다는 것이었네. 그리고 만약에 이에 대해 우리가 충분히 합의를 보게 되면, 동일한 사람들이 그러한 양면을 겸비할 수 있다는 것에 대해서도, 또한 이들 이외의 다른 사람들이 나라들의 지도자들로 되어서는 아니 된다는 것에 대해서도 합의를 보게 될 것으로 나는 생각하네. … 그러면 다음으로는, 우리가 말한 그런 사람들이 되려는 사람들은 성향에 있어서 이에 더하여 이런 것도 필연적으로 갖추어야만 하는지 생각해 보게나. … 진실함(거짓 없음)일세. 그리고 거짓을 자진해서 받아들이는 일은 결코 없고 오히려 이를 증오하되, 진리를 좋아함일세. … 그러니까 나라의 수립자들인 우리의 할 일은 가장 훌륭한 자질을 지닌 자들로 하여금 앞서 우리가 가장 중요한 것이라고 말한 배움에 이르도록, 그래서 '좋음'(善)을 보게끔 그 오르막을 오르지 않을 수 없도록 하되, 이들이 일단 이 길을 올라, 그것을 충분히 보게 되면, 이제 이들이 허용 받고 있는 것을 이들에게 더 이상 허용하지 않는 것일세. … 바로 거기에 머물러(katamenein) 있으려 할 뿐, 저들 죄수들 곁으로 다시 내려가서(katabainein) 저들과 함께 노고와 명예를, 이게 다소 하찮은 것이건 대단한 것이건 간에, 나누어 가지려 하지 않는 것일세. … 그렇게 되면, 우리는 이들에 대해 올바르지 못한 짓을 하게 되며, 이들로서는 더 나은 삶을 살 수 있는데도 우리가 이들로 하여금 더 못한 삶을 살도록 만들게 될 텐데요? … 법은 이런 것에, 즉 나라에 있어서 어느 한 부류가 각별하게 잘 지내도록 하는 것에 관심을 갖는 게 아니라, 온 나라 안에 이것이 실현되도록 강구하는 데 관심을 갖는다는 걸 말일세. 법은 시민들을 설득과 강제에 의해서 화합하게 하고, 각자가 공동체에 이롭도록 해 줄 수 있는 이익을 서로들 나누어 줄 수 있도록 만듦으로써 그런다네. 또한 법은 나라에 그런 사람들이 생기도록 하는데, 이는 각자가 내키는 대로 향하도록 내버려 두기 위해서가 아니라, 법 자체가 나라의 단합을 위해 이 사람들을 십분 이용하기 위해서일세. … 더 나아가 이 점에 유의하게나. 즉 우리의 이 나라에서 철학자들로 된 사람들로 하여금 다른 사람들을 보살피고 지켜 주도록 우리가 강요한다고 해서, 우리가 이들에게 올바르지 못한 짓을 하게 되는 건 아니고, 오히려 올바른 것을 이들에게 말해 주게 된다는 걸 말일세. 우리는 이렇게 말할 걸세. '다른 나라들에 있어서는 그런 사람들이 생기더라도 그 나라들에 있어서의 노고는 함께 나누지 않는 게 합당하오. 그들은 각각의 나라에 있어서의 정체(政體)가 원하지도 않았는데 자연 발생적으로 생기게 되었으니, 더구나 스스로 자란 것은 어떤 것에도 양육의 신세를 지지 않았을진대, 어떤 것에도 양육의 빚을 갚으려 열의를 보이지 않는 게 정당하기 때문이오. 하지만 우리는 여러분 자신들과 함께 여느 시민들을 위해, 마치 벌떼 사이에 있어서 지도자들 및 왕들처럼 여러분을 탄생시켜서는, 여느 시민들보다도 더 훌륭하고 완벽하게 교육을 받도록 했으며, 또한 양쪽 생활[1] 다에 더 잘 관여할 수 있도록 했소. 그러므로 여러분은 여느 시민들과의 동거를 위해 각자가 번갈아 내려가서는, 어두운 것들을 보는 데 익숙해져야만 하오. 일단 익숙해지고 나면, 그곳 사람들보다도 월등하게 잘 보게도 될 것이며, 각각의 상(模像: eidōlon)들이 도대체 무엇이며 또 어떤 것들의 상들인지를 알게 될 것이기 때문이오.'"

1) '좋음(善)의 이데아'를 보게 되기까지의 오르막길을 올라 이곳에서 '관상적(觀想的)인 삶(theōrētikos bios)'을 누리는 것과 다시 현실로 내려와 그 속에서 다른 시민들과 노고를 같이하는 '실천적인 삶(praktikos bios)'을 가리킨다.

대화자들

히피아스(Hippias, 연대 미상, 소크라테스와 동시대): 펠로폰네소스 반도의 올림피아(Olympia)와 북쪽으로 이웃한 엘리스(Ēlis) 출신이다. 소크라테스 생존 시에 이름난 소피스테스로서 활동했다. 이 대화편 368b 이후 및 《대 히피아스》 편 285b 이후에서는 그의 다재다능(多才多能)과 박학다식 그리고 강기(强記) 등에 관한 언급이 보인다. 온갖 형태의 시문에도 밝고, 수학, 천문학, 음악, 미술 분야 등에서도 자신의 역량을 뽐낼 뿐만 아니라, 손가락의 반지에서부터 제 몸에 걸친 모든 것을 스스로 만들어 갖고서 올림피아 경기장에 나타났던 것으로 전해 온다. 그의 토막글들은 참고 문헌 목록에서 밝힌 Diels/Kranz의 책에 수록되어 있다.

소크라테스(Sōkratēs, 469~399): 소크라테스의 이 대화는 니키아스(Nikias)에 의한 아테네와 스파르타 간의 평화 협정(421년 이후 50년간)이 유지되고 있던 시기(421~417년)의 어느 시점에 있었음 직한 것으로 설정되어 있다.

에우디코스(Eudikos): 달리 알려진 바는 없고, 이 대화편 첫머리에서 소크라테스와 히피아스의 대화를 적극적으로 유도하고 있는 것으로 보아, 그가 히피아스를 초빙해서 제 집에 유숙케 하고 있는 것으로 보인다. 363b, 373a에서 아페만토스(Apēmantos)의 아들로 언급되고 있다.

에우디코스: 그런데, 소크라테스 선생님, 히피아스 선생님께서 이처럼 대단한 연설[1]을 하셨는데, 왜 침묵하시고 계신 거죠? 말씀하신 것들 중의 어느 것에 대해서도 칭찬도 아니 하시고, 혹시 뭔가 훌륭하게 말씀하시지 못한 것으로 여겨지시는 것이 있다면, 논박이라도 하시지 않으시고서? 특히나 철학적 담론에 관여함에는 더할 수 없이 적극성을 보이고 싶어 하시는 분들인 우리만 남은 터인데. 363a

소크라테스: 실은, 에우디코스 선생, 바로 방금 히피아스 선생께서 호메로스와 관련해서 말씀하신 것들 중에는 즐거운 마음으로 더 듣고 싶은 것들이 있습니다. 선생의 선대인 아페만토스 님에게서 듣곤 했 b
는데, 호메로스의 《일리아스》가 《오디세이아》보다도 더 아름다운 시이고, 그건 아킬레우스가 오디세우스보다도 더 나은 정도라는 것이었

1) 원어는 epideixis인데, 다른 경우들에서는 '과시성 연설'로 옮긴 것이다. 이 경우는 초빙한 사람이 손위 당사자의 연설을 그리 지칭하는 것이 다소 무례의 느낌을 주겠기에, 이 경우에는 그냥 '연설'로 옮겼다. '과시성 연설' 자체와 관련해서는 앞의 《대 히피아스》 편 282b의 해당 각주를 참조할 것.

죠. 그분께선 이것들 중의 각각이 하나는 오디세우스에 대한 시를 지
은 것이지만, 다른 하나는 아킬레우스에 대한 시를 지은 것이기 때문
이라 말씀하셨습니다. 그래서 그것에 대해서, 히피아스 선생께서 원
하신다면, 여쭈어 보았으면 합니다. 이들 두 인물들과 관련해서 선생
께는 어떻게 생각되시는지, 어느 쪽이 더 낫다고 주장하시는 건지를
c 요. 다른 시인들과 관련해서도 호메로스와 관련해서도 다른 여러 가
지의 것들과 온갖 것들에 대한 연설을 하셨으니까.

에우디코스: 하지만 선생님께서 히피아스 선생님께 뭔가를 물으신다면, 대답하시는 걸 거부하시지는 않으실 게 명백합니다. 히피아스 선생님, 소크라테스 선생님께서 선생님께 뭔가를 질문하시면, 대답을 하실 게 아니겠습니까? 아니면 어떻게 하시겠습니까?

히피아스: 그런다면야 실로 내가 이상한 짓을 하는 것일 것입니다,
에우디코스 선생! 올림피아 제전이 있을 때는, 언제나 엘리스의 집에
서 올림피아로 헬라스인들의 제전에 가서, 신전으로 가 저를 내놓기
d 로 하고, 선언합니다. 제게 과시성 연설로 준비되어 있는 것들 중의
무엇이든 누군가가 원하면, 응해 드리고, 또한 누군가가 질문하는 것
을, 대답할 것임을. 그러고서도 지금은 소크라테스 선생의 질문을 회
피하려고 한다는 건.

364a 소크라테스: 아, 히피아스 선생, 복 받으신 처지이십니다. 매번 올
림피아 제전 때마다 혼과 관련해서 지혜에 대해 이처럼 희망찬 상태
로 신전에 이르신다는 건. 만약에 체육 선수들 중에서 누군가가 이처
럼 몸에 대한 두려움 없이 믿음을 갖고 시합하러 이곳에 이른다면 저
는 또한 감탄할 것입니다. 선생께서 지성에 대해서 그런 걸로 말씀하
시듯, 그런다면 말입니다.

히피아스: 당연히 그런 느낌을 갖게 되었죠, 소크라테스 선생! 올

림피아 경기에 참여한 이래로, 어떤 일에서고 저보다 더 나은 처지에 있는 이를 만나지 못했습니다.

소크라테스: 어쨌든 좋은 말씀을 하십니다, 히피아스 선생! 또한 b
선생의 명성은 엘리스인들의 나라와 양친을 위한 지혜의 기념비이기도 합니다. 하지만 아킬레우스 그리고 오디세우스와 관련해서는 무슨 말씀을 하시겠습니까? 어느 쪽이 어떤 점에서 더 낫다고 말씀하시는지? 실내에 우리가 많이들 있었고 선생께서 과시성 연설을 하시고 계셨을 때는, 선생의 말씀을 따라잡을 수가 없었습니다. 실은 되묻기를 주저했죠. 실내엔 많은 청중이 있기도 한 데다, 질문을 해서 선생의 연설에 지장을 초래하지는 않도록 하느라 해서였습니다. 그러나 지금은 우리들 수도 적고 여기 에우디코스가 질문을 하라고도 하니, 말씀해 주시고 명확하게 우릴 가르쳐 주세요. 이들 두 사람과 관련해서 선 c
생께선 무슨 말씀을 하신 겁니까? 이들을 어떻게 구별하셨던가요?

히피아스: 그럼, 소크라테스 선생, 이들 그리고 다른 사람들과 관련해서도 제가 말하는 걸 그때보다도 한층 더 명확하게 자세히 선생께 이야기하고 싶습니다. 실은 호메로스가 아킬레우스를 트로이아로 간 사람들 중에서 가장 용기 있는[2] 사람으로 만들되, 네스토르는 가장 지혜로운 사람으로, 오디세우스는 가장 계략이 풍부한[3] 사람으로 만들

2) '가장 용기 있는'으로 옮긴 것의 원어는 aristos인데, 이는 '가장 훌륭한'·'가장 빼어난' 등을 또한 뜻한다. 훗날에야 '용기'를 뜻하는 andreia가 쓰이지만, 호메로스의 경우에는 이 낱말이 아직 사용되지 않았던 터였다. 이런 점은 aristeuein(to be the best or bravest)에서도 잘 나타난다. 그런데 엄밀한 뜻에서, 아킬레우스를 "트로이아에 간 사람들 중에서 '가장 훌륭한' 남자"라고 단언적으로 말하기는 다소 주저되는 바가 없지도 않을 것 같아서, 여기서는 가장 그다운 면모답게 '가장 용기 있는 남자'로 옮기는 게 무난할 것으로 보아, 이 표현을 택했다.

364c

었죠.

소크라테스: 이런, 히피아스 선생! 제가 선생께서 말씀하시는 것을
힘들게 이해하며 여러 차례 질문해도, 비웃지는 않으시는, 그런 호의
d 를 제게 베풀어 주시겠는지요? 그럼 제게 상냥하게 그리고 쉽게 대답
하시도록 애써 주십시오.

히피아스: 소크라테스 선생, 만약에 제가 바로 이것들로 다른 사람들을 교육하고서 돈을 벌 생각은 하면서, 제가 선생에게서 질문을 받고서는 너그럽지도 못하고 고분고분 대답도 하려 하지 않는다면, 실로 부끄러운 일일 것입니다.

소크라테스: 아주 훌륭한 말씀입니다. 선생께서 아킬레우스가 가장
용기 있는 걸로 묘사되었다고 말씀하셨을 때는, 제가 선생의 말씀을
e 이해하는 걸로 생각했습니다. 네스토르를 가장 지혜롭다고 하셨을 때
도요. 그러나 오디세우스를 그 시인이 가장 계략이 풍부한 걸로 만든
것으로 말씀하셨을 때는, 어쨌든 사실을 말씀드릴진대, 이를, 곧 선생
께서 무슨 뜻으로 말씀하시는 건지 전혀 알지 못합니다. 그러니 말씀
해 주세요. 이로써 제가 좀 더 이해할 수 있게 된다면 말입니다. 아킬
레우스는 호메로스에 의해서는 계략이 풍부한 것으로 만들어지지 않
았나요?

히피아스: 전혀요, 소크라테스 선생! 그러나 가장 단순하고 가장 진실한 것으로죠. 〈간청〉 편[4]에서도, 이들이 서로 대화를 하도록 했을

---

3) '계략이 풍부한'의 원어는 polytropos인데, 같은 뜻인 'polymētis'도 그에 덧붙는 별칭 같은 것이다. 속되게 표현한다면, '꾀가 많은'이다.

4) 〈간청(Litai)〉 편이란 《일리아스》 9권에 해당하는 《일리아스》의 중간 제목인 셈이다. 〈간청〉 편은 〈아킬레우스에게로 간 사절단(Presbeia pros Akhillea)〉으로도 일컫는다. 헬라스의 트로이아 원정대의 총사령관인 아

364e

때, 호메로스는 아킬레우스가 오디세우스에게 말하게 합니다.

> 제우스의 후손 라에르테스의 자제요, 계략이 풍부한 오디세우스여! 365a
> 그러면 내 거리낌 없이 이야길 해야 되겠소.
> 내가 어떻게 생각하고 있으며 일들은 어떻게 결말이 날 것으로 내가 생각하는지.
> 실은 내게는 그[5]가 하데스의 대문처럼이나 밉살스럽소.
> 마음속에 품은 것과 하는 말이 다르다오. b
> 하지만 내 말하리다. 어떻게 결말이 나게 될 것인지를.[6]

이 시구들에서 그는 두 사람 각각의 삶의 방식(tropos)을 명시하고 있습니다. 아킬레우스는 진실하며 단순하지만, 오디세우스는 계략이 풍부하고 기만하는 걸로요. 아킬레우스가 이 시구들을 오디세우스에게 말하는 걸로 하고 있으니까요.

가멤논의 모욕적인 처사로 분노한 아킬레우스가 참전을 거부함으로써, 마침내 패색이 짙어진 상황의 타개를 위해, 군영 회의 끝에 아가멤논의 진솔한 사과와 함께 온갖 선물들을 약속하는 사절단을 보내 용서와 함께 참전을 간청케 해서다. 그러나 사절 일행 중에서도 가장 계략이 풍부한 오디세우스의 말문부터 막아버린 데다, 심지어는 자신의 아버지 같은 포이닉스의 간곡한 설득조차도 아무런 효력을 보지 못하자, 결국 사절단은 별 수 없이 물러난다. 그런데 《일리아스》 9권을 〈간청(Litai)〉 편으로 일컬었던 당시의 관행과 관련해서는 역자의 《크라틸로스》 편 428c의 해당 각주를 참조할 것.

5) 그에게 사절단을 보낸 총사령관 아가멤논을 가리킨다.

6) 《일리아스》 9권 308～310행, 312～314행. 이 대화편에서 인용한 시행들의 내용들에는 오늘날 전하는 호메로스의 텍스트와는 약간의 차이가 있음에 유의할 것.

소크라테스: 히피아스 선생, 이제는 선생께서 말씀하시는 바를 이해할 것 같습니다. 계략이 풍부한 사람을 거짓말쟁이로 말씀하시는 걸로 보이네요.

c 히피아스: 그럼요, 소크라테스 선생! 호메로스는 오디세우스를 《일리아스》에서도 《오디세이아》에서도 여러 군데서 그런 인물로 만들었으니까요.

소크라테스: 그러니까 호메로스에게는 진실한 사람과 거짓말쟁이는 다른 사람이지, 같은 사람인 것으로는 여겨지지는 않은 것 같습니다.

히피아스: 실로 어찌 그렇지 않았겠습니까, 소크라테스 선생?

소크라테스: 선생 자신께도 그리 생각됩니까, 히피아스 선생?

히피아스: 뭣보다도 그렇습니다. 그렇지 않다면, 그게 이상할 것이기도 할 테니까요.

소크라테스: 그러면 호메로스는 제쳐 놓읍시다. 도대체 무슨 생각
d 을 하고서 이들 시구들을 지었는지 자꾸 물을 수도 없을 테니까요. 한데 선생께서 그 탓을 스스로 떠맡고 계시며, 또한 선생께서 말씀하시는 바로 이것들을 호메로스가 말하는 걸로 동의하기도 하시니, 호메로스를 위해서도 또한 선생을 위해서도 공동으로 하는 대답을 해 주세요.

히피아스: 그건 그럴 것입니다. 그러나 원하시는 걸 간략히 물으세요.

소크라테스: 거짓말쟁이들은, 마치 환자들처럼, 뭔가를 할 수 없는 사람들과 같다고, 아니면 뭔가를 할 수 있는 사람들과 같다고 말씀하십니까?

히피아스: 저로서는 아주 많은 다른 것들도 할 수 있을뿐더러 사람들을 속일 수도 있다고 말합니다.

소크라테스: 그러니까 선생의 주장에 따르면, 그들은 유능하고 계략이 풍부한 자들인 것 같습니다. 그렇죠? e

히피아스: 예.

소크라테스: 한데, 그들이 계략이 풍부하고 속이는 자들인 건 어리석음과 분별없음으로 해선가요, 또는 무슨 짓이든 삼가지 않음(panourgia)과 일종의 분별(phronēsis)로 해선가요?

히피아스: 그 무엇보다도 무슨 짓이든 삼가지 않음과 분별로 해섭니다.

소크라테스: 그러니까 그들은 분별력 있는 자들인 걸로 보입니다.

히피아스: 예, 맹세코, 그야말로 너무 분별 있어섭니다.

소크라테스: 하면, 그들은 분별 있어서 자신들이 하고 있는 걸 모르고 있는가요, 아니면 알고 있는가요?

히피아스: 역시 아주 잘 알고 있습니다. 이 때문에 옳지 못한 짓도 합니다.

소크라테스: 자신들이 알고 있는 이것들을 알고 있으니, 이들은 무지한가요 아니면 똑똑한[7]가요?

히피아스: 그러니까 바로 이것들에는, 곧 속이는 데는 똑똑하지요. 366a

소크라테스: 잠깐! 선생께서 말씀하시는 게 무엇인지 상기하십시다. 선생께선 거짓말쟁이들은 유능하고 분별 있고 지능 있고 자신들이 거짓말쟁이 노릇을 하는 것들에 있어서는 똑똑한 자들인 걸로 말씀하시는 거죠.

히피아스: 실은 그리 말합니다.

---

7) 원어 sophoi는 '현명하다'는 뜻이지만, 역시 이 경우에는 그런 좋은 뜻의 것이 아니기에, '똑똑한'으로 옮긴다.

366a

소크라테스: 그러나 진실한 사람들과 거짓을 말하는 사람들은 다른 사람들이며, 극단적으로 상반되는 이들이죠?

히피아스: 저는 그리 말합니다.

소크라테스: 자, 그런데, 유능하고 똑똑한 이들 중에서 어떤 이들은, 선생의 주장을 따르면, 거짓말쟁이들인 것 같습니다.

히피아스: 물론입니다.

소크라테스: 하지만 선생께서 거짓말쟁이들이 바로 이것들에 유능
b 하고 똑똑하다고 말씀하실 때, 이는 자신들이 그러려 할 경우에, 거짓을 말하게 되는 바로 이것들에 있어서 거짓을 말하는 데 유능함 또는 무능함을 말씀하시는 겁니까?

히피아스: 그럴 경우의 유능함을 저로서는 말합니다.

소크라테스: 그러니까 요컨대, 거짓말쟁이들은 똑똑하며 거짓말을 하는 데 유능한 자들입니다.

히피아스: 예.

소크라테스: 그러니까 거짓말을 할 수 없고 무지한 사람은 거짓말쟁이일 수가 없겠습니다.

히피아스: 그건 그렇습니다.

소크라테스: 하지만 자신이 원할 경우, 그때는 원하는 바를 하는 자
c 는, 누구나 능력이 있습니다. 질병으로 해서 그러지 못했던 자나 그런 경우들이 아니라, 선생이 원할 경우에는 제 이름을 적을 수 있는 것처럼, 그런 경우를 말합니다. 누구든 이럴 경우, 선생은 능력이 있다고 말씀하시지 않습니까?

히피아스: 그러죠.

소크라테스: 그러면 히피아스 선생, 제게 대답해 주세요. 선생께선 계산과 산술에 물론 경험이 있지 않으십니까?

366c

히피아스: 뭣보다 많죠, 소크라테스 선생!

소크라테스: 그러시니, 누군가가 선생께 700×3이 몇인지를 묻더라도, 선생께서 원하신다면, 누구보다도 빨리 이와 관련된 진실을 말씀하시겠죠? d

히피아스: 물론입니다.

소크라테스: 이것들과 관련해서는 더할 수 없이 유능하고 지혜롭기 때문이겠죠?

히피아스: 예.

소크라테스: 그러면 선생께서는 단지 더할 수 없이 지혜롭고 유능할 뿐이십니까, 또는 선생께서 더할 수 없이 유능하시고 지혜로우신 이것들, 곧 산술에 있어서 더할 수 없이 빼어나십니까?

히피아스: 더할 수 없이 빼어나기도 한 걸로 저는 생각합니다, 소크라테스 선생!

소크라테스: 이것들과 관련해서는 진실인 것들을 말씀하심에 있어서는 사실상 선생께서 더할 수 없이 유능하시겠습니다. 그러신 거죠?

히피아스: 저로서는 그리 생각합니다.

소크라테스: 같은 이것들과 관련된 거짓인 것들은 어떤가요? 이 또 e
한, 앞의 경우처럼, 제게 진솔하게 그리고 당당하게 대답해 주세요, 히피아스 선생! 만약에 누군가가 선생께 700×3이 몇인지를 묻는다면, 선생께서 진실은 결코 대답하지 않고 거짓말을 하고자 해서, 이것들과 관련해서 거짓말을 하고, 늘 똑같이 거짓말하려 하거나, 또는 계산에 무지한 사람이 그러려는 선생보다도 거짓말을 할 수 있다면?
또는 무지한 사람은 거짓말하고자 하다가, 본의 아니게, 여러 번이나 367a
진실을 말하겠는데, 이런 일이 일어나는 건, 알지 못함으로 해서지만, 현명하신 선생께선 거짓말을 하고자 하신다면, 언제나 똑같이 거짓말

367a

을 할 수 있으시겠죠?

히피아스: 예, 선생께서 말씀하시듯, 그렇습니다.

소크라테스: 그러면 거짓말하는 이는 다른 것들에는 거짓을 말하지 만, 수와 관련해서는 그렇지가 않고, 수를 셀 때는 거짓말을 하지 않나요?

히피아스: 단연코 수와 관련해서도 그럽니다.

소크라테스: 그러면 이 또한 그러한 걸로 간주할까요, 히피아스 선
b 생? 계산 및 수와 관련해서도 거짓을 말하는 사람이 있다고?

히피아스: 예.

소크라테스: 그러면 누가 이 사람일까요? 정녕 거짓말쟁이가 되려면, 방금 선생께서 동의하셨듯이, 거짓을 말할 능력이 그에게 있어야만 하지 않겠습니까? 기억하신다면, 거짓을 말할 능력이 없는 자는 결코 거짓말쟁이가 되지 못할 것이라는 게 선생의 주장이었으니까요.

히피아스: 그야 기억하기도 하고, 그리 말하기도 했죠.

소크라테스: 그러니까 선생께선 계산과 관련해서 거짓말을 하는 데 더할 수 없이 유능하신 걸로 방금 밝혀지지 않았습니까?

히피아스: 예, 실은 그리 말하기도 했죠.

c 소크라테스: 그렇다면 계산과 관련해서 진실을 말함에도 선생께선
더할 수 없이 유능하기도 하겠네요?

히피아스: 물론입니다.

소크라테스: 따라서 같은 사람이 계산과 관련해서 거짓도 참도 말함에 있어서 더할 수 없이 유능합니다. 이 사람이 이것들과 관련해서 훌륭한 사람, 곧 계산하는 사람입니다.

히피아스: 예.

소크라테스: 그러면 누가 계산과 관련해서 거짓말하는 사람이 되나

367c

요, 히피아스 선생? 그 훌륭한 사람과는 다른 사람인가요? 실은 같은 사람이 유능하기도 합니다. 이 사람이 이처럼 진실하기도 하고요.

히피아스: 그런 것 같습니다.

소크라테스: 그래서 이것들과 관련해서는 같은 사람이 거짓말을 하는 사람이기도 하고 참말을 하는 사람이기도 함을, 또한 참말을 하는 사람이 거짓말하는 사람보다 전혀 더 낫지도 않음을 보십니까? 같은 사람이, 방금 선생께서 생각하셨듯이, 극단적으로 반대되기도 하고 또한 그렇지 않기도 한 게 틀림없으니까요. d

히피아스: 이 경우에는 어쨌거나 그리 보이지 않습니다.

소크라테스: 그렇다면 다른 경우에도 살펴보시길 원하십니까?

히피아스: 선생께서 원하신다면.

소크라테스: 그러니까 선생께선 기하학에도 전문가이십니까?

히피아스: 저로서는.

소크라테스: 그러면, 어떻습니까? 기하학에서도 이렇지 않습니까? 같은 사람, 곧 기하학자가 도형과 관련해서 거짓말을 하거나 진실을 말함에 있어서 가장 유능하겠죠?

히피아스: 예.

소크라테스: 그런데 이것들과 관련해서 이 사람 이외의 다른 어떤 사람이 훌륭하겠습니까?

히피아스: 다른 누구도 그렇지 못합니다. e

소크라테스: 그러니까 훌륭하고 지혜로운 기하학자가 어쨌든 양쪽으로 가장 유능하지 않겠습니까? 그리고 만약에 다른 누군가가 도형과 관련해서 거짓말하는 사람이라면, 이 사람이 훌륭한 사람이겠죠? 이 사람은 유능하지만, 열등한 사람은 거짓말을 할 수 없을 테니까요. 그래서 거짓말을 할 수 없는 사람은, 합의되었듯이, 거짓말쟁이가 될

367e

수 없겠습니다.

히피아스: 그건 그렇습니다.

소크라테스: 그러면 더 나아가 세 번째 사람, 곧 천문학자도 검토해 봅시다. 이 학문에 대해서는 선생께서 앞 경우들보다도 한층 더 잘 아시

368a 는 것으로 스스로 생각하시는 것입니다. 그러시죠, 히피아스 선생?

히피아스: 예.

소크라테스: 천문학에서도 이는 마찬가지가 아니겠습니까?

히피아스: 어쨌든 그럴 것 같습니다, 소크라테스 선생.

소크라테스: 그러면 천문학에서도, 만약에 누군가 다른 사람이라도 거짓말을 하는 사람이라면, 훌륭한 천문학자가 거짓말을 하는 사람일 것이니, 거짓말을 할 수 있는 사람이죠. 어쨌든 거짓말을 할 수 없는 사람은 아닐 테죠. 무지하니까.

히피아스: 그리 보입니다.

소크라테스: 그러니까 천문학의 경우에도 같은 사람이 진실하기도 하고 거짓말을 하는 사람이기도 할 것입니다.

히피아스: 그런 것 같습니다.

소크라테스: 자, 그러면 히피아스 선생, 그게 그러한지 또는 다른

b 지, 모든 학문과 관련해서 이처럼 제약 없이 살피시죠. 한데, 선생께서는 모든 사람들 중에서도 전적으로 가장 많은 학문들에서 가장 지혜로우시죠. 언젠가 선생께서 자랑스레 아고라의 환전소[8]에서 선생의

8) agora는 원래 민중의 '집회' 자체를 의미하기도 했지만, 민중의 '집회 장소'를 말하는가 하면, '시장'을 의미하기도 하는데, 농사와 같은 일을 제외한 일체 시민 생활이나 활동은 이곳을 중심으로 이루어졌다. 아테네의 아고라도 마찬가지여서, 시민 생활과 관련되는 온갖 공공건물이 들어서 있어서, 아고라는 시민들을 위한 공공의 장소로서 시장 기능도 겸했

368b

굉장하고 부러운 지혜를 자세히 말씀하시는 걸 제가 들었기 때문입니다. 선생께서는 언젠가 자신의 몸에 걸친 모든 것을 자신의 제작물들로 갖추고서 올림피아에 가셨다고 말씀하셨죠. 첫째로 반지를—이것부터 선생께선 시작하셨으니까—세공할 줄을 아셔서, 자신의 제작물로 갖고서, 또한 선생의 제작물인 인장 반지[9]도, 그리고 역시 직접 만 c
드신 때 미는 기구와 기름통[10]을. 그리고선 신으신 신발을 만드셨다고 말씀하셨으며, 두름겉옷과 짧은 속옷[11]도 짰다고 하셨죠. 그리고 어쨌

다. 그래서 시민들로 '북적이는 아고라(agora plēthousa)'는 시간 개념으로 오전을 뜻하고, 시장이 파하는(agorēs dialysis) 시간인 정오가 되면, 장 보러 왔던 시민들은 모두가 집으로 돌아가는 시간이다. 그런데 헬라스의 교역 중심지 구실까지 했던 아테네였을 테니, 오늘날의 은행 기능을 일부 담당하는 환전소들이 여러 곳에 마련되었을 것도 당연한 일이겠다. 여기에서 '환전소'라 한 trapeza는 영어로는 'table'로 옮기는 헬라스어지만, 이 경우에는 '환전대(換錢臺)'를 의미하겠는데, 현대 헬라스어로는 이 낱말이 '은행'을 뜻하고, '식탁' 같은 '테이블'은 trapezi라 한다. 로마의 forum은 이 아고라에 상응하는 것이었다.

9) 원어는 sphragis로서, 봉인용 인장을 가리킨다.

10) 때 미는 기구의 원어는 stlengis(strigil)이고 기름통은 lēkythos이다. 레슬링을 할 때, 몸에 올리브 기름을 바르고 운동을 한 뒤에, 몸에 발랐던 기름을 때와 함께 긁어내는 기구와 그때 바를 기름을 담는 자그마한 등잔 크기의 그릇이다.

11) 원어 khitōniskos는 khitōn(under-garment, tunic: 속옷)의 축소 형태임. 남자의 경우 '키톤'만 입은 상태는 옷을 거의 입지 않은(gymnos) 상태를 뜻하는데, 요즘 식으로 말하면, 팬티와 이에 따른 윗옷인 속옷만 걸친 상태에 해당되겠다. 상체를 덮을 정도의 별로 넓지도 않고 무릎이나 장딴지까지의 길이를 갖는 것이었다고 한다. 그러나 여자들이 입었던 키톤은 그것 자체가 거의 전신을 덮는 속옷이었기 때문에, 집안에서는 이것만 걸친 상태로 지냈다고 한다. 그 옷감은 얇고 고운 아마포(리넨, 린네르)였던 것 같다. 이 속옷 위에 입는 것이 '두름겉옷'인 히마티온(himation)이다. 페르시아 전쟁 뒤에 오래지 않아, 연로한 노인들은 이 아마포 옷감의 키톤을 사치로 여겨, 착용하지 않고, 히마티온만 입게 되었다고

368c

든 모두에게 가장 낯설고 최대 지혜의 표본으로 여겨졌던 것은, 선생께서 차고 계셨던 속옷의 띠가 값비싼 페르시아 제품과 같은 것인데, 이를 자신이 엮었다고 말씀하셨기 때문입니다. 이에 더해서 시들까지 갖고 오셨다고 말씀하셨죠. 서사시들과 비극들 그리고 디티람보스들,
d 또한 많은 산문들과 온갖 것들로 이루어진 글들도요. 그리고 또 방금 제가 말한 전문 분야와 관련된 지식들에 있어서도 남다른 경지에 이르셨다고 하셨는데, 리듬들과 화음들 및 문자들의 정확성, 그리고 이것들에 더해 아주 많은 다른 것들에 있어서도 그렇다고 하셨죠. 제가 기억하고 있는 걸로 생각되는 바로는 말입니다. 하지만 제가 선생의 기억술을 깜빡 잊은 것 같네요, 이에서 선생께선 더할 수 없이 눈부시다고 생각하시는데. 그러나 그 밖의 아주 많은 것들을 잊어버린 걸로
e 생각합니다. 그러나 제가 말한 바와 선생의 기술들을 눈여겨보시고서—이로써 충분하겠는데—또한 다른 사람들의 것들도 살피시고서, 제게 말씀해 주세요. 만약에 저와 선생께서 합의를 본 바에 따라, 한쪽은 진실이지만 다른 한쪽은 거짓인 경우가, 그래서 서로 다르고 같지 않은 경우가 있는지? 무슨 지혜나 '무슨 짓이든 삼가지 않음(pan-
369a ourgia)' 또는 무슨 이름으로 일컫는 것에 있어서건 이를 고찰해 보십

한다. 반면에 갑옷을 입는 전사들의 경우에는, 가죽이나 두터운 모직으로 된 키톤으로 피부를 보호했다. 그러나 소크라테스는 언제나 akhitōn(키톤을 입지 않은 상태)으로 일관했던 걸로도 유명하다. 소크라테스가 언제나, 심지어는 겨울의 전장에서도 himation(두름겉옷)만 걸치고 있었다는 알키비아데스의 증언(《향연》 220a~b)도 있다. 그것도 언젠가부터는 '실밥이 드러난 상태의 닳아 해진 것([ho] tribōn)'을 걸치고 다녔다고 한다. 이와 관련해서는 《파이돈》 편 73d에서 해당 각주를 참조할 것. 그리고 '두름겉옷(himation)' 자체와 관련해서는 《카르미데스》 편 155d의 해당 각주에서 자세한 설명을 했으니, 이를 참조하는 게 좋겠다.

369a

시오. 그러나 선생이시여, 선생께선 이를 찾지 못할 것입니다.—없으니까요.—하지만 말씀하세요.

히피아스: 그러나 저는 할 수가 없네요, 소크라테스 선생! 어쨌든 지금으로선 이처럼요.

소크라테스: 제가 생각하듯, 선생께서도 어쨌든 할 수가 없으실 겁니다. 그러나 제가 진실을 말하면, 히피아스 선생, 우리의 논의로부터 귀결하는 바를 기억하십시오.

히피아스: 소크라테스 선생, 선생께서 말씀하시는 바를 전혀 이해하지 못하겠습니다.

소크라테스: 지금 선생께선 아마도 기억술을 전혀 쓰시지 않고 계셔서일 것입니다.—그러셔야만 한다는 생각을 하시지 않고 계신 게 명백하니까요.—하지만 제가 선생을 일깨워 드릴 것입니다. 선생께선 아킬레우스는 진실하나, 오디세우스는 거짓말을 하고 계략이 풍부한 것으로 말씀하셨다는 걸 알고 계시죠? b

히피아스: 예.

소크라테스: 이제는 같은 사람이 거짓말하기도 하고 진실하기도 한 것으로 드러났음을 실감하십니까? 그래서 오디세우스가 거짓말하는 사람이었다면, 진실한 사람이 되기도 하며, 아킬레우스가 진실한 사람이었다면, 거짓말하는 사람이 되기도 하여, 두 사람이 서로 다르지도 상반되지도 않고 같다는 것도?

히피아스: 소크라테스 선생! 선생께선 언제나 이와 같은 주장들을 엮어서는, 이 주장 중에서 가장 어려운 부분을 떼어낸 다음, 이를 조금씩 다루지, 그 논의가 관련되는 문제 전체와 씨름하지는 않습니다. c
원하신다면, 지금도 많은 증거를 근거로 해서, 호메로스가 아킬레우스를 오디세우스보다 더 낫고 거짓을 말하지도 않는 것으로 만들되,

369c

오디세우스는 남을 속이며 많은 거짓말을 하며 아킬레우스보다 더 못한 사람으로 만든 것으로 제가 선생께 증명해 보일 것입니다. 그러나 원하신다면, 이번에는 선생께서 제 주장에 대해 다른 쪽이 더 낫다는 반박 주장을 대조시켜 주세요. 그러면 어느 쪽이 더 나은 주장을 하는지는 여기 이분들이 더 잘 알 것입니다.

d 소크라테스: 아, 히피아스 선생, 진실로 저는 선생께서 저보다도 더
지혜로우실 거라는 데 이의가 없습니다. 하지만 누군가가 무슨 말을
할 때는, 언제나 저는 주의를 하는 게 버릇인데, 말하는 이가 제게 지
혜로우신 걸로 여겨지는 경우에는 각별히 그러거니와, 그가 무슨 뜻
으로 말하는지 이해하고자 해서, 언급된 것들을 캐묻고 다시 생각해
보고 비교 검토를 하는데, 배우려고요. 그러나 말하는 이가 변변찮은
걸로 제게 여겨질 경우에는, 질문도 하지 않거니와 그가 말한 것이 제
게는 아무런 관심거리도 되지 않습니다. 그리고 이로써 선생께선 제
가 어떤 사람들을 지혜로운 이들로 생각하는지도 아시겠습니다. 제가
이 사람이 말한 것들에 대해 집요해서, 이 사람에게서 뭔가를 배움으
e 로써 유익함을 얻기 위해 질문하고 있는 걸 알아보실 테니까요. 방금
도 선생께서 말씀하실 때, 생각이 났으니까요. 아까 선생께서 말씀하
신 시구들에서 아킬레우스가 오디세우스에게 허풍쟁이인 걸로 말하
는 것으로 보여주시는데, 제게는 이상한 걸로 생각됩니다. 만약에 선
생께서 진실을 말씀하시고 있다면, 오디세우스는 [그 대목의] 어디에
370a 서도 거짓말하는 사람, 계략이 풍부한 사람으로 보이지 않지만, 아킬
레우스가 계략이 풍부한 사람으로 보이기 때문입니다. 어쨌든 거짓말
은 그가 하고 있습니다. 왜냐하면 방금 선생께서도 인용하신 이 시구
들을 그가 공언합니다.

370a

실은 내게는 그가 하데스의 대문처럼이나 밉살스럽소.
마음속에 품은 것과 하는 말이 다르다오.[12]

그리고선 조금 뒤에 말합니다. 자기는 오디세우스에 의해서도 아가 b
멤논에 의해서도 설득되지 않을 것이며, 결단코 트로이아에 머물지도 않는다면서, 말합니다. —

내일 제우스께 그리고 모든 신들께 제물을 바치고서,
함선들엔 넉넉히 선적을 하고서, 바다로 노를 저어 나아가면,
그대는 보게 될 것이오. 그대가 원하고 애써 그러고 싶다면,
이른 아침에 물고기가 많은 헬레스폰토스 해협을 항행하는
나의 함선들을. 그 안에서 열심히 노를 저어 대는 사람들도. c
행여 땅을 흔들어 놓는 거룩한 신[13]께서 순항을 베푸시기라도 한다면,
셋째 날에 비옥한 프티아에 내 이를 것이오.[14]

한데, 이 이전에도 그는 아가멤논에게 욕설을 퍼부으면서 말했죠.

이제 나는 프티아로 갈 것이오. 실로 이게 훨씬 더 나을 테니까.

---

12) 《일리아스》 9권 312~313행. 앞(365a~b)에서도 이미 인용한 시구들의 한 부분이다.
13) '땅을 흔들어 놓는 이(Ennosigaios)'는 지진을 일으키는 해신 포세이돈(Poseidōn)의 별칭이다.
14) 《일리아스》 9권 357~363행. Phthia는 테살리아 지역에 있던 아킬레우스의 고향이다.

370c

뿔 모양으로 휜 함선들과 함께 집으로 가는 것이. 내 이럴 뜻은 없소.

d 그대를 위해 재물과 부를 축적하느라 이곳에 불명예스레 머물러 있을.[15]

이런 말을 이번 경우에는 전체 군대 면전에서, 앞 경우에는 제 동료들을 상대로 말하고선, 그 어디에서도 귀향의 항해를 위해 전함을 진수시킬 준비를 하는 것도 그런 시도를 하는 것도 보이지 않고, 진실을 말하는 걸 아주 대놓고 경시하는 걸로 보입니다. 따라서 히피아스 선생, 저는 처음부터 당황스러워서 선생께 물었습니다. 이들 두 사람 중

e 에서 어느 쪽이 더 훌륭한 걸로 그 시인에 의해서 표현되었는지를. 또한 양쪽 다가 더없이 훌륭하며, 거짓 및 진실 그리고 그 밖의 훌륭함(덕)과 관련해서 어느 쪽이 더 나은지를 가리기도 어렵다고 생각해서요. 양쪽 다가 이 점에서도 엇비슷하기 때문입니다.

히피아스: 제대로 고찰을 하시지 못해서죠, 소크라테스 선생! 왜냐하면 아킬레우스가 거짓을 말하는 것들은, 의도적으로 거짓을 말하는 것으로는 보이지 않고 본의 아니게, 군대의 불운한 상황으로 해서 머물러 돕지 않을 수 없게 되어서였었습니다. 반면에 오디세우스가 거짓을 말하는 것들은 자발적으로 그리고 의도적으로 하는 것들이고요.

소크라테스: 저를 속이시네요, 친애하는 히피아스 선생! 또한 오디세우스를 흉내 내십니다.

371a 히피아스: 천만에요, 소크라테스 선생! 그런데 무슨 뜻으로 그리고 무엇과 관련해서 말씀하시는 건지?

소크라테스: 선생께선 아킬레우스가 의도적으로 거짓말을 하는 게

15) 같은 책, 1권 169~171행.

371a

아니라고 말씀하시는데, 호메로스가 묘사했듯, 그는 이처럼 기만하는 자요, 허풍의 책동을 꾀한 자여서, 오디세우스조차도 모르는 결에 쉽게 기만당한다는 점에서, 그만큼 오디세우스보다도 더 똑똑한 것으로 보이거니와, 또한 그의 면전에서 자신이 스스로에 반하는 말을 감행했는데도, 오디세우스가 몰랐을 정도였습니다. 어쨌거나 그가 거짓말을 하는 걸 오디세우스가 알아챈 걸로 말하는 대목은 전혀 없는 것으로 보입니다. b

히피아스: 그건 바로 어떤 것들을 말씀하시는 겁니까, 소크라테스 선생?

소크라테스: 선생께선 모르십니까? 오디세우스를 상대로는 동트는 것과 함께 출범할 것이라고 말하고선, 아이아스를 상대로 이번에는 출범은 말하지 않고, 다른 말을 한다는 걸?

히피아스: 바로 어디에서요?

소크라테스: 그가 이런 말을 하는 시구들에서요.

> 피투성이 전쟁에 내 미리 마음 쓰지는 않을 것이기 때문이오.
> 호전적인 프리아모스의 아들, 뛰어난 헥토르가 c
> 미르미돈 족의 군막과 함선들로 와서
> 아르고스인들을 학살하며 함선들을 불태우기 전에는.
> 하지만 전들 내 군막과 검은 함선 가까이에서는
> 전쟁에는 열성인 헥토르인들 제지당할 것이오.[16]

히피아스 선생! 선생께선 테티스의 아들이며 가장 지혜로운 케이론

16) 《일리아스》 9권 650~655행.

371c

d 에게서 교육받은 자[17]가 이처럼 쉬 잊어버렸었을 것으로 생각하십니까? 좀 전에는 기만하는 자들로 극단적인 욕설로 비난하고서는 자기는 당장에 출범하게 될 것이라고 오디세우스에게 말하지만, 아이아스에게는 머물 것임을 말할 정도로. 그러나 무슨 계획적인 의도가 있다거나 오디세우스를 구닥다리로 여겨서도, 꾀를 냄과 속이는 데 있어서도 그보다는 한 수 위라고 생각해서도 아니겠죠?

히피아스: 어쨌거나 그건 아닌 걸로 제게는 생각됩니다, 소크라테스 선생! 그러나 바로 이 또한 순진함으로 해서 아이아스를 상대로는,
e 오디세우스를 상대로 한 것과는 다른 것들을 말하게 된 거죠. 반면에 오디세우스가 진실을 말하는 것들은 언제나 계획적으로 말하는 것이며, 거짓말을 하는 것들도 마찬가지로 합니다.

17) 아킬레우스의 어머니인 Thetis는 바다 요정들 중의 하나다. 《일리아스》 및 《오디세이아》에서 '바다 노인(halios gerōn)'으로 지칭된 해신 Nēreus에게는 50명의 딸들(Nērēides)인 바다 요정들이 있었는데, 그중에서 대표적으로 알려진 요정이 테티스이다. 그리고 Kheirōn은 몸 위쪽은 사람의 형상이지만 몸 아래쪽은 말의 형상인 '반인반마들(Kentauroi)' 중에서 가장 지혜롭고 가장 유명한데, 대양의 신 Ōkeanos의 딸들(ōkeanides) 중의 하나인 Phylira와 Kronos 사이의 소생이다. 테살리아의 Pēlion 산 동굴에서 살았다는 케이론은 현명하고 친절해서 사람들과 가까이 지냈다. 그런데 당시에 제우스와 포세이돈은 저마다 테티스와 혼인을 하고 싶어 경쟁했다. 그러나 이들 두 신들 중의 어느 쪽이든 테티스와 혼인을 하면, 장차 아비보다 더 강한 자식을 낳게 될 것이라는 예언을 듣고서, 결국 포기한다. 그래서 케이론이 프티아의 왕 Pēleus와 테티스가 혼인하도록 그 주선에 나선다. 변신 재주를 가진 테티스를 꼭 붙잡고서, 더 이상 변신을 못하게 하고서, 마침내 제 모습으로 돌아온 여신과 펠리온산에서 신들의 축복을 받으며 혼인을 하게 되니, 이들 사이의 소생이 아킬레우스이다. 음악과 전술, 사냥술과 의술 그리고 도의와 관련된 지식을 갖춘 케이론은 펠레우스의 부탁으로 아킬레우스의 스승 노릇을 하게도 된다. 케이론은 의신 아스클레피오스의 스승이기도 하다.

371e

소크라테스: 그러니까 오디세우스가 아킬레우스보다 더 나은 것으로 보입니다.

히피아스: 전혀 그렇지 않을 것입니다, 소크라테스 선생!

소크라테스: 어째서죠? 자발적으로 거짓을 말하는 자들이 비자발적으로 그러는 자들보다도 더 나은 것으로 방금 보이지 않았나요?

히피아스: 그리고, 소크라테스 선생, 어떻게 자발적으로 비행을 저
지르며 자발적으로 계획해서 나쁜 짓들을 행하는 자들이 비자발적으 372a
로 그러는 자들보다도 더 나으며, 누군가가 알지 못하고서 비행을 저지르거나 거짓을 말하거나 또는 다른 어떤 악행을 저지르게 된 경우에는, 그런 자들에게 큰 용서가 있게 되는 것으로 생각되는데요? 그리고 법률은 자발적으로 악행을 저지르거나 거짓을 말한 자들에 대해 비자발적으로 비행을 저지른 자들에 대해서보다도 훨씬 더 가혹한 게 확실합니다.

소크라테스: 히피아스 선생, 제가 지혜로운 이들에 대한 질문들과
관련해서는 얼마나 집요한지를 말할 때, 제가 진실을 말하고 있음을
보시죠? 그리고 이것 하나만은 제가 장점으로 지니고 있는 것 같습니 b
다. 다른 것들은 아주 변변찮으면서도. 세상일들이 어떤지에 대해서
는 당황스러워하고, 어떻게 돌아가는지도 모르니까요. 이에 대한 증
거는 제게 충분히 있죠. 지혜로 유명한 여러분들, 모든 헬라스인들
이 그 지혜의 증인들이신 여러분들 중의 누군가와 제가 함께할 때, 제
가 아무것도 모르는 것으로 드러나니까요. 말하자면, 저와 여러분에
게 같은 의견인 것은 아무것도 없기 때문입니다. 실로 누군가가 지혜 c
로운 사람들과 의견을 달리할 때보다도 더 큰 무지의 증거가 있습니
까? 그러나 저를 구해 주는 것, 이 한 가지 놀라운 좋은 것을 저는 갖
고 있습니다. 저는 배우기를 부끄러워하지 않고, 캐묻고 질문하며, 대

372c

답해 준 사람에게는 많이 고마워하거니와, 누구에게고 고마워하지 않
는 적은 결코 없었습니다. 제가 뭔가를 배우고서, 그걸 부인하고서,
그 배움을 제 발견으로 만든 적은 결코 없으니까요. 그러나 그에게서
제가 배운 걸 밝히고서, 저를 가르쳐 준 사람을 현명하다고 칭찬합니
d 다. 특히나 방금 선생께서 말씀하신 것들에 대해서는 선생과 동의하
지 않고, 아주 많이 의견을 달리합니다. 그리고 저는 이 점을 잘 알고
있습니다. 이게 저로 해서 일어나는 일이며, 바로 저라는 사람이 이런
사람이라는 걸요. 이는 제 자신을 그 어떤 것도 과장해서 말하지 않기
위해섭니다. 히피아스 선생, 제게는 선생께서 말씀하시는 바와는 실
로 전적으로 반대인 걸로 보입니다. 사람들을 해치며 비행을 저지르
고 거짓말을 하며 속이고 잘못하길 자발적으로 하지 비자발적으로는
하지 않는 자들이, 비자발적으로 하는 자들보다 더 낫다는 겁니다. 하
지만 때로는 이와 반대로 제게 생각되기도 하여 이와 관련해서 헤매
기도 하는데, 알지 못함으로 해서인 게 명백합니다. 그러나 지금 현재
e 는, 마치 발작처럼, 되돌아와서는, 어떤 것과 관련해서 자발적으로 잘
못하는 자들이 비자발적으로 잘못하는 자들보다도 더 나은 걸로 제게
는 생각되네요. 그러나 지금 현재 상태의 탓을 저는 앞서의 논의 때문
인 걸로 탓하여, 지금 현재는 이런 것들 각각을 비자발적으로 하는 자
들이 자발적으로 하는 자들보다도 더 나쁜 걸로 보입니다. 그러니 선
생께선 호의를 베푸셔서 저의 혼이 치료되는 데 못마땅해하시진 마세
373a 요. 몸의 질병을 멈추게 하기보다도 혼의 무지를 멈추게 함으로써 선
생께서 실로 훨씬 더 저를 좋게 만드시기 때문입니다. 따라서 만약에
선생께서 긴 말씀을 하고자 하신다면, 미리 선생께 말씀드립니다. 저
를 치료하시지 못할 것이라고. ―제가 따라갈 수 없을 테니까요. ―그
러나 방금처럼 제게 대답해 주신다면, 저를 아주 이롭게 해 주시게 될

373a

테지만, 선생 자신께도 해가 되지는 않을 것으로 저는 생각합니다. 아페만토스의 자제여, 선생께도 부탁하는 게 옳겠네요. 선생이 나를 히피아스 선생과 대화토록 부추겼으니까, 지금도, 만약에 히피아스 선생께서 내게 대답하시고 싶어 하지 않으신다면, 나를 위해서 선생께 청해 주세요.

에우디코스: 하지만, 소크라테스 선생님, 우리의 요구를 히피아스
선생님께 굳이 할 필요는 전혀 없습니다. 왜냐하면 이런 것들은 이 분 b
께 미리 말씀드린 것들이 아니지만, 그 누구의 질문도 피하지 않으실 것이기 때문입니다. 그러시죠, 히피아스 선생님? 이게 선생님께서 말씀하신 것들이죠?

히피아스: 나야 그랬죠. 그러나 에우디코스, 소크라테스 선생께선 언제나 논의에서 혼란을 일으키며 마치 논의를 망쳐놓는 이 같군요.

소크라테스: 친애하는 히피아스 선생, 결코 자발적으로 이런 짓들을 제가 하는 건 아닙니다. —선생의 주장에 따른다면야, 제가 똑똑하고 유능하겠지만, —그러나 자발적으로 하는 게 아니니 저를 용서해 주세요. 선생께서야 자발적으로 비행을 저지르는 자가 아니라면, 용서받아야만 한다고 말씀하시는 터이니.

에우디코스: 히피아스 선생님, 어쨌든 달리는 하시지 말고, 우리를 c
위해서 그리고 앞서 하신 말씀 때문에라도 소크라테스 선생께서 선생님께 물으시는 것들에 대해서는 대답을 해 주세요.

히피아스: 선생께서 부탁하는 터이니, 대답하리다. 원하시는 건 무엇이든 물으시오.

소크라테스: 또한 더 나아가, 히피아스 선생님, 방금 말한 것, 곧 자발적으로 잘못한 자들과 비자발적으로 그리한 자들 중에서 도대체 어느 쪽이 더 나은지를 저는 검토하고 싶습니다. 그러니까 저는 그 검토

에 들어가는 것은 이렇게 다음과 같이 하는 게 지당하다고 생각합니다. 하지만 대답해 주시죠. 선생께선 어떤 달리기 선수를 훌륭한 선수로 일컫죠?

히피아스: 저야 그러죠.

d 소크라테스: 그리고 열등한 선수로도?

히피아스: 예.

소크라테스: 그러니까 잘 달리는 선수는 훌륭하지만, 잘 못 달리는 선수는 열등한 거죠?

히피아스: 예.

소크라테스: 따라서 더디게 달리는 선수는 잘 못 달리나, 빨리 달리는 선수는 잘 달리겠죠?

히피아스: 예.

소크라테스: 그러면 달리기에서는 달림에 있어서 빠름은 좋으나, 더딤은 나쁘겠죠?

히피아스: 왜 그렇지 않겠습니까?

소크라테스: 그러면 자발적으로 느리게 달리는 자 또는 비자발적으로 그러는 자 중에서 어느 쪽이 더 나은 주자인가요?

히피아스: 자발적으로 그러는 자가요.

소크라테스: 그러니까 달리는 건 뭔가를 하는 게 아닌가요?

히피아스: 그야 뭔가를 하는 것이죠.

소크라테스: 뭔가를 한다면, 뭔가를 해내는 것이기도 한 게 아닌가요?

e 히피아스: 예.

소크라테스: 그러니까 잘 못 달리는 자는 달리기에 있어서 이 일을 해내는 데 잘 못하고 창피하겠죠?

373e

히피아스: 잘 못하는 거죠. 왜 아니겠습니까?

소크라테스: 한데, 느리게 달리는 자는 잘 못 달리는 거죠?

히피아스: 예.

소크라테스: 그렇다면 훌륭한 주자가 이 일을 잘 못하고 창피하게 하는 것은 자발적으로 하는 것이지만, 잘 못하는 자가 그러는 것은 비자발적이겠죠?

히피아스: 실로 그런 것 같습니다.

소크라테스: 그러니까 달리기에 있어서 비자발적으로 잘 못하는 자가 자발적으로 그러는 자보다도 더 못하나요?

히피아스: 달리기에 있어서는 그렇죠.

소크라테스: 하지만 레슬링에서는요? 어느 쪽이 더 나은 레슬링 선 374a
수인가요? 자발적으로 폴을 당하는 자인가요 아니면 비자발적으로
폴을 당하는 자인가요?

히피아스: 자발적으로 그러는 자인 것으로 보이네요.

소크라테스: 레슬링에서 더 못하고 더 창피한 것은 폴을 당하는 것인가요 아니면 때려눕히는 것인가요?

히피아스: 폴을 당하는 것입니다.

소크라테스: 그러면 레슬링에서도 자발적으로 잘 못하고 창피하게 경기를 하는 레슬링 선수가 비자발적으로 그러는 자보다도 더 나은 레슬링 선수입니다.

히피아스: 그리 보입니다.

소크라테스: 몸의 다른 모든 활동에 있어서는 어떤가요? 신체적으
로 더 좋은 상태에 있는 자가 양쪽 활동들을, 곧 강한 활동들도 약한
활동들도, 그리고 부끄럽고 추한 활동들도 아름다운 활동도 수행해
낼 수 있지 않겠습니까? 그래서 몸과 관련해서 못난 짓들을 할 경우 b

374b

에도, 신체적으로 더 좋은 상태에 있는 자는 자발적으로 수행하겠지만, 한결 빈약한 상태인 사람은 비자의적으로 하겠죠?

히피아스: 힘과 관련된 일들에 있어서도 이러할 것 같습니다.

소크라테스: 기품과 관련해서는 어떨까요, 히피아스 선생? 더 좋은 몸 상태인 사람은 흉하고 나쁜 자세를 자발적으로 지어 보일 수 있겠지만, 빈약한 몸 상태인 사람은 비자발적으로 그러겠죠? 선생께는 어떻게 생각됩니까?

히피아스: 그리 생각되네요.

소크라테스: 그러니까 모양새 나쁨은 몸의 훌륭함과 관련해서는 자
c 발적인 것이지만, 몸의 나쁜 상태와 관련해서는 비자발적인 것이죠.

히피아스: 그리 보이네요.

소크라테스: 소리와 관련해서는 뭐라 말씀하십니까? 어느 쪽이 더 좋은가요, 자발적으로 곡조가 틀리는 것과 비자발적으로 그런 것 중에서?

히피아스: 자발적으로 그러는 것이죠.

소크라테스: 그러나 비자발적으로 그런 것은 더 딱하죠?

히피아스: 예.

소크라테스: 선생께선 좋은 것들을 갖는 것을 택하시겠습니까 아니면 나쁜 것들을?

히피아스: 좋은 것들을 택하죠.

소크라테스: 그러면 자발적으로 다리를 저는 쪽을 받아들이겠습니까 아니면 비자발적으로 그러는 쪽을?

히피아스: 자발적으로 그러는 쪽을.

d 소크라테스: 다리를 저는 건 나쁜 상태 그리고 모양새 나쁨이 아닌가요?

374d

히피아스: 예.

소크라테스: 어떤가요? 약한 시력은 눈의 나쁜 상태가 아닌가요?

히피아스: 예.

소크라테스: 그러면 어떤 눈을 갖고서 어떤 눈과 함께하기를 바라십니까? 자발적으로 흐리게 보고 착시를 하는 것과 함께인가요 아니면 비자발적으로 그러는 것과 함께인가요?

히피아스: 자발적으로 하는 것과 함께입니다.

소크라테스: 그러니까 선생의 기관들 중에서 제 기능을 발휘하길 자발적으로 부실하게 하는 것들을 비자발적으로 그러는 것들보다도 더 좋은 걸로 선생께선 생각하시는 거죠?

히피아스: 어쨌든 그런 것들은요.

소크라테스: 그러니까 귀와 코 그리고 입 등의 모든 감각과 같은 것들 모두는 한마디로 포괄되겠는데, 제 기능을 발휘하길 비자발적으로 나쁘게 발휘하는 것들은 부실한 것들이어서, 가질 가치가 없는 것들 e
이지만, 자발적으로 그러는 것들은 좋은 것들이어서, 그럴 가치가 있는 것들이죠.

히피아스: 내게는 그리 생각됩니다.

소크라테스: 어떻습니까? 어떤 기관들과의 함께함이 더 나은가요? 누군가가 자발적으로 나쁘게 기능 발휘를 하는 것들과의 함께함인지 아니면 비자발적으로 그러는 것들과의 그것인지? 이를테면, 배의 키 경우에, 이를 누군가가 비자발적으로 나쁘게 조종하는 것이 자발적으로 그러는 것보다 더 나을까요?

히피아스: 자발적으로 그러는 것이 더 낫죠.

소크라테스: 활도 리라도 아울로스[18]도 그리고 그 밖의 모든 것들도 그렇지 않나요?

374e

히피아스: 진실을 말씀하십니다.

375a 소크라테스: 어떻습니까? 누군가가 말을 소유함에는 그 혼으로 자발적으로 나쁘게 조종할 수 있는 것이, 아니면 비자발적으로 그럴 수 있는 것이 더 좋은가요?

히피아스: 그 혼으로 자발적으로 나쁘게 조종할 수 있는 것이 더 좋습니다.

소크라테스: 그러면 그게 더 좋은 것이네요.

히피아스: 예.

소크라테스: 그러니까 말의 더 좋은 혼에 의해서 이 혼의 기능들이 나쁜 것들을 자발적으로 행할 수 있겠지만, 나쁜 혼에 의해서는 비자발적으로 그것들을 행하나요?

히피아스: 물론입니다.

소크라테스: 그렇다면 개 그리고 다른 모든 동물들의 경우에도?

히피아스: 예.

소크라테스: 그러면 다음은요? 궁수인 사람의 혼이, 표적에 자발적으로 빗맞히는 것이 더 좋은가요, 아니면 비자발적으로 그러는 것이 그런가요?

b 히피아스: 자발적으로 그러는 것이.

소크라테스: 그러니까 이는 궁술의 경우에도 더 좋군요?

히피아스: 어쨌든 궁술의 경우에도요.

소크라테스: 의술의 경우는 어떤가요? 몸과 관련해서 자발적으로

---

18) 여기에서 아울로스가 복수(auloi)로 지칭되고 있는데, 이는 갈대 취관(吹管)을 갖는 이 악기를 언젠가부터 두 개를 함께 부르게 되어서다. 이 악기와 관련된 이런 유래 및 설화와 관련해서는 역자의 《국가(정체)》 편 397a 및 399e의 해당 각주들을 참조하는 게 좋겠다.

해를 입히게 되는 것이 더 의술적인 것이 아닌가요?

히피아스: 예.

소크라테스: 그러면 이 기술에 있어서는 이게 좋은 것이겠네요?

히피아스: 더 좋은 것입니다.

소크라테스: 그럼, 다음은요? 키타라나 아울로스 연주 그리고 그 밖의 기술이나 전문 지식의 경우에도, 자발적으로 나쁘고 부끄럽게 c 시행하고 잘못하는 게 더 낫지만, 비자발적으로 그러는 것은 더 못한 게 아닌가요?

히피아스: 그런 것 같습니다.

소크라테스: 하지만 아마도 노예들을 소유할 때는 그 혼들이 자발적으로 실수를 하거나 잘못하는 쪽을, 이들이 이런 경우들에는 더 낫기에, 비자발적으로 하는 쪽보다도 더 소유하는 쪽을 우리가 택할 것입니다.

히피아스: 예.

소크라테스: 어떻습니까? 우리 자신의 혼은 우리가 최선의 것으로 갖고 싶어 하지 않겠습니까?

히피아스: 예.

소크라테스: 그러니까 혼이 자발적으로 잘못하고 실수를 하는 경우 d 가, 비자발적으로 그러는 경우보다도, 더 낫지 않겠습니까?

히피아스: 소크라테스 선생, 하지만, 만약에 자발적으로 비행을 저지르는 자들이, 비자발적으로 그러는 자들보다도 더 좋다고 한다면, 섬뜩할 것입니다.

소크라테스: 그렇긴 하지만 이제껏 논급된 것들의 귀결이 그리 보입니다.

히피아스: 어쨌든 제게는 그렇지가 않습니다.

375d

소크라테스: 아, 히피아스 선생, 저는 선생께도 그리 보인 걸로 생각했습니다. 그러나 다시 대답해 주십시오. 올바름(정의)은 일종의 힘이거나 앎 또는 양쪽 것이 아닌가요? 또는 올바름은 적어도 이것들 중의 하나이거나 어느 것인 게 필연적이지 않습니까?

히피아스: 예.

e 소크라테스: 그러니까 만약에 올바름이 혼의 힘이라면, 더 힘 있는 혼은 더 올바르겠죠? 우리에게는 어쨌거나 그런 혼이 더 훌륭한 걸로 보였으니까요, 선생님!

히피아스: 실은 그리 보였죠.

소크라테스: 한데, 그게 앎이라면, 어떤가요? 더 지혜로운 혼은 더 올바르겠지만, 더 무지한 혼은 더 올바르지 못하겠죠?

〈히피아스: 예.〉

소크라테스: 더 나아가, 만약에 그게 그 양쪽 것이라면, 어떨까요? 그 양쪽, 곧 앎과 힘을 가진 혼은 더 올바를 것이나, 더 무지하며 〈더 무력한〉 혼은 더 올바르지 못하겠죠? 이러할 것이 필연적이지 않겠습니까?

히피아스: 그리 보입니다.

소크라테스: 그러니까 더 강하고 더 지혜로운 이 혼이 더 나으며 양쪽 것들도, 곧 모든 일과 관련해서, 아름다운 것들도 추한 것들도 더
376a 욱 유능하게 해낼 수 있는 것으로 드러나지 않았습니까?

히피아스: 예.

소크라테스: 그러면 그것이 추한 일들을 할 경우에, 그것은 자발적으로 그 힘과 전문 기술에 의해 해낼 것입니다. 이것들이, 양쪽 다든 양쪽 중의 어느 하나이든, 올바름의 특성들인 걸로 보입니다.

히피아스: 그런 것 같습니다.

소크라테스: 그리고 불의를 저지름은 해악들을 행하는 것이며 불의를 저지르지 않음은 아름다운 것들을 행함입니다.

히피아스: 예.

소크라테스: 그러니까 더 유능하고 더 훌륭한 혼을 지닌 사람이 혹시라도 불의를 저지른다면, 그는 자발적으로 그러겠으나, 나쁜 혼을 지닌 사람은 비자발적으로 그러지 않겠습니까?

히피아스: 그럴 것으로 보입니다.

소크라테스: 그러니까 훌륭한 혼을 지닌 자는 훌륭한 사람이지만, b
나쁜 혼을 지닌 자는 나쁜 사람이 아니겠습니까?

히피아스: 예.

소크라테스: 따라서 자발적으로 불의를 저지름은 훌륭한 사람의 소관사이나, 비자발적으로 그럼은 나쁜 사람의 일입니다. 훌륭한 사람이 훌륭한 혼을 지니고 있을진대.

히피아스: 그러나 실로 그런 사람은 그럴 것입니다.

소크라테스: 그러니, 히피아스 선생, 자발적으로 잘못하며 부끄럽고 불의한 짓들을 하는 자는, 혹시라도 누군가가 이런 사람이라면, 이 사람은 훌륭한 사람 이외의 다른 사람이 아닐 것입니다.

히피아스: 제가 어떻게 선생과 이를 두고 동조할 수 있을지 모르겠네요, 소크라테스 선생!

소크라테스: 실은 제 자신과도 그렇습니다, 히피아스 선생! 그러나 우리에게 이제는 논의의 귀결이 어쨌든 이런 게 필연적인 걸로 보
입니다. 그렇지만 앞서 말했듯, 제가 이와 관련해서는 이래저래 헤맸 c
으며, 결코 똑같이 제게 생각되지도 않더군요. 저도 그리고 다른 어떤 사삿사람이든 헤매는 건 전혀 놀라운 일이 아닙니다. 그러나 여러분 현자들께서도 헤매게 되신다면, 그래서 우리가 여러분 곁으로 와서

376c

도 헤매기를 멈추지 못하게 된다면, 이는 우리에게도 끔찍스런 일입니다.

《알키비아데스》 편

《알키비아데스》 편(*Alkibiadēs*) 해제

이 대화편의 진위 문제와 관련해서는 앞의 머리말에서 이미 언급했다. 따라서 여기에서는 이 대화편의 내용 및 성격과 관련된 언급만 하기로 하겠다.

장군이며 정치인이었던 아버지 클레이니아스의 전사 뒤에 알키비아데스의 후견인이 된 사람이 그의 외당숙 페리클레스이다. 빼어난 미모인 데다 똑똑한 면모까지 갖춘 터라, 그의 사랑을 얻고 싶어 하는 젊은이들은 많았으나, 그의 도도함에 압도되어 제풀로 모두들 물러났다. 그러나 그들처럼 젊지도 않은 소크라테스는 오래도록 그의 주변을 맴돌기만 할 뿐, 그동안 말도 걸지 않았다. 그러는 소크라테스에게 알키비아데스가 마침내 따지듯 그 까닭을 물으려는데, 그야말로 '꼬끔'의 시차를 두고 소크라테스가 먼저 접근해서 말을 건넴으로써 이 긴 대화를 하게 된다.

모처럼 소크라테스가 그에게 말을 걸게 된 것은 알키비아데스가 며칠 안에 18세의 성년(ephēbeia)이 됨으로써, 민회(ekklēsia)의 회원 자격을 갖게 되겠는데, 그에게는 이제 자신의 가르침이 절실히 필요하다고 생각해서였다. 민회의 회원이 됨으로써, 협의회(평의회: boulē)

에서 심사를 거쳐 민회로 보내온 안건에 대해 사회자에게서, 회원 누구나처럼, 그도 발언권을 얻어, 발언대(bēma)에 올라 제 의견(doxa)을 말할 수 있고, 조언도 할 수 있게 된다. 자신만만한 알키비아데스는 오래지 않아 그 누구보다도 존중받을 자격을 갖추고 막강한 권력을 장악하게 되어, 아테네만이 아니라 만방에 그 명성을 알리는 날이 올 것이라는 원대한 포부까지 가질 위인임을 소크라테스는 간파하고 있는 것이다. (이상이 103a~108e의 줄거리임)

그러니 평범한 일상적인 것들에 대한 앎을 넘어, 나라와 관련된 중요한 문제들에 대한 앎이 요구된다. 나라들 사이에서 벌어지는 전쟁의 명분으로 내세우는 것으로는, 개인 간의 다툼에서도 그렇듯, 정당함과 부당함의 다툼 곧 그 불일치가 주를 이룬다. 그게 정작 무엇인지도 모르면서, 배울 생각은 않고, 민회에서 조언을 하겠다니, 미친 시도이다. 그 둘 중에 어느 쪽이 편익이 되는지, 그리고 편익이 된다는 건 또 무엇인지도 문제다. 용기와 죽음, 비겁함과 삶, 훌륭한 것들과 부끄러운 것들, 편익이 되는 것들, 이런 것들에 대해 무지한 채로, 이런 최악의 무지와 동거하며 헤매면서, 교육도 제대로 받지 않고서 정치에 열을 올리고 있는 것이다. 그런데도, 나랏일들을 다루는 사람들이 소수를 제외하고는 교육을 받지 못한 문외한들인 상태로 정치에 뛰어든 현실에서, 그들에 비해 자신은 자질에 있어서 월등히 뛰어나다며, 자부할 것인가? (이상은 앞에서 이은 119c까지의 줄거리임)

그래서 이 경합을 이 나라에 국한해서 생각지 말 것을 권유한다. 경합 상대는 스파르타의 지배 계층이며 페르시아 제국의 대왕들임을 환기시킨다. 상대들은 모두가 두려운 자들이다. [사람으로서의] 훌륭함과 관련해서도 완벽해지도록 힘써야 할 일이다. 그래서 그들의 어마어마한 혈통과 체제, 양육 환경과 체계적 교육과 온갖 덕목과 인격 형성 그리고 재력의 규모 등등과 비교할 때, 자네가 "믿고 시도할 것은 애씀과 지혜 이외에는 아무것도 없다"는 걸 깨닫고, 이에 정진할 것을 다짐하고 실천하는 것이다. "너 자신을 알라"는 델피의 명문을 마음에 새기며, 애씀과 지혜 그리고 전문적 지식의 획득과 [사람으로서의] 훌륭함을 갖추는 길만이 그들을 상대할 수 있는 방책이다. 그렇게 된 사람들이 '훌륭하디훌륭한 이들'이요, 나라에서 통치할 사람들이다. 시민 공동체에 관여하는 사람들의 지식이 '좋은 조언'이며 이는 나라를 더 좋게 경영하며 보전하기 위한 것이다. (이상이 앞에서 이은 127d까지에 걸쳐 언급된 것들의 요지이다.)

이제 성년이니, 알키비아데스는 제 자신에 대해 마음 쓰고 애써야 할 나이이며, 이는 '자신의 것들'에 대해 그러는 것과는 다른 것이다. 따라서 이때의 '옳은 마음 씀과 애씀(epimeleia)'은 저 자신을 더 좋게 만드는 것이니, 그러기 위해서는 '저 자신(자기 자신)을 아는 것'이 먼저다. '저 자신'은 무엇인가? 소크라테스와 알키비아데스는 대화를 하고 있는데, 둘은 언어를 사용하고, 이는 몸의 부분인 입을 통해서 발언하는 것이지만, 언어를 선택하며 구사하는 주체는 혼(psykhē)이다. 혼이 몸을 거느린다. 그래서 진짜 사람은 그 혼이라는 주장이다. 저 자신을 알라는 건 제 혼을 알라는 말이다. 더 나아가 혼을 알고자 한다면, 혼으로써 혼을 들여다보아야 할 것이며, 무엇보다도 혼의 훌륭함, 곧 그 지혜가 그 안에 생기는 혼의 그곳을 들여다보아야만 한다. "혼의 이 부분은 신을 닮았으며, 누군가가 이를 바라보고서 모든 신적인 것을 알게 된다면, 신과 지혜도 알고, 이처럼 저 자신도 더할 수 없이 잘 알 것이다"라고 말한다. 이게 다름 아닌 지성(nous)일 것이다. 저 자신을 아는 것이 건전한 마음 상태요, 저 자신과 저 자신의 것들 저 자신에 속하는 것들을 아는 것은 하나의 지식에 속한다. 저 자신에 속하는 것들을 모르는 자는 남들에 속하는 것들도 모르겠거니와, 이를 모른다면, 나라에 속하는 것들도 모를 것이니, 나라에 속하는 것들을 모르고서야, 정치가는커녕 가장도 될 수 없고, 자기가 무엇을 하고 있는지도 모를 것이다. 그러고서야 [사람으로서의] 훌륭함을 갖출 리가 없겠고, 다른 시민들과 이를 공유할 수 있는 실마리조차 찾을 길이 것이다. "누군가에게, 지성은 없는데, 하고 싶은 대로 할 수 있는 자유가 주어진다면, 개인에게고 나라에고 무슨 일이 일어날 것 같은가?" 하고 소크라테스는 묻는다. "[사람으로서의] 훌륭함을 갖추기 전에는 … 더 나은 사람에 의해 다스림을 받는 것이 더 좋아." 소크라테스의 마지막 일갈이다. (이상은 마지막 부분인 127e～135e의 줄거리다.)

끝으로 덧붙일 말은 133d 이후에서는 《대학》의 이른바 '8조목(八條目)'에 접하는 기분이 든다는 것이다.

＊이 대화편의 목차는 따로 작성치 않는다.

대화자들

소크라테스(Sōkratēs, 469~399년): 막 성년(ephēbeia)의 나이(18세)에 접어드는 시점의 알키비아데스를 상대로 대화를 하고 있는 걸로 설정되어 있으니, 그의 나이는 37세 무렵이 되겠다.

알키비아데스(Alkibiadēs, 451/0년경~404/3년): 장군이며 정치인이었던 아버지 클레이니아스(Kleinias)가 446년에 보이오티아의 코로네이아(Korōneia)에서 전사한 뒤로는, 그의 외당숙이며 후견인인 페리클레스(Periklēs)의 집에서 형과 함께 자라며 훈육을 받았다. 성년이 되고서는 소크라테스의 제자가 되어 친밀한 관계에 있었다. 이들의 각별한 관계를 사람들은 그 흔한 소년애의 관계(paiderastia)로 오인했는데, 사랑하는 쪽은 오히려 그였다. 이는 《향연》 편(215a~222c)에서 알키비아데스 자신의 입으로 적나라하게 실토되는 것이기도 하지만, 《프로타고라스》 편 첫머리(309a~c)에서도 확인된다. 그에 대한 소크라테스의 관심과 애착은 여러모로 기대된 그의 장래성 때문이었다고 보아야 할 것이다. 아닌게아니라 그는 420년엔 그의 부족(phylē)을 대표하는 장군(stratēgos)으로 선출되었는데, 이는 가장 이른 나이(30세 무렵)에 된 것이다. 그러나 이후 그는 건실한 지도자 역할은 하지 않고, 유달리 명예욕이 강했다. 점점 더 제국으로서의 세력 확장에 열성이었던 아테네를 더욱 그런 방향으로 더 적극적으로 이끌어가는 데 그 주역이 되고 싶어 안달이었던 사람이 그였다. 그 대표적인 사례가 '니키아스 평화 조약'을 파기케 하는 데 앞장섰던 일이다. 이 조약은 431년 이후 아테네와 스파르타 사이에 끊임없는 분쟁이 일어, 421년에 아테네의 니키아스(Nikias) 장군의 중재로 어렵사리 50년간의 평화 조약을 맺었던 것이었다. 그러나 그의 일생에 결정적인 파란을 일으킨 사건은 415년의 시켈리아(시칠리아) 원정과 관련된 복합적인 사건들이었다. 이 원정은 이 섬의 서북 지역에 있던 세게스타(Segesta)에서 아테네의 지원을 요청한 데서 발단되었다. 이 나라는 아테네와 동맹 관계에 있었고, 시라쿠사이의 지원을 받던 남쪽의 셀리누스(Selinous)와 대립 관계에 있어서였다. 진작부터 시켈리아에서의 지배력 확대를 은근히 바라 왔던 아테네인들은 알키비아데스의 부추김을 받지만, 니키아스는 신중을 기할 것을 당부한다. 그러나 아테네인들은 대함대를 파견키로 의결하고, 지휘관들로 알키비아데스와 니키아스 그리고 라마코스(Lamakhos)를 임명한다. 415년 여름의 일이었다. 그런데 원정 함대가 출발하기 직전에 헤르메스(Hermēs) 흉상들(Hermai)이 파손되는 사건이 일어난 데다 엘레우시스 비교(秘敎)와 관련된 신성 모독 혐의까지 불거졌는데, 이에는 알키비아데스의 추종자들이 연루된 혐의를 받는다. 어쨌거나 일단 원정 함대는 떠났지만, 아테네인들은 알키비아데스를 소환하여 법정에 세우기로 결정한다. 그는 이에 불복하고, 시라쿠사이를 지원하는 스파르타로 가서 여러 가지로 조국에 치명적인 타격을 입히는 조언들을 하게 된다. 그러나 오래지 않아 그는 스파르타의 의심을 사게 되었고,

결국 411년 이후엔 사모스 등에서 아테네의 함대 지원을 하는 등 여러 가지로 협동하다가, 마침내 복권까지 하고서, 여러 군사 활동에 조언하며 참여했으나, 404년에 암살당한다.

소크라테스: 클레이니아스의 자제여! 나는 자네가 놀라워할 것으 103a
로 생각하고 있네. 내가 자네를 처음으로 사랑하는 사람으로 되고서는, 다른 사람들은 그러기를 그만두었는데도, 혼자만이 그만두지도 않은 점을, 또한 다른 사람들이 이야기하는 게 자네에겐 성가시게 되었지만, 나는 그리도 많은 여러 해 동안 한마디 말도 건네지 않았다는 점을. 그 원인은 인간적인 것이 아니라, 어떤 영적인 반대[1]이었는데,

1) '그 익숙한 영적인 징조(알림)(to eiōthos sēmeion to daimonion)'란 소크라테스가 특유하게 소리의 형태로 느낀다는 징조였다. 영적인 것(to daimonion)과 그 익숙한 알림(to eiōthos sēmeion)은 소크라테스에게 특유하게 나타난다는 것인데, 이에 대한 그의 언급은 곳곳에 보인다. '영적인 것'의 원어 to daimonion에서 '다이모니온(daimonion)'을 '수호신', '신령' 또는 '영(靈)'을 가리키는 낱말인 다이몬(daimōn)의 축소형 명사로 잘못 아는 일이 더러 있는데, daimonion은 원래 형용사이고 이를 중성 정관사 to와 함께 써서 명사화한 것이지, 고전기 헬라스어에서 daimonion이 명사로서 쓰인 일은 없다는 게 J. Burnet의 견해이다. 이 '영적인 것'에 대한 상당히 구체적인 언급이 《소크라테스의 변론》 편 31c~d 및 40a~c에 나온다. 31c~d에서는 '일종의 소리'로서 나타나는 '일종의 신적인 것이며 영적인 것(theion ti kai daimonion)'으로, 40b에서는 아

103a

이 힘에 대해선 나중에라도 듣게 될 걸세.[2] 그러나 지금은 더는 반대
b 하지 않기에, 이처럼 왔네. 이후로도 그것이 반대하게 되지는 않을 것
이라고 낙관하네. 실상 그동안 자네가 자넬 사랑하는 자들에 대해서
어떻게 대하는지를 살피면서 거의 파악하게 되었네. 그들은 여럿이었
고 자신만만했지만, 그 아무도 자네 쪽의 자만심에 압도되지 않은 상
104a 태로 피할 수는 없어서였지. 자네의 도도함에 대한 이야길 해야겠군.
자넨 무슨 일로도 그 누구도 필요하지 않다고 말하네. 자네에게 있는
것들이 풍족해서, 몸을 비롯해서 혼에 이르기까지, 아무것도 부족한
게 없기 때문이라고. 그야 스스로 첫째로 더할 수 없이 미모이고 늘
씬하다고 생각해서지.—그리고 이는 실상 누가 보기에도 거짓이 아
닌 게 명백하기도 하고.—다음으론, 헬라스에서 가장 큰 그대의 나라
에서 가장 활기 넘치는 가문에 속하는 데다, 선대인 쪽으로도 더할 수
b 없이 많은 그리고 귀한 친구들과 친척 분들이 계신데, 이분들이 자네
에게 뭔가 필요할 경우에는 도울 분들이시지만, 자당 쪽으로도 전혀
못지않고 적지도 않은 분들이 계시지. 그러나 내가 말한 그 모든 것보
다도 큰 힘이 자네에게는 있는 걸로 자넨 생각하고 있는데, 그건 크산
티포스의 자제분이신 페리클레스이시지. 이 분을 선대인께서는 자네

예 '신의 징조(알림)(to tou theou sēmeion)'로 그리고 40c에서는 '그 익숙한 징조(알림)(to eiōthos sēmeion)'으로 언급되고 있다. 《국가(정체)》편 496c에서는 '영적인 징조(알림)(to daimonion sēmeion)'으로, 이에 대한 그 밖의 언급들은 《에우티프론》 편 3b, 《테아이테토스》 편 151a, 《에우티데모스》 편 272e 등에서도 보인다. Burnet의 *Plato's Euthyphro, Apology of Socrates and Crito*, pp. 16, 128 (Oxford, 1924) 참조.

2) 여기에서 나중에라도 듣게 될 것이라는 말은 이 대화편의 뒤쪽에서 듣게 될 것이라는 말이 아니라, 다른 기회로 넘기겠다는 뜻으로 하는 상투적 표현이겠다.

형제의 후견인으로 지정해 두셨네. 이 분께서는 비단 이 나라에서만 자신이 원하는 바를 할 수 있으신 게 아니라, 온 헬라스에서 그리고 이방의 여러 큰 종족들에서도 그러실 수 있으시지. 또한 부유층에 속 c
한다는 점도 추가하겠네. 그러나 이에 대해서는 자네가 조금도 대단한 것으로 생각지 않을 것으로 내게는 보이네. 자네는 이런 것들 모두와 관련해서 위세를 부리며 자네를 사랑하는 자들을 제압했고, 이들도 상대적으로 열등한 터라 제압당했으며,[3] 자네도 이를 모르지는 않았네. 따라서 이로 해서 나는 잘 알고 있네. 내가 도대체 무슨 생각을 하고서 [자네에 대한] 사랑에서 벗어나지 못하고 있으며, 다른 사람들은 다 달아났는데, 무슨 희망을 갖고서 내가 머물고 있는지 자네가 놀라워하고 있다는 사실을.[4]

알키비아데스: 그리고, 소크라테스 선생님, 아마도 이번에는 어쨌

3) 당시의 헬라스에서, 문헌상으로는 특히 스파르타와 아테네에서 소년애(paiderastia)가 광범위하게 유행했던 것으로 알려져 있는데, 그런 사랑을 하는 사람을 erastēs라 일컫고, 그 대상인 소년을 [ta] paidika라 일컬었다. 사랑하는 쪽에선 갖가지의 선물 공세를 했는데, 대개의 경우 어린 수탉, 토끼, 개, 메추라기 등의 애완동물이 주된 것이었던 것 같다. 부유한 명망가 출신인 알키비아데스였던 터라, 달리 선물 공세를 할 수는 없고, 짝사랑만 하게 된 셈인 그들로서는 달리 어찌 해 볼 도리가 없어, 절로 물러날 수밖에 없었다. 이 소년애의 주 대상은 이른바 '이팔청춘'으로 일컫는 16세 무렵으로 수염이 나기 시작하는 무렵인데, 이 시기를 'hēbē'라 한다. 이에 이은 '성년의 나이'를 ephēbeia라 하고, 이에 이른 성년이 된 청년을 ephēbos라 했다. 14세부터 21세까지는 이른바 청소년으로 meirakion으로, 그냥 '젊은이'는 neanias, '어른'은 anēr라 했다.

4) 소크라테스는 나름으로 알키비아데스가 크게 촉망되는 젊은이라 여겨, 잘 계도하고 싶은 마음으로 가까이서 지켜보며 그럴 기회를 기다리고 있는 걸 알키비아데스는 엉뚱하게 잘못 짚고 있는 셈이다. 알키비아데스의 그런 오해와 관련해서는 《향연》 편 215d~222b에서 알키비아데스 자신이 겪었던 일에 대한 실토를 통해서 들을 수 있겠다.

104c

거나 저보다 쪼끔 선수를 치신 셈이라는 사실을 모르시고 계시겠네
d 요. 왜냐하면 실은 제가 먼저 선생님께 다가가서 바로 이 말씀을 여쭐 생각을 했기 때문입니다. 제가 가는 곳엔 도대체 무슨 의도로 그리고 무슨 기대로 언제나 지극히 조심스럽게 나타나셔서, 저를 괴롭히시는 건지를. 도대체 선생님의 문제가 무엇인지 실은 제가 이상히 여겨, 기꺼이 그 연유를 듣고 싶으니까요.

소크라테스: 그렇다면야, 자네가 말하듯, 내가 무슨 생각을 하고 있는지 정작 알고 싶어 한다면, 들으려고 기다리는 사람에게 하듯, 내 말함세.

알키비아데스: 그야 물론입니다. 말씀하시죠.

e 소크라테스: 그럼, 이보게나. 실은 놀랄 일이 아닐 걸세. 내가 힘들게 시작했듯, 이처럼 멈추기도 힘들어한다면.

알키비아데스: 좋으신 분이시여, 말씀하세요. 듣고 싶으니까요.

소크라테스: 말해야겠지. 실상 사랑하는 사람으로선 사랑하는 사람들에 지지 않는 사람을 상대로 처신하기가 어렵겠지만, 그렇더라도 내 생각은 무릅쓰고 말해야만 하겠네. 알키비아데스여, 만약에 내가 방금 말했던 것들에 자네가 만족하고서 그런 것들 속에서 생을 마칠 것으로 보았다면, 오래전에 이 사랑에서 내가 벗어났을 걸세. 내 스스
105a 로를 타이르듯 해서 말일세. 그러나 이번에는 자네 자신에게 자신의 다른 생각들[5]을 내가 제시해 보일 것인데, 이로써 어쨌든 내가 자네에게 지속적으로 관심을 갖고 있었다는 사실도 알게 될 걸세. 왜냐하면 내게는 이런 생각이 들어서네. 가령 어떤 신이 이런 질문을 자네에

5) 소크라테스가 짐작하는, 알키비아데스가 장래 희망으로서 가짐 직한 속마음으로서의 생각을 가리켜 하는 말이겠다.

105a

게 한다고 하세. "아, 알키비아데스여, 자네는 지금 자네가 가진 것들
을 가진 상태로 살기를 원하는가, 또는 더 큰 것들을 가질 수 없다면,
곧 죽기를 바라겠는가?" 내게는 자네가 죽는 쪽을 선택할 것으로 여
겨지네. 그러나 지금은 도대체 바로 무슨 희망으로 자네가 살고 있는
지를 내가 말할 것이네. 자넨 상상하고 있네. 만약에 곧 아테네의 민
회[6]에 성큼 들어간다면, ―이는 곧 며칠 안으로 있을 일인데― 그렇 b
게 들어가서는 아테네인들에게 보여 주게 될 것이라고. 페리클레스도
그 밖에 일찍이 있었던 사람들 중의 그 누구도 자신만큼 존중받을 자
격은 없음을. 그리고 이를 증명해 보임으로써, 이 나라에서 막강한 권
력을 갖게 될 것이며, 여기에서 막강하다면, 헬라스의 다른 나라들에
서도, 또한 헬라스에서만이 아니라, 우리와 같은 대륙에 거주하고 있
는 하고많은 이민족들 사이에서도 그럴 것이라고. 그리고 바로 같은
이 신이 다시 자네에게 말하길, 이곳 유럽에서는 자네가 전권을 행사
해야겠지만, 아시아[7]로 건너가서 그곳 일들에 참견하는 건 허용되지 c

6) 여기서의 '민회'의 원어는 dēmos인데, 민회의 공식 명칭은 ekklēsia이다. 원래 dēmos는 부락(시구), 지역, 지역민, 민중, 평민 등을 뜻하기도 해서다. 바로 다음 문장에서 언급하고 있듯, 며칠 사이에 알키비아데스가 그렇게 되겠듯, 만 18세가 되면, 해당 지역 dēmos의 구성원으로서의 자격 심사에서 인정받음과 동시에 민회에 참석할 자격도 부여된다. 510년에 마지막 참주 히피아스가 추방되고, 508년에는 귀족들의 과두정치를 추구하던 정적 Isagoras도 도망한 뒤, 클레이스테네스(Kleisthenēs)는 507년에 Arkhōn으로서 아테네의 혁신적인 민주체제를 확립하게 된다. 그는 당시에 139개였던 dēmos들(dēmoi)을 새로운 행정 단위인 10개 부족(phylai)으로 인위적으로 재편한다. 이와 관련된 추가적인 설명은《대 히피아스》편의 282c에서의 '각주 10'에서 접할 수 있겠다. 그리고 일상적으로 다른 나라 사람인 경우에는 그 나라의 이름으로써 그 출신임을 밝히나, 아테네인의 경우에는 어느 부락(市區) 출신인지를 밝히는 것이 관례로 되어 있다.

않는다고 한다면, 다시 이 조건들만으로는 살고 싶어 하지 않을 것으로 내게는 생각될 것 같구먼. 요컨대 자네의 이름과 자네의 권능을 모든 인간들에게 주입시키지 않는 한은 말일세. 또한 키로스[8]와 크세르크세스[9] 이외에는 아무도 말할 가치가 없는 걸로 자네가 생각하는 걸로 나는 생각하네. 그러니까 이런 희망을 자네가 지니고 있다는 걸 나는 잘 알고 있거니와 이는 내가 짐작하고 있는 게 아니지. 따라서 자네는 내가 진실을 말하고 있는 걸 알고 있기에, 아마도 말할 걸세. "그래서, 소크라테스 선생, 이게 그 [까닭] 설명[10]과 무슨 상관인가요?" 하
d 고.[11] 어쨌거나 자네에게 내가 말해 주겠네, 클레이니아스와 데이노마케의 자제여! 자네로선 이 생각들 중의 어느 것도 나 없이는 실현을 볼 수 없기 때문이네. 자네의 일들과 자네에게는 내가 그 정도의 영향력은 지니고 있어서, 바로 이 때문에 그 신이 나로 하여금 자네와 대화하는 걸 그리 오래도록 허용치 않은 걸로 나는 생각하는데, 그 신[12]

---

7) 당시에는 여기에서 '유럽(Eurōpē)'으로 지칭되고 있는 지역은 헬라스 및 이탈리아를 포함한 북쪽 지역 전체를 가리키고, 리비아를 경계로 한 이집트를 포함한 소아시아 및 페르시아 쪽을 아시아로 대개 생각했던 것 같다.

8) 여기서 말하는 Kyros는 페르시아 제국을 세운 키로스 대왕(559~529)을 일컫는 것으로 보아야겠다.

9) Xerxes 역시 페르시아의 대왕(486~465)으로서, 480년의 Salamis 해전에서 헬라스의 연합 함대에 참패를 당했다.

10) 소크라테스가 알키비아데스에 대한 관심으로서의 애정을 왜 진작 접지 못하고, 그렇게도 집요할 정도로 유지해 갖고 있는지, 그 까닭 설명의 이야기를 해 달라고 한 것을 갖고서 하는 말이다.

11) 이 다음에 Burnet 판에는 삭제 표시 [ ]를 한 다음 문장이 있다. [왜 선생께서 제게서 벗어나지 않으셨는지를 말하겠다고 말씀하신 그 설명과는?]

12) 첫머리 각주에서 언급했던 '영적인 것'을 뜻한다.

105d

이 허용할 때를 기다리고 있었던 걸세. 자네가 이 나라에 누구보다도 귀중하다는 걸 증명해 보이게 되는 희망을 지니고 있지만, 당장엔 그 e
럴 수가 없듯, 그처럼 나 또한 자네 곁에서 내가 그 누구보다도 귀한 사람이며, 후견인도 친척도 또한 다른 누구도 나 이외에는 자네가 원하는 힘을, 실로 신과 함께, 능히 제공할 수 없음을 보여 줌으로써, 더할 수 없이 큰 능력을 발휘할 수 있기를 희망하네. 실로 자네가 더 젊었을 때는, 그런 희망들로 가득 차기 전에는 그 신이 우리가 대화하는 걸 허락하지 않았던 것으로 내게는 생각되네. 공연히 내가 대화하지
않게 하느라고. 이제야 허락하신 거지. 지금은 자네가 내 말을 경청할 106a
테니까.

알키비아데스: 소크라테스 선생님, 제게는 선생님께서 지금은 또 훨씬 더 이상해 보이십니다. 잠자코 따라오셨을 때보다도, 말씀을 하시기 시작하니까요. 어쨌든 뵙기에 몹시 그러셨는데, 그때도 그러셨죠. 그러니까 제가 이런 생각을 했건 하지 않았건 간에, 선생님께서는 결심을 하신 걸로 보이니, 제가 부인하더라도, 제가 선생님을 설득한다는 건 아무 소용도 없겠습니다. 좋습니다. 그러면 말씀하신 그것들을 제가 최대한으로 생각했다 하더라도, 그것들이 어떻게 선생님을 통해 제게 이루어질 것이며, 선생님 없이는 이루어지지 않겠는지? 말씀해 주실 수 있겠습니까?

소크라테스: 그러니까 바로 자네가 곧잘 들어 버릇한 그런 긴 설명 b
을 내가 할 수 있는지를 묻는 겐가? 그런 건 내가 하는 게 아니어서야. 그러나 내가 생각하기로는, 자네가 간단한 것 한 가지만 내게 도와주기로 한다면, 그건 그렇게 될 수 있을 것이라는 걸 자네에게 증명해 보일 수 있을 것이야.

알키비아데스: 어쨌든 힘든 도움을 말씀하시는 게 아니라면, 그러

겠습니다.

소크라테스: 질문하는 것들에 대답하는 것이 힘들 것으로 생각되는가?

알키비아데스: 힘들지 않습니다.

소크라테스: 그럼 대답하게나.

알키비아데스: 물으세요.

소크라테스: 그러니까 자네가 생각하고 있는 것들로 내가 말하는
c 이것들이 자네가 생각하는 그대로의 것들이 아닌가?

알키비아데스: 바라신다면, 그렇다고 해 두죠. 선생님께서 또 무슨 말씀을 하실지 알기 위해서라도.

소크라테스: 자, 그럼. 내가 말하듯, 자네는 오래지 않아 아테네인들에게 조언할 양으로 나설 생각을 할 것이니까. 그래서 만약에 연단으로 나아가려는 자네를 붙들고서 내가 묻는다고 하세. "알키비아데스여, 아테네인들이 무엇에 관해서 조언받을 생각을 하고 있기에, 자네가 조언하려고 일어섰는가? 그야 이들보다도 자네가 더 잘 알고 있는 것들과 관련되어서라고?" 뭐라 대답할 텐가?

d 알키비아데스: 이들보다도 제가 더 잘 알고 있는 것들과 관련해서라고 말할 거라 생각합니다.

소크라테스: 그러니까 자네가 알고 있는 것들과 관련해서는 자네가 훌륭한 조언자인 거지.

알키비아데스: 어찌 아니겠습니까?

소크라테스: 그러면 자네는 다른 사람들에게서 배웠거나 스스로 알아낸 이것들만 알지 않는가?

알키비아데스: 실상 다른 어떤 것들을 알겠습니까?

소크라테스: 그러니까 스스로 배우려 하지도 않았거나 스스로 찾으

106d

려 하지도 않았다면, 도대체 어떻게 뭔가를 배우거나 알아낼 수 있었겠는가?

알키비아데스: 그럴 수는 없죠.

소크라테스: 어떤가? 자네가 안다고 생각했던 걸 자네가 찾거나 배우고자 했겠는가?

알키비아데스: 그러지 않았을 게 확실합니다.

소크라테스: 그러니까 지금 자네가 알고 있는 것들을 자네가 안다 e
고 생각하지 않은 때가 있었네?

알키비아데스: 그야 필연적이죠.

소크라테스: 하지만 자네가 배웠던 것들은 거의 대강은 나도 알고 있네. 혹시 내가 잊는 게 있으면, 말하게나. 내 기억에 따르면, 자네는 어쨌든 문자와 키타라 탄주 그리고 레슬링 하는 걸 실상 배웠지. 아울로스 취주는 물론 배우려 하지 않았지. 자네가 아는 것들은 이것들일세. 혹시 내가 모르고 있는 것으로 뭔가 배운 것이 없다면 말일세. 적어도 밤이고 낮이고 집 밖으로 나가서 배운 건 달리 없는 걸로 나는 생각하네.

알키비아데스: 이것들 이외의 다른 것들을 배우러 간 적은 없습니다.

소크라테스: 그러면 아테네인들이 문자와 관련해서 어떻게 쓰는 게 107a
옳은지 결정할 때, 그때 이들에게 조언하려고 일어설 것인지?

알키비아데스: 단연코 저로선 그러지 않을 것입니다.

소크라테스: 리라의 음표와 관련해서 그럴 경우에는?

알키비아데스: 결코 그러지 않을 것입니다.

소크라테스: 레슬링과 관련해서 민회에서 결정을 하곤 하는데, 그때도 분명히 그러지 않겠구먼.

알키비아데스: 단연코 하지 않을 것입니다.

107a

소크라테스: 그러면 그들이 무엇과 관련해서 결정할 땐가? 아마도 건축과 관련될 경우에 그러지는 않겠지?

알키비아데스: 물론 아닙니다.

소크라테스: 이는 건축가가 자네보다도 더 좋은 조언을 할 테니까.

b 알키비아데스: 네.

소크라테스: 예언과 관련해서 결정을 할 때도 확실히 그러지 않겠네?

알키비아데스: 안 합니다.

소크라테스: 이번에도 예언자가 이런 것들에 있어서는 자네보다도 더 낫기 때문이지.

알키비아데스: 네.

소크라테스: 또한 키가 작은지 큰지, 아름다운지 추한지, 더 나아가 고귀한지 천박한지와 관련해서도.

알키비아데스: 실상 어찌 그러지 않겠습니까?

소크라테스: 각각의 것과 관련된 조언은 아는 자의 소관이고, 부유한 자의 것이 아니라고 나는 생각하니까.

알키비아데스: 실로 어찌 그러지 않겠습니까?

소크라테스: 조언자가 가난하건 부유하건, 아테네인들에게는 이 나라 사람들과 관련해서 이들이 어떻게 하면 건강하겠는지를 협의할 경
c 우에는, 아무런 상관도 없고, 의사인 조언자를 찾네.

알키비아데스: 그야 당연합니다.

소크라테스: 그러면 무엇과 관련해서 그들이 숙고를 하고 있는 그런 때에, 자네가 조언할 사람으로서 일어섬으로써, 옳게 일어서게 되는 걸까?

알키비아데스: 그들 자신들의 일들과 관련해서 그럴 때입니다, 소

107c

크라테스 선생님!

소크라테스: 조선과 관련된 일들 중에서, 이들이 어떤 배들을 조선 해 가져야 할 것인지를?

알키비아데스: 저로선 그건 아닙니다, 소크라테스 선생님!

소크라테스: 조선은 자네가 알지 못하기 때문이라 나는 생각하네. 이 때문인가 아니면 다른 이유로?

알키비아데스: 아뇨, 그 때문입니다.

소크라테스: 그들이 협의를 하고 있을 경우에, 그들의 일들 중에서 d
어떤 일과 관련해서 자네는 말하고 있는 건가?

알키비아데스: 전쟁과 관련해서나 평화 또는 나랏일들 중의 다른 어떤 것과 관련해섭니다, 소크라테스 선생님!

소크라테스: 그러면 누구들을 상대로 평화를 체결하며 누구들과 전쟁을 하며 그걸 어떤 식으로 할 것인지를 협의할 때를 말하는가?

알키비아데스: 네.

소크라테스: 누구들과는 그래야 하되 누구들과는 그러지 않는 게 더 나은지를?

알키비아데스: 네.

소크라테스: 또한 언제가 더 나은지 그 시점도? e

알키비아데스: 물론입니다.

소크라테스: 또한 더 나은 그만큼의 기간 동안?

알키비아데스: 네.

소크라테스: 그러면 아테네인들이 누구들을 상대로 레슬링을 하며, 누구들을 상대로 팔만큼의 거리에서 손으로 이를 하며, 어떤 식으로 할지를 결정할 경우에, 자네가 더 잘 조언하겠는가 아니면 체육 교사가 그러겠는가?

107e

알키비아데스: 체육 교사가 그럴 게 확실합니다.

소크라테스: 그러면 체육 교사가 무엇에 유의해서 누구들과는 레슬링을 하되 누구들과는 하지 말아야 하며, 언제 어떤 식으로 할지를 조언할 것인지를 자네는 말할 수 있는가? 내가 말하는 건 이런 것일세. 상대하기에 더 나은 자들과 겨루거나 아니면 말 것인지를?

알키비아데스: 네.

108a 소크라테스: 그러니까 역시 더 나은 그만큼?

알키비아데스: 그만큼요.

소크라테스: 그러니까 더 나은 그때?

알키비아데스: 물론입니다.

소크라테스: 그렇지만 노래하는 사람도 때로는 노래에 맞추어 키타라 탄주와 춤도 춰야만 하고?

알키비아데스: 실상 해야만 했겠죠.

소크라테스: 그때는 더 나을 때였겠네?

알키비아데스: 네.

소크라테스: 또한 그만큼 더 나을 때였겠네?

알키비아데스: 그렇습니다.

소크라테스: 그래서, 뭔가? 자네는 양쪽에 대해서, 곧 노래에 맞
b 춘 키타라 탄주와 레슬링에 대해 더 낫다고 하니, 키타라 탄주에 있어서 더 나음을 뭐라 일컫는지? 마치 내가 레슬링의 경우에 '더 나음(to beltion)'을 '체육답다(gymnastikon)'고 일컫듯. 그걸 자네는 뭐라 일컫는가?

알키비아데스: 저는 이해를 못 하겠는데요.

소크라테스: 하지만 나를 모방토록 하게. 실은 내가 아마도 일관되게 옳은 것을 구별했던 것 같은데, 기술 그대로 진행되는 것이 옳을

108b

것 같아. 안 그런가?

알키비아데스: 네.

소크라테스: 이 경우의 기술은 체육 아니었던가?

알키비아데스: 어찌 아니었겠습니까?

소크라테스: 한데, 레슬링에 있어서 더 나음을 나는 '체육답다(gymnastikon)'고 말했네. c

알키비아데스: 실상 그리 말씀하셨죠.

소크라테스: 그러니까 훌륭하게 말한 게 아닌가?

알키비아데스: 제게는 그리 생각됩니다.

소크라테스: 자, 그러면 자네도 말하게나. ―자네로서도 훌륭하게[13] 대화하는 게 적절할 테니까―첫째로, 키타라를 탄주하고 노래하고 옳게 춤추는 것의 그 기술이 뭔지? 무엇이 그 모두가 함께 불리는 것인가? 자네는 도무지 말할 수 없는가?

알키비아데스: 도통 말할 수가 없네요.

소크라테스: 그럼, 이렇게 해 보게. 이 기술이 소관인 여신들은 누구들인가?

알키비아데스: 무사 여신들[14]을 말씀하십니까, 소크라테스 선생님?

---

13) '훌륭하게(kalōs)'는 '아름답게'를 뜻하기도 하는데, 이 경우에는 알키비아데스가 잘생긴 남자이기 때문에 이를 연상케 하면서 하는 표현이겠다.

14) Mousa(영어로는 Muse)에는 아홉 자매가 있어서, 곧잘 복수 형태(Mousai)로 불리는데, 이들은 제우스와 Mnēmosynē 사이에 난 딸들이라 한다. 시가와 춤 그리고 철학이나 천문학 등 모든 지적 탐구도 이들의 소관사이다. 《파이돈》 편 61a에서 "철학은 가장 위대한 시가(megistē mousikē)이다"라고 한 것은 그런 연유에서다. 기본적으로 '음악'을 뜻하는 헬라스어 mousikē [tekhnē]는 Mousa가 관장하는 기예(技藝: tekhnē)라는 뜻이니, 비단 음악만을 뜻하는 게 아니다. 당시의 모든 문학 작품들

d 소크라테스: 실은 내 말이. 보게나. 그 기술이 이들의 무슨 이름을 따 가졌는가?

알키비아데스: 제게는 음악(mousikē)을 말씀하시는 걸로 생각되네요.

소크라테스: 실상 그걸 말하고 있네. 이것에 따라 옳게 진행되는 건 무엇인가? 앞서 내가 그 기술에 따라 옳게 진행되는 걸 자네에게 체육으로 말했듯, 그러니까 이 경우에도 자네는 이처럼 뭐라 말하는가? 어떻게 진행되는 걸로?

알키비아데스: '음악답게(mousikōs)'로 제게는 생각됩니다.

소크라테스: 잘 말하고 있네. 자, 그러면, 전쟁함의 경우에 더 나음
e 그리고 평화 유지에서의 더 나음을 자네는 뭐라 일컫는가? 마치 앞서 각각의 경우에 더 나음을 '더욱 음악답다(mousikōteron)'고 그리고 다른 경우에는 '더욱 체육답다(gymnastikōteron)'고 했듯. 그러니 이 경우에도 '더 나음'을 말하도록 해 보게.

알키비아데스: 그러나 저는 도무지 말할 수가 없네요.

소크라테스: 하지만 어쨌든 창피한 일일세. 만약에 식료품들과 관련해서 지금은 이 양으로는 이게 이것보다는 더 낫다고 말하며 조언하는 자네에게 누군가가 묻는다고 하게. "아, 알키비아데스 씨, 왜 더 낫다고 말씀하시는가요?" 하고. 이에 대해서 자네는 건강에 더 좋다고 말할 수 있겠네. 비록 자신이 의사인 척하지는 않겠지만. 그러나
109a 이와 관련해서 자네가 식자인 체하며, 일어서서, 식자로서 조언을 하고, 이에 대한 질문을 받고서, 으레 그렇겠듯, 대답을 할 수 없다면,

---

은 음송 형태의 것들이기에, 실상은 '시가'이며, 경우에 따라 춤도 동반되었겠다.

창피하지 않겠는가? 창피하지 않을 것 같은가?

알키비아데스: 물론 창피하죠.

소크라테스: 그러니 고찰하고서 말하도록 해 보게. 무엇을 목적으로 평화를 유지하는 게 더 좋은지 그리고 전쟁은 누구와 해야만 하는지 말해 보도록 하게.

알키비아데스: 그러나 고찰은 하지만, 알지는 못하겠네요.

소크라테스: 우리가 전쟁을 할 때는, 서로 무슨 사태를 문제로 삼게 되어 전쟁을 하게 되었으며, 무엇을 그 명분으로 삼게 되었는지를 자네는 모른다는 건가?

알키비아데스: 적어도 그거야 제가 알죠. 뭔가 우리가 속아서 또는 b
강제당해서 또는 탈취당해서라고 하는 건.

소크라테스: 그만! 이것들 각각을 어떻게 당했다는 건가? 이러저러함의 차이가 무엇인지 말하도록 해 보게나.

알키비아데스: '이러함'은 '정당하게' 또는 '부당하게'를 말씀하시는 겁니까, 소크라테스 선생님?

소크라테스: 바로 그걸세.

알키비아데스: 하지만 이거야말로 전적으로 모든 경우가 다 다릅니다.

소크라테스: 그러니까 뭔가? 자네는 아테네인들에게 부당한 짓을 하는 사람들 또는 정당한 것들을 행하는 사람들 중의 어느 쪽 사람들을 상대로 전쟁을 하도록 조언하는가?

알키비아데스: 두려운 이 일을 물으시네요. 누군가가 정당한 것들 c
을 행하는 자들을 상대로 전쟁을 해야만 한다는 생각이라도 하게 된다면, 어쨌든 동의하지 않을 것입니다.

소크라테스: 이는 합당치 않은 것으로 여겨지겠기 때문이겠지.

알키비아데스: 물론 합당치 않습니다. 명예로운 일로도 여겨지지 않고요.

소크라테스: 그러면 이에 대해서는 자네도 연설을 하겠네?

알키비아데스: 그야 필연적이죠.

소크라테스: 그러니까 방금 내가 전쟁을 함 그리고 하지 않음과 관련해서 그리고 누구들과는 하고 누구들과는 하지 말아야 하는지와 관련해서, 그리고 또 언제 하고 언제 하지 말아야 하는지와 관련해서 '더 나은 것'을 물었던 것은, 어느 것이 더 정당한 것인지 이외의 다른 것인가? 아니면 이게 아닌가?

알키비아데스: 어쨌든 그것인 것으로 보입니다.

d 소크라테스: 그러면 이젠 어떤가, 친애하는 알키비아데스? 자네는 자네가 이를 알고 있다는 걸 잊은 것인가, 아니면 자네가 배웠다는 걸 그리고 더 정당함과 더 부당함을 판별하는 걸 자네에게 가르친 선생을 자네가 찾아갔다는 걸 내가 깜빡 잊은 겐가? 그리고 이 분은 누구신가? 그분께 나 또한 제자로 받아들이게 자네가 소개해 주기 위해서라도 내게 말해 주게나.

알키비아데스: 농담을 하시네요, 소크라테스 선생님!

소크라테스: 나와 자네, 우리 우정의 신에 맹세코,[15] 나는 털끝만큼도 거짓 맹세를 할 생각은 없네. 정녕코 할 수 있다면, 누군지 말해 주게.

---

15) 여기에서 ma ton Philion은 《고르기아스》 편 500b에 보이는 Pros Philiou나 《파이드로스》 편 234e 및 《미노스》 편 321c에 보이는 pros Dios philiou(우정의 신 제우스에 맹세코)와 같은 뜻의 맹세를 나타내는 것이다. 제우스에 대한 이런 식의 호칭은 많다. '나그네(손님)를 보호해 주는 제우스', '같은 부족을 보호해 주는 제우스', '토지의 경계를 보호해 주는 제우스' 등등, 이런 호칭들은 모두가 주신(主神) 곧 Zeus basileus(주신인 제우스)이기 때문에 붙는 것들이다.

알키비아데스: 제가 할 수 없다면, 어쩔 것인데요? 제가 정당한 것들 그리고 부당한 것들과 관련해서 달리는 알 길이 없다고 생각하시지는 않으시겠죠? e

소크라테스: 그럼! 적어도 자네가 알아낸다면야.

알키비아데스: 하지만 제가 알아내지 못할 것이라 선생님께서는 생각하시는 건가요?

소크라테스: 그야 충분히 찾아내겠지. 자네가 찾으려고 한다면야.

알키비아데스: 하지만 선생님께서는 제가 찾을 것이라 생각지 않으시는 거죠?

소크라테스: 나야 그리 생각하지. 자네가 적어도 알지 못한다고 생각한다면야.

알키비아데스: 하지만 제가 그리 생각한 적이 없었던가요?

소크라테스: 잘 말했네. 그러면 정당한 것들과 부당한 것들을 안다
고 자네가 생각지 않았던 그때를 말할 수 있는가? 작년에는 그걸 자 110a
네가 찾고 있었고, 안다고 생각지 않고 있었던가? 아니면 안다고 생각하고 있었던가? 그리고 진실을 대답하게나. 우리의 대화가 헛된 것이 되지 않도록 말일세.

알키비아데스: 하지만 저는 안다고 생각했었죠.

소크라테스: 재작년 그리고 3년 전과 4년 전[16]에도 그렇지 않았던가?

알키비아데스: 저야 그랬죠.

소크라테스: 하지만 그 전 해는 아이였지. 안 그런가?

알키비아데스: 네.

---

16) 헬라스인들의 셈법으로는 순서를 말할 때, 자신 곧 시작점이 첫째이기 때문에 세 번째 해는 재작년이 된다.

소크라테스: 그러니까 그때는 자네가 안다고 생각했다는 걸 내가 잘 알고 있지.

알키비아데스: 그걸 어떻게 잘 아시고 계신 겁니까?

b 소크라테스: 자네가 아이였을 때 학원들에서 그리고 다른 곳에서도 내가 여러 번이나 들었지, 주사위놀이나 다른 놀이를 할 때, 정당한 것들 그리고 부당한 것들과 관련해서 당황스러워하는 것과 같은 경우는 없이, 아이들 중에서 만난 누구와 관련해서든 못되거나 또는 부당하다고, 그리고 부당한 짓을 한다고도 몹시 큰 소리로 대담하게 말하는 걸. 혹시 내가 진실이 아닌 말을 하고 있기라도 한가?

알키비아데스: 그러나 누군가가 제게 부당한 짓을 하려는데, 저는 뭘 했어야만 했나요, 소크라테스 선생님?

소크라테스: 하지만 그때 자네가 부당한 짓을 당하는지 아닌지 자신이 모르는 처지였다면, 자네가 뭘 해야만 할지를 물을 순들 있었을까?

c 알키비아데스: 단연코 저야 모른 건 아니었고, 제가 부당한 짓을 당했다는 걸 분명히 알았었죠.

소크라테스: 그러니까 자네는 아이였으면서도, 정당한 것들과 부당한 것들을 알고 있다고 생각했던 것으로 보이네.

알키비아데스: 저는 그랬죠. 어쨌든 알고 있기도 했고요.

소크라테스: 어느 때 알아냈던 건가? 어쨌든 자네가 알고 있다고 생각했던 그때에는 아니었던 게 확실할 테니까.

알키비아데스: 그건 아니었던 게 확실합니다.

소크라테스: 그러면 언제 알지 못한다고 생각했는가? 생각해 보게. 실은 이 시간을 자네가 알아낼 수는 없을 게야.

알키비아데스: 맹세코, 소크라테스 선생님! 그걸 저는 어쨌든 말할 수가 없군요.

소크라테스: 그러니까 자네는 이를 알아내고서도 알지 못하고 d
있네.

알키비아데스: 전혀 그런 것 같지가 않습니다.

소크라테스: 하지만 실은 방금 자네는 배워서 아는 것도 아니라고 말했네. 그러나 알아내고서도 배워서도 아니라면, 이를 어떻게 그리고 어디서 알게 된 건가?

알키비아데스: 그러나 아마도 제가 이를 선생님께 옳게 대답하지 못한 것이겠습니다. 스스로 알아냄으로써 알게 된 것이라고 말씀드린 것이요.

소크라테스: 그러면 그걸 어떻게 갖게 되었다는 건지?

알키비아데스: 배운 걸로 생각합니다. 그리고 다른 사람들도 했듯이 저도.

소크라테스: 다시금 같은 논의로 우리가 돌아왔구먼. 누구에게서? 내게 말해 주게나.

알키비아데스: 다중(hoi polloi)에게섭니다. e

소크라테스: 자네가 다중과 연관지음으로써 어쨌든 진지한 선생들에게로는 달아나지 않는구먼.

알키비아데스: 왜요? 이들은 족히 가르칠 수 없나요?

소크라테스: 그러니까 장기두기[17]를 하느냐 마느냐 하는 것도 아니

17) 원어는 ta petteutika이다. 이와 관련해서 이른바 '서양장기(checkers, draughts)'로 불리는 것의 헬라스어는 petteia(pesseia)인데, 이를 이용하는 놀이가 ta petteutika(단수: petteutikon)이겠다. 이 놀이판에서 쓰이는 말들을 psēphoi(단수는 psēphos)라 했던 걸로 미루어, 아마도 마노(瑪瑙)나 고운 색깔의 조약돌이었던 것 같다. 이 장기판은 여러 영역으로 나뉘고, 그 각각은 '나라(polis)'로 불리었으며, 이를 기반으로 영토 빼앗기의 싸움판이 벌어졌던 것 같다. 이 놀이에 대한 언급들로는 《국가(정체)》

110e

고. 하기야 이것들은 정당한 것들보다야 하찮은 것들로 생각하네만. 어떤가? 자네는 그렇게 생각지 않는가?

알키비아데스: 그럼요.

소크라테스: 그렇다면 그들은 한결 하찮은 것들은 가르칠 수 없지만, 한결 중요한 것들은?

알키비아데스: 저로서는 그리 생각합니다. 어쨌거나 장기두기보다 더 진지한 다른 많은 것들을 가르칠 수 있죠.

소크라테스: 그것들은 어떤 것들인가?

111a 알키비아데스: 이를테면, 헬라스 말을 하는 것도 저야말로 이들에게서 배웠으며, 저의 선생을 말할 수는 없지만, 선생님께서 말씀하시는 진지한 선생님들은 아닌 이들을 같은 분들로 댑니다.

소크라테스: 그러나, 이보게나, 다중이 이의 훌륭한 선생들이며, 이들의 가르침을 칭찬하는 건 정당하네.

알키비아데스: 왜죠?

소크라테스: 그들은 이와 관련해서 훌륭한 선생들이 가져야만 하는 것들을 갖고 있기 때문이네.

알키비아데스: 그걸 무엇이라 말씀하십니까?

소크라테스: 무엇이건 가르칠 예정인 사람은 먼저 자신들이 이를

b 알아야만 한다는 걸 자네는 모르는가? 안 그런가?

알키비아데스: 어찌 안 그렇겠습니까?

소크라테스: 그러니까 아는 자들은 서로 합의하며 다투지 않지?

알키비아데스: 네.

에서만 해도 세 곳(333b, 422e, 487b)이나 되며, 《정치가》 편 292e 및 《고르기아스》 편 450d 그리고 《카르미데스》 편 174b에도 보인다.

111b

소크라테스: 서로 다투는 것들이라면, 자네는 이것들을 이들이 알고 있다고 말하겠는가?

알키비아데스: 물론 그러지 않을 것입니다.

소크라테스: 그렇다면 어찌 그들이 이것들의 선생들이겠는가?

알키비아데스: 결코 그럴 수는 없습니다.

소크라테스: 왠가? 자네는 다중이 어떤 게 돌이거나 나무인지 말다툼을 하게 될 것으로 생각되는가? 그리고 만약에 자네가 누군가에게 질문을 한다면, 같은 것들에 동의하고서, 돌이나 나무를 쥐고자 할 경 c
우에는 같은 것들로 그들이 내닫지 않겠는가? 이런 것들 모두는 마찬가지일 걸세. 헬라스 말을 할 줄 안다는 것을 이런 뜻으로 자네가 말하고 있다는 걸 대강 내가 이해하네. 안 그런가?

알키비아데스: 네.

소크라테스: 그러니까 이것들에 있어서는, 우리가 말했듯, 그들이 서로 동의하거니와, 사적으로도 자기들끼리, 그리고 공적으로 나라들끼리도, 어떤 나라들은 이렇다고 다른 나라들은 다르다고 주장하면서, 서로 다투지도 않는 거지?

알키비아데스: 실상 다투지 않습니다.

소크라테스: 그러니 아마도 이들의 선생들도 어쨌든 훌륭할 것이야.

알키비아데스: 네. d

소크라테스: 따라서 우리가 누군가로 하여금 이것들과 관련해서 알게끔 하고자 한다면, 그를 이들 다중의 가르침을 받도록 보내는 게 옳겠는가?

알키비아데스: 물론입니다.

소크라테스: 만약에 우리가 인간들이 어떤 존재들이며 또는 말들이 어떤 것들인지만이 아니라, 이들 중에서 어느 누가 어느 것이 더 잘

111d 달리고 어느 누가 어느 것이 못한지 우리가 알고자 한다면, 어떤가? 여전히 다중이 이를 능히 가르쳐 주겠는가?

알키비아데스: 물론 그러지는 못할 것입니다.

소크라테스: 그들은 알지 못하며 이것들의 괜찮은 선생들도 아니

e 라는 증거는 충분한데, 이와 관련해서는 자신들끼리도 전혀 합의하지 못하고 있기 때문이겠지?

알키비아데스: 제게는 그러네요.

소크라테스: 어떤가? 만약에 우리가 인간들이 어떤 존재들인가만이 아니라, 어떤 인간들이 건강하거나 병약한지 알고자 한다면, 다중이 우리에게 충족한 선생들일까?

알키비아데스: 확실히 아닙니다.

소크라테스: 만약에 이들이 서로 의견을 달리하는 걸 목격한다면, 자네에겐 이들의 선생들이 못난이들이라는 증거일 게야.

알키비아데스: 제겐 그럴 것입니다.

소크라테스: 그럼 어떤가? 이제 정당한 사람들과 부당한 사람들 그리고 그런 것들과 관련해서 다중이 저들끼리 또는 서로들 동의하는

112a 것으로 자네에게는 생각되는가?

알키비아데스: 맹세코, 전혀 그리 생각되지 않습니다, 소크라테스 선생님!

소크라테스: 어떤가? 이것들과 관련해서는 극도로 의견들을 달리하는가?

알키비아데스: 몹시 그럽니다.

소크라테스: 그러니까 자네는 어쨌든 사람들이 건강함과 그렇지 못함과 관련해서, 이 때문에 서로들 싸우고 죽일 정도로, 그처럼 몹시 의견을 달리하는 걸 결코 보거나 들은 적이 없을 것으로 나는 생각하네.

112a

알키비아데스: 확실히 없습니다.

소크라테스: 그러나 정당하고 부당한 것들과 관련해서는 나로서는 알고 있네. 자네가 목격하지는 못했더라도, 어쨌든 다른 많은 사람에게서 그리고 호메로스에게서도 들었었네. 《오디세이아》 그리고 《일리 b
아스》를 통해서도 자네는 들었네.[18]

알키비아데스: 아주 명백합니다, 소크라테스 선생님!

소크라테스: 그러니까 이 시들은 정당한 것들과 부당한 것들의 불일치들과 관련된 것들이 아닌가?

알키비아데스: 네.

소크라테스: 그리고 이 불일치로 인해서 아카이아인들과 트로이아인들에게, 그리고 페넬로페의 구혼자들과 오디세우스에게 싸움들과 죽음들이 생겼었네.

알키비아데스: 진실을 말씀하십니다. c

소크라테스: 한데, 타나그라[19]에서 아테네인들과 라케다이몬인들[20] 그리고 보이오티아인들 중에서 전사한 자들에게, 또한 그 뒤의 코로네이아[21]에서 전사한 자들에게, 이들 중에는 자네의 선대인[22]께서도 포함되시는데, 정당한 것 그리고 부당한 것과 관련되는 것 이외의

---

18) 이들 작품들의 숱한 음송들을 통해서 들었다는 말이다.

19) 457년의 일로서, Tanagra는 Attikē와 북쪽으로 인접한 Boiōtia 지역의 나라로 스파르타와 연합해서 아테네에 패배를 안겼다.

20) 아테네가 Attikē의 도성이듯, Lakedaimōn(스파르타)은 Lakōnikē의 도성이다.

21) 447년의 일로서, Korōneia 전투는 아테네의 지배에서 벗어나려는 보이오티아의 연합 세력이 승리한 전투였다.

22) 알키비아데스의 아버지는 Kleinias로서, 이때의 전사로 해서 페리클레스가 그의 후견인으로 되었다.

112c

다른 어느 것과도 관련되는 것이 아닌 불일치가 죽음들과 전쟁들을 빚은 걸로 나는 생각하네. 안 그런가?

알키비아데스: 진실을 말씀하십니다.

소크라테스: 그러니까 이들이 이처럼 의견들을 몹시도 달리하는 것
d 들과 관련해서 알고 있으면서도, 서로 다투면서 이들 스스로들 극단적인 짓들을 하게 되는 걸로 우리가 말할까?

알키비아데스: 적어도 그러는 걸로는 보이지 않습니다.

소크라테스: 그러니까 모르는 것으로 자네가 동의하고 있는 자들을 그러한 선생들로 자네는 언급하고 있지 않은가?

알키비아데스: 그런 것 같네요.

소크라테스: 그러면 이처럼 그것들에 관해서는 자네가 헤매고 누구에게서도 배운 것 같지도 않으며 자신이 알아내지도 못한 것들인, 정당한 것들과 부당한 것들을 자네가 어떻게 알 것 같은가?

알키비아데스: 선생님께서 말씀하시는 것들에 의할진대 그럴 것 같지 않습니다.

e 소크라테스: 그 말도 또 옳게 한 게 아니라는 걸 아는가, 알키비아데스?

알키비아데스: 어떤 것인가요?

소크라테스: 내가 이것들을 말한 걸로 자네가 말하고 있다는 거네.

알키비아데스: 왜죠? 선생님께서는 제가 정당한 것들과 부당한 것들에 대해 아무것도 모르는 것으로 말씀하시는 게 아닙니까?

소크라테스: 정말로 아닐세.

알키비아데스: 그러면, 제가?

소크라테스: 그러하네.

알키비아데스: 그럼 어떻게요?

112e

소크라테스: 이런 식으로 자네가 알게 될 걸세. 만약에 내가 자네에게 하나와 둘은 어느 쪽이 더 많은지를 묻는다면, 자네는 둘이라 말할 게야.

알키비아데스: 저야 그러죠.

소크라테스: 얼마가?

알키비아데스: 하나요.

소크라테스: 그러면 우리 중에서 둘이 하나보다 하나가 더 많다고 말하는 사람은 누군가?

알키비아데스: 접니다.

소크라테스: 그러니까 나는 질문을 하고, 자네는 대답을 한 거지?

알키비아데스: 네.

소크라테스: 그러니까 이것들과 관련해서 말을 하고 있는 건 질문 113a
자인 내가 아닌 것 같고, 오히려 응답자인 자네인 거지?[23]

알키비아데스: 접니다.

소크라테스: 가령 내가 '소크라테스'라는 문자들이 어떤 것들인지를 묻고, 자네가 대답한다면, 누가 말하는 자인가?

알키비아데스: 접니다.

소크라테스: 자, 그러면 한마디로 대답하게. 질문과 대답이 이루어질 경우, 말하는 자는 질문하는 자인가 대답하는 자인가?

알키비아데스: 대답하는 자로 제게는 생각됩니다, 소크라테스 선생님!

소크라테스: 그러니까 방금 줄곧 질문자는 나였지 않은가? b

알키비아데스: 네.

23) 원문이 파격인 것이어서, 의역했다.

113b

소크라테스: 그러나 대답하는 자는 자네였고?

알키비아데스: 물론입니다.

소크라테스: 말한 것들을 우리 중에서 어느 쪽이 말했는가?

알키비아데스: 합의된 것들을 근거로는 저로 보입니다, 소크라테스 선생님!

소크라테스: 그러니까 정당한 것들 그리고 부당한 것들과 관련해서 클레이니아스의 잘생긴 아들 알키비아데스는 알지 못하면서도, 안다고 생각하고서, 민회로 가서 아테네인들에게 자기가 전혀 알지도 못하는 것과 관련해서 조언할 작정이라고 하네. 이게 아니었는가?

c 알키비아데스: 그런 것 같습니다.

소크라테스: 그러니까 에우리피데스의 사태[24]가 일어나고 있는 걸세, 알키비아데스! 자네는 이를 스스로에게서 들었지, 내게서 들은 것 같지가 않네. 이를 말하는 사람은 내가 아니라, 자네이지만, 괜히 나를 탓하고 있네. 그리고 실은 자네가 잘 말하고 있기도 하네. 왜냐하면, 이 사람아, 자네는 미친 시도를 꾀하고 있으니까. 자신이 모르는 걸, 배울 생각도 않고, 가르치려 드니.

d 알키비아데스: 소크라테스 선생님, 아테네인들도 다른 헬라스인들도 어느 쪽 것들이 더 정당하거나 더 부당한지를 숙고하는 일이 드문 걸로 저는 생각합니다. 이런 것들은 명백하다고 생각하기 때문인데, 그러니까 이것들과 관련해서는 접어 버리고서, 어느 쪽이 결과적으로 편익이 되는지를 생각하죠. 왜냐하면 정당한 것들과 편익이 되는 것들은 같은 것들이 아니고, 바로 큰 부당한 것들을 부당하게 저지른 많

24) 에우리피데스의 《히폴리토스》 352행. 원문은 이렇다. sou tad', ouk emou klyeis(그대는 이를 스스로에게서 듣지, 내게서 듣는 게 아니네요.)

113d

은 사람들에겐 이득이 되었고, 정당한 것들을 행한 다른 사람들에겐 어쨌든 편익이 되지 않은 걸로 저는 생각하기 때문입니다.[25]

소크라테스: 그러면 뭔가? 만약에 정당한 것들과 편익이 되는 것
들이 지극히 다르다면, 인간들에게 편익이 되는 이것들이 무엇들인지 e
그리고 왜 그것들이 그런지 자네는 알고 있다고 이번에는 어쩌면 자네가 생각지 않고 있는 건지?

알키비아데스: 실인즉 무엇이 막고 있겠습니까, 소크라테스 선생님? 만약에 다시 누구에게서 제가 배웠는지 또는 어떻게 스스로 찾아냈는지 선생님께서 제게 물으시지 않는다면.

소크라테스: 이렇게까지 자네가 하누먼. 만약에 뭔가를 자네가 옳게 말하지 않는데, 바로 앞서의 논의를 통해서도 그걸 증명할 수 있는데도, 실로 자네는 새롭고 다른 어떤 증명들을 들어야만 하는 걸로 생각하고 있네. 이를테면, 닳아 해진 외투의 경우, 이를 자네가 더는 걸치지 않으려 하듯, 만약에 누군가가 말끔하고 더럽혀지지 않은 증거
를 자네에게 가져오지 않는 한은. 그러나 나는 자네의 논의에서의 포 114a
위공격과 작별하고, 그렇더라도 다시 물을 것이네. 자네가 어디서 배워서 편익인 것들을 알며, 도대체 선생은 누구인지, 또한 앞서의 저 모든 것들을 하나의 질문으로 묻고 있네. 그러나 자네는 같은 곳에 와서는 편익이 되는 것들을 스스로 알아내서 아는지도 배워서 아는지도 자신이 증명할 수 없음이 실상 명백하네. 한데, 자네가 취향은 까다로워서 같은 논의를 기꺼이 맛보려 하지 않기에, 아테네인들에게 편익이
되는 걸 자네가 아는지 모르는지의 문제는 접기로 하네. 그러나 정당 b

25) 《국가(정체)》 편 1권(338c)에서의 트라시마코스의 주장이 바로 그러했다. 그는 '강자(더 강한 자: ho kreittōn)의 편익(to sympheron)'이 올바른 것이라 강변했다.

한 것과 편익이 되는 것이 같은 것인지 또는 다른 것인지는 왜 증명해 보이지 않은 겐가? 자네가 원한다면, 내가 자네에게 그랬듯, 내게 묻게나. 원한다면, 스스로 자신의 논의 방식으로 논의 전개를 하게나.

알키비아데스: 그러나, 소크라테스 선생님, 제가 선생님을 상대로 논의를 전개해 나갈 수 있을지는 모르겠습니다.

소크라테스: 하지만, 이보게나, 나를 민회로 그리고 민중으로 생각하게나. 그러니까 거기에서 자네는 개개인을 설득해야만 할 것이네. 안 그런가?

알키비아데스: 그렇습니다.

c 소크라테스: 그러니까 자기가 아는 것들과 관련해서 한 사람을 개별적으로 그리고 여럿을 함께 설득할 수 있는 것이 같은 사람일 수 있네. 마치 문자를 가르치는 선생이 문자와 관련해서 어쩌면 한 사람 그리고 여럿을 설득하겠듯?

알키비아데스: 네.

소크라테스: 그렇다면 수와 관련해서도 같은 사람이 한 사람 그리고 여럿을 설득하겠고?

알키비아데스: 네.

소크라테스: 이 사람은 아는 자이고, 산수에 밝은 자일 테지?

알키비아데스: 물론입니다.

소크라테스: 그러니까 자네도 같은 것들을 그리고 많은 사람에게 설득할 수도 있고, 이것들을 한 사람에게도 설득할 수 있겠네?

알키비아데스: 그럴 것 같습니다.

소크라테스: 이것들이 자네가 알고 있는 것들인 것도 명백하네.

알키비아데스: 네.

소크라테스: 그러니까 민중 속의 연설자와 이와 같은 우리의 함께

함에서 말하는 자가 다른 것은 앞 경우는 같은 것들을 집단적으로 한 꺼번에 설득하는 것이나, 뒤의 경우는 개별적으로 한다는 것 이외에 d 무엇이겠는가?

알키비아데스: 그런 것 같습니다.

소크라테스: 자, 이제, 여러 사람도 한 사람도 설득하는 게 같은 사람의 일인 걸로 보이니, 정당함이 때로는 편익이 되지 않는다는 걸 나를 상대로 연습 삼아 해 보고서 증명하도록 해 보게나.

알키비아데스: 함부로 하십니다,[26] 소크라테스 선생님!

소크라테스: 어쨌든 지금은 내가 '히브리스'[27]로 해서, 자네가 내게 바라지 않는 것과는 반대되는 것들을 자네에게 설득하려 하고 있네.

알키비아데스: 말씀하시죠.

소크라테스: 질문받는 것들에 대해 대답만 하게.

알키비아데스: 아뇨, 선생님께서 몸소 말씀하세요. e

소크라테스: 뭔가? 뭣보다도 설득당하는 걸 원하지 않는다는 게 아닌가?

알키비아데스: 전적으로 그렇습니다.

---

26) 원어는 "Hybristēs ei.('히브리스테스'이십니다)"이고, 원문 그대로 옮기면, "hybris를 저지르는 분이십니다."란 뜻이다. hybris에 대해서는 바로 다음 각주를 참조할 것.

27) hybris에는, 그 구체적인 상황이나 사례가 명시되지 않은 경우에는, 한 가지로 옮기기가 어려운 여러 가지 뜻이 있다. '히브리스'는 남에 대해서건 자신에 대해서건 난폭함, 즉 지나침을 가리키는 말이다. 타인에 대한 경우에, 그것은 상대방으로 하여금 창피함(aiskhynē)이나 불명예(atimia) 또는 모욕당함(propēlakizesthai)을, 곧 치욕을 느끼게 하는 오만, 오만 무례함, 방자함, 인격적·신체적·성적 폭행 등을 가리키며, 자신과 관련되는 경우에는 폭식, 황음(荒淫), 술에 곯아 빠짐 등의 무절제한 행위를 가리킨다.

114e

소크라테스: 그러니까 이건 이러하다고 스스로가 말하면, 자네는 더할 수 없이 설득된 게 아닌가?

알키비아데스: 제게는 그리 생각됩니다.

소크라테스: 그러면 대답하게나. 그리고 만약에 자네 자신이 정당한 것들이 편익이 되는 것들이기도 하다고 스스로에게서 듣지 못한다면, 다른 사람이 막상 그리 말하는 건 자네가 믿지 않는 거네.

알키비아데스: 단연코 믿지 않습니다만, 대답은 해야죠. 아무런 해도 입지 않을 걸로 제가 생각하니까요.

115a 소크라테스: 실로 예언가답군. 또한 내게 말해 주게나. 정당한 것들 중에서 더러는 유익하지만, 더러는 그렇지 않은가?

알키비아데스: 네.

소크라테스: 어떤가? 이것들 중에서 어떤 것들은 훌륭하지만, 어떤 것들은 그렇지 못한가?

알키비아데스: 그걸 물으시는 건 어떻게?

소크라테스: 가령 누군가가 일찍이 창피한 짓들을 하는 걸로 여겨졌지만, 정당한 것들을 행하는 걸로 여겨졌다면?

알키비아데스: 적어도 제겐 그리 여겨진 경우가 없습니다.

소크라테스: 그러나 모든 정당한 것들은 훌륭한 것들이기도 한가?

알키비아데스: 네.

소크라테스: 다시, 훌륭한 것들은 어떤가? 이것들은 모두가 좋은가, 아니면 일부는 좋으나, 일부는 그렇지 않은가?

알키비아데스: 저로서는 훌륭한 것들 중에서 더러는 나쁘다고 생각합니다, 소크라테스 선생님!

소크라테스: 부끄러운 것들이 좋은 것들이기도 한가?

알키비아데스: 네.

소크라테스: 그러면 자네 말은 이런 건가? 이를테면, 전투에서 많은 사람들이 전우나 친척을 구조하려다가 부상을 입거나 전사하네만, 어떤 사람들은, 마땅히 그래야만 했는데도, 구조하려 하지 않고, 건강하게 돌아왔다는 건가? b

알키비아데스: 물론입니다.

소크라테스: 그러니까 이런 구조는 마땅히 구조해야만 할 사람들을 구조하려는 시도에 상응해서 훌륭한 걸로 자네는 말하는데, 이게 용기이네. 안 그런가?

알키비아데스: 네.

소크라테스: 하지만 그건 죽음들과 부상들의 관점에서는 나쁘네. 안 그런가?

알키비아데스: 네.

소크라테스: 그러니까 용기와 죽음은 각각이 별개의 것이지 않은가? c

알키비아데스: 물론입니다.

소크라테스: 그러면 같은 관점에서, 친구들을 구조하는 건 훌륭하기도 하고 나쁘기도 하지 않은가?

알키비아데스: 그리 보이지 않습니다.

소크라테스: 그러니, 보게나. 그게 어쨌든 훌륭한 것인 한, 좋은 것이기도 한지. 이 경우도 그렇듯이. 용기의 관점에서는 구조가 훌륭한 것이라고 자네는 동의할 것이기 때문이네. 그러면 바로 이것, 곧 용기를 생각해 보게. 용기는 좋은가 또는 나쁜가? 이렇게 고찰하게나. 자네는 좋은 것들과 나쁜 것들 중에서 어느 쪽 것들을 자네를 위해 받겠는가?

알키비아데스: 좋은 것들을.

소크라테스: 그러니까 가장 좋은 것들을 무엇보다도 그러겠군. d

〈알키비아데스: 네.〉

115d

소크라테스: 그리고 이런 것들을 앗기는 것을 가장 용납하지 못하겠군?

알키비아데스: 어찌 그렇지 않겠습니까?

소크라테스: 그러면 용기와 관련해서는 뭐라 말하겠는가? 어느 정도의 대가로 이를 앗기는 걸 자네는 받아들일 수 있겠는가?

알키비아데스: 겁쟁이가 되어 사는 건 제가 받아들일 수 없겠습니다.

소크라테스: 그러니까 자네에게는 비겁함이 최악인 걸로 생각되는 거네.

알키비아데스: 적어도 제게는.

소크라테스: 죽는 것과 비견하는 것으로 보이겠네.

알키비아데스: 제 말이.

소크라테스: 그러니까 죽음과 비겁에는 삶과 용기가 극단적으로 반대되겠군?

알키비아데스: 네.

e 소크라테스: 한쪽 것들은 자네로선 가장 원하는 것들이지만, 다른 쪽 것들은 가장 원하지 않는 것들인가?

알키비아데스: 네.

소크라테스: 그러면 한쪽 것들을 자네가 가장 좋은 것들로 여기지만, 다른 쪽 것들은 가장 나쁜 것들로 여기고 있는 거군?

〈알키비아데스: 물론입니다.

소크라테스: 그러면 자네는 용기를 가장 좋은 것들에 속하는 걸로, 죽음은 가장 나쁜 것들에 속하는 걸로 생각하고 있는 거군.〉

알키비아데스: 저로서는.

소크라테스: 그러니까 전쟁에서 친구들을 돕는 것은, 그게 훌륭한 것인 한, 용기라는 훌륭한 행위의 관점에서 이를 훌륭한 것으로 일컫

115e

는가?

알키비아데스: 어쨌든 그리 보입니다.

소크라테스: 하지만 죽음의 행위라는 나쁨의 관점에서는 나쁜 것으로?

알키비아데스: 네.

소크라테스: 따라서 자네는 다음과 같이 행위들의 각각을 일컫네. 나쁨을 초래하는 것인 한, 나쁜 것으로, 그리고 좋음을 초래하는 것인
한, 좋은 것으로 일컬어야 한다고. 116a

알키비아데스: 제게는 그리 생각되네요.

소크라테스: 그렇다면 역시 좋은 것인 한, 훌륭한 것이네. 그러나 나쁜 것인 한, 부끄러운 것이고?

알키비아데스: 네.

소크라테스: 그러고 보니 전쟁에서 친구들을 구원하는 것을 훌륭한 것이지만, 나쁜 것이라 말함으로써, 이를 좋은 것이라 지칭하지만, 나쁜 것으로 지칭하는 것과 전혀 달리 말하고 있지는 않네.

알키비아데스: 진실을 말씀하시는 걸로 제게는 생각됩니다, 소크라테스 선생님!

소크라테스: 그러니까 훌륭한 것들 중에서 그 어떤 것도, 그게 훌륭한 것인 한, 나쁘지 않으며, 부끄러운 것들 중에서 그 어떤 것도, 그게 부끄러운 것인 한, 좋은 게 아니네.

알키비아데스: 아닌 것으로 보입니다. b

소크라테스: 그러면 더 나아가 이렇게도 고찰해 보게. 누구든 훌륭하게 행하는 사람은, 역시 잘 지내는[28] 게 아닌지?

28) 곧 처신이나 일 처리 그리고 제 할 일과 사람 구실 등을 '잘(훌륭히)

알키비아데스: 그렇습니다.

소크라테스: 잘 지내는(행하는) 자들은 행복하지 않은가?

알키비아데스: 어찌 그렇지 않겠습니까?

소크라테스: 행복한 자들은 좋은 것들의 획득으로 해서가 아닌가?

알키비아데스: 물론입니다.

소크라테스: 그러나 그들이 이것들을 획득하는 건 잘 그리고 훌륭하게 [행]함으로 해서겠지?

알키비아데스: 네.

소크라테스: 그러면 잘 행하는 것은 좋은 것이지?

알키비아데스: 왜 아니겠습니까?

소크라테스: 그러니까 잘 행함[29]은 훌륭한 것이지 않은가?

알키비아데스: 네.

c 소크라테스: 그러니까 훌륭함(kalon)과 좋음(agathon)은 또다시 같은 것으로 우리에게 나타났네.

함'으로써, '잘 지냄' 곧 '잘(훌륭히) 사는 것(eu zēn)'을 뜻한다. 여기에서처럼 서술적 형태(eu prattei)가 아닌 부정법(不定法: infinitive) 형태로, 곧 b의 끝 쪽에서처럼, eu prattein의 형태로 관용적으로 쓰이기도 했다. 이를테면, 플라톤의 서신으로 전하는 〈서한 7, 8〉에서처럼, 인사말로 '잘 지냈는지' '잘 지내시라'라는 뜻으로 이 말을 관례적으로 썼던 걸로 알려져 있다. 이런 관례적인 뜻의 용법에서 더 나아가, 이의 본래적 의미와 관련된 확장적인 뜻에서의 언급을 우리는《국가(정체)》편(개정 증보판) 1권 353b～354a 및 이곳에 있는 각주 74에서 만나게 되겠다. 또한 이와 관련된 이것 이상의 확장적 언급은 졸저《적도(適度) 또는 중용의 사상》(개정 증보판: 서광사, 2022) 347～352쪽에서도 접할 수 있을 것이다.

29) 복합명사형인 원어 eupragia＝eupraxia＝eupraxis인데, 이는 praxis를 '잘(훌륭히＝eu)' 함이다. 모두 eu prattein(不定詞形)에서 유래한 합성명사이다. 앞의 116b의 해당 각주를 참조할 것.

116c

알키비아데스: 그러네요.

소크라테스: 따라서 무엇이건 우리가 훌륭한 걸 발견하게 되면, 적어도 이 주장에 따라 좋은 것 또한 발견하게 될 걸세.

알키비아데스: 필연적입니다.

소크라테스: 어떤가? 좋은 것들은 편익이 되는가 아니면 되지 않는가?

알키비아데스: 편익이 됩니다.

소크라테스: 그러면 정당한 것들과 관련해서 우리가 어떻게 합의했는지 자네는 기억하는가?

알키비아데스: 그러니까 정당한 것들을 행하는 자들은 훌륭한 것들을 행하는 게 필연적이라고 한 걸로 저는 생각하고 있습니다.

소크라테스: 따라서 또한 훌륭한 것들을 행하는 자들은 좋은 것들을 행한다고도?

알키비아데스: 네.

소크라테스: 좋은 것들은 편익이 된다고도? d

알키비아데스: 네.

소크라테스: 따라서, 알키비아데스여, 올바른 것들은 편익이 되는 것들이네.

알키비아데스: 그런 것 같습니다.

소크라테스: 그러니까 뭔가? 이것들을 말하는 사람은 자네가 아닌가, 나는 질문하는 자이고?

알키비아데스: 제가 그런 것 같네요.

소크라테스: 가령 누군가가, 스스로 정당한 것들과 부당한 것들을 알고 있다고 생각하고서, 아테네인들이나 페파레토스[30]인들에게 조언하려고 일어서서, 정당한 것들이 때로는 나쁜 것들이라고 말한다면,

116d

자네도 정당한 것들과 편익이 되는 것들이 같은 것들이라고 주장하고
e 있는 터라, 이 사람을 비웃는 것 이외에 다른 무엇을 하겠는가?

알키비아데스: 그러나 신들에 맹세코, 소크라테스 선생님, 저로서는 제가 무슨 말을 하는지도 모르고, 속절없이 생소한 상태에 처한 사람을 방불케 하는 꼴을 하고 있을 것입니다. 선생님께서 질문을 하실 때, 그때마다 제게는 다르게 생각될 테니까요.

소크라테스: 그렇다면, 이보게나, 이 상태가 무엇인지 자네는 모르고 있는가?

알키비아데스: 전혀요.

소크라테스: 그러면, 만약에 누군가가 자네는 두 눈 또는 세 눈, 그리고 두 손 또는 네 손을 가졌는지 또는 이런 유의 다른 어떤 걸 묻는다면, 자네가 그때마다 다른 대답을 하게 될 걸로, 아니면 언제나 같은 대답을 하게 될 걸로 생각하는가?

117a 알키비아데스: 저로선 겁나기도 했습니다만, 같은 걸로 생각합니다.

소크라테스: 그러니까 자네가 알고 있기 때문이 아닌가? 이게 그 이유지?

알키비아데스: 저로서는 그리 생각합니다.

소크라테스: 그러니 어떤 것들과 관련해서 자네가 본의 아니게 반대되는 대답을 하는 건, 이것들과 관련해서 자네가 모르고 있는 게 명백하네.

알키비아데스: 어쨌거나 그런 것 같습니다.

30) Peparēthos는 에우보이아섬 북단 오른쪽에 인접한 섬이다. 전략적으로 요지였으며, 자주 아테네의 소유가 되었다고도 한다.

117a

소크라테스: 그러니까 정당한 것들과 부당한 것들, 훌륭한 것들과 부끄러운 것들, 나쁜 것들과 좋은 것들 그리고 편익이 되는 것들과 관련해서 자네가 대답은 못하고 갈팡질팡하고 있다고 자네가 말하고 있는 건가? 그렇다면 이것들과 관련해서 자네가 모르고 있기 때문인 게, 이것들로 해서 헤매고 있다는 게 명백하지 않은가?

알키비아데스: 제게는 그렇습니다. b

소크라테스: 그럼 이렇기도 한 게야. 누군가가 뭔가를 알지 못할 때는, 이것과 관련해서는 혼이 헤매는 게 필연적이겠지?

알키비아데스: 어찌 그러지 않겠습니까?

소크라테스: 왤까? 어떤 방식으로 하늘로 오를 수 있을까?

알키비아데스: 맹세코, 저로선 모릅니다.

소크라테스: 이것들과 관련해서도 자네의 판단이 실로 갈팡질팡하는가?

알키비아데스: 그건 확실히 아닙니다.

소크라테스: 그 까닭을 자네는 아는가 아니면 내가 말할까?

알키비아데스: 말씀하시죠.

소크라테스: 이보게나, 그건 자네가 이를 알지 못해서 안다고 생각하지 않기 때문이야.

알키비아데스: 이는 또 무슨 뜻으로 말씀하시는 건지? c

소크라테스: 자네도 함께 보세나. 자네가 모르는 것들은, 모른다는 걸 스스로 알고 있어서, 이런 것들과 관련해서는 자네가 헤매겠지? 마치 요리의 준비와 관련해서는 자네가 모른다는 사실을 스스로 명백히 알고 있는 경우처럼.

알키비아데스: 물론입니다.

소크라테스: 따라서 이런 것들과 관련해서 어떻게 준비해야 할지를

생각하며 헤매고 있을 것인가, 아니면 아는 자에게 맡길 것인가?

알키비아데스: 뒤의 경우처럼 하죠.

소크라테스: 배를 타고 항해를 할 경우에는 어떤가? 그러니까 키의 손잡이를 안쪽으로 돌려야 할지 또는 바깥쪽으로 돌려야 할지를 생각
d 한다면, 또한 알지 못해서 헤맬 테니, 키잡이에게 맡기고서 조용히 있겠는가?

알키비아데스: 키잡이에게 맡기죠.

소크라테스: 만약에 자네가 알지 못한다는 걸 자신이 정말로 안다면, 자신이 알지 못하는 것들과 관련해서 헤매지는 않겠지?

알키비아데스: 그러지 않을 것 같습니다.

소크라테스: 그래서 행위에 있어서 잘못들도 이 무지, 곧 알지 못하는 것들을 안다고 생각하는 이 무지로 인한 것이라는 사실을 자네는 알아채고 있는가?

알키비아데스: 어떻게 그 말씀을 또다시 하시는 건지?

소크라테스: 우리는 우리가 무엇을 하는지 안다고 생각할 때, 그때에야 하려고 꾀하는 걸로 나는 생각하니까.

알키비아데스: 네.

e 소크라테스: 그러나 어떤 사람들은 안다고 생각지 않을 때는, 남들에게 넘기는 걸로 나는 생각하네.

알키비아데스: 어찌 그러지 않겠습니까?

소크라테스: 그러니까 알지 못하는 사람들 중에서도 그런 사람들은 이런 것들과 관련해서는 남들에게 맡김으로써 잘못하지 않고 살고 있는가?

알키비아데스: 네.

소크라테스: 그러니까 잘못하는 자들은 누구들인가? 아마도 아는

117e

자들은 아닐 테니.

알키비아데스: 물론 이들은 아닙니다.

소크라테스: 아는 자들도 아니고, 모르는 자들 중에서도 자신들이
알지 못한다는 걸 알고 있는 자들도 아닐 테니, 알지 못하면서, 아는 118a
걸로 생각하는 자들 이외에 실로 다른 누가 남겠는가?

알키비아데스: 다른 아무도 아니고, 이들이죠.

소크라테스: 그러니까 이 몰지각이 해악들의 원인이며 가장 비난받는 무지인가?

알키비아데스: 네.

소크라테스: 그러니까 그것이 가장 중대한 것들과 관련된 것일 때, 그때엔 더할 수 없이 해롭고 더할 수 없이 치욕스런 것이 아니겠는가?

알키비아데스: 어쨌거나 다분히 그렇죠.

소크라테스: 그러면, 어떤가? 자네는 정당한 것들과 훌륭한 것들 그리고 좋은 것들과 편익이 되는 것들보다도 더 중요한 것들을 말할 수 있는가?

알키비아데스: 말할 수 없는 게 확실합니다.

소크라테스: 그러니까 이것들과 관련해서는 자네가 헤매고 있다는 말이군?

알키비아데스: 네.

소크라테스: 그러나 만약에 자네가 헤매고 있다면, 가장 중요한 것
들에 대해 자네가 모르고 있을 뿐만 아니라, 이것들을 모르면서도 알 b
고 있는 걸로 생각하고 있다는 게 앞서의 논의로 명백하지 않은가?

알키비아데스: 그런 것 같습니다.

소크라테스: 저런, 알키비아데스, 그런 상태를 겪고 있다니! 그건 내가 들먹이기조차 주저하는 바지만, 그렇더라도, 우리끼리니까, 말

118b

해야만 하지. 이보게나. 자네는 무지와, 그것도 최악의 것과 동거하고 있기 때문이네. 논의가 자네를 그리고 자네는 스스로를 비난하고[31] 있듯. 이 때문에 교육을 받기도 전에, 자네가 정치에 열을 올리고 있기도 하는 거네. 그러나 이는 자네 혼자만이 겪고 있는 상황이 아니고, 이 나라의 나랏일들에 종사하는 이들 중의 많은 이들도 겪고 있는 것
c 이기도 하네. 어쨌거나 소수와 아마도 자네의 후견인인 페리클레스를 제외하고는 말일세.

알키비아데스: 실은, 소크라테스 선생님, 그분께서는 저절로 지혜롭게 되신 게 아니라, 많은 지혜롭기도 하신 분들과, 그리고 피토클레이데스[32]와 아낙사고라스[33]와도 함께 어울림으로써 그리 되셨다고들 합니다. 그리고 지금도 그 연세에 여전히 바로 이를 위해 다몬[34]과 함께하시죠.

---

31) 원어 katēgorei 곧 katēgorein은 '문책하다', 법률 용어로는 '고소하다'라는 뜻이다. 이의 명사형인 'katēgoria'는 법률 용어로는 '고소'를, 논리학 용어로는 '진술' 및 '범주'를 뜻하는 말이다. 고소를 하려면, 기본적으로 육하원칙에 의해서 해야 할 것이다. 신문 기사 작성도 그렇듯, 모든 사물에 대한 진술도 기본적으로 그렇게 해야만, 그것에 대한 최소한의 '파악'이 가능하겠다. 그런 용도의 논리적 항목들이 이른바 '범주(category)'들이다. 영어 grasp가 '[꽉]붙잡다'와 '파악하다'를 뜻하듯, 서로 그 맥락이 연결되고 있다고 할 것이다.

32) Pythokleidēs는 아테네에서 비교적 가까운 섬인 Keos 출신으로, 아테네에서 음악을 가르친 걸로 알려져 있다.

33) Anaxagoras에 대해서는 이 책의 일부인 《대 히피아스》 편 281c의 해당 각주에서 언급되어 있다.

34) Damōn은 5세기의 아테네인으로서, 초기의 주요 음악 이론가들 중의 한 사람이었으며, 소피스테스 Prodikos의 제자였으며, 페리클레스의 선생이었고, 소크라테스와 플라톤의 존경을 받았다. 그의 음악 이론과 관련된 플라톤의 언급이 《국가(정체)》 편 400b, c, 424c에 보인다.

118c

소크라테스: 그러면, 왠가? 자네는 어떤 지혜로운 사람이 자신이 지혜로운 바로 그것들에 있어서 다른 사람을 지혜롭게 만드는 것이 불가능한 경우를 일찍이 본 적이 있는가? 이를테면, 자네에게 문자를 가르친 사람은, 자신도 지혜로웠고 자네를 그리고 다른 사람들 중의 누구든 그가 원한 자를 그리 만들 수 있었네. 안 그런가?

알키비아데스: 네.

소크라테스: 그러니까 자네 또한 그에게서 배운 사람으로서 다른 사람을 그럴 수 있게 되지 않겠는가? d

알키비아데스: 네.

소크라테스: 키타라 연주자와 체육 선생도 마찬가지로?

알키비아데스: 물론입니다.

소크라테스: 아마도 이건 무엇이건 아는 자들의 알고 있다는 훌륭한 증거이겠는데, 다른 사람도 아는 자로서 증명해 보일 수 있는 경우에는 말이네.

알키비아데스: 제게는 그리 생각됩니다.

소크라테스: 그럼, 어떤가? 페리클레스가, 두 아들을 비롯해서, 누굴 지혜롭게 만들었는지 자네는 말할 수 있는가?[35]

---

35) 이와 관련해서 《프로타고라스》 편 314e~315a에는 당대 아테네에서 첫째가는 부호 Hipponikos의 재산을 상속받은 Kallias의 집에서 묵고 있던 프로타고라스가 회랑을 거닐고 있을 때, 그 뒤를 따르고 있는 무리 속에 페리클레스의 두 아들 Paralos와 Xanthippos가 뒤따르고 있는 장면이 나온 뒤에, 319e~320a에서는 프로타고라스를 상대로 대화하는 소크라테스가 이런 말을 하는 장면이 나온다. "여기 이들 젊은이들의 아버지인 페리클레스는 선생들과 관련되는 것들에 있어서는 이들을 훌륭하디훌륭하게 교육했습니다. 그러나 정작 그 자신이 지혜로운 것들에 있어서는 스스로 이들을 교육하지도 못하고, 다른 사람에게 전수하여 가르치게 하지도 못하였기 때문에, 이들은, 마치 풀려난 가축들처럼, 스스로들 방목 상

e 알키비아데스: 페리클레스의 두 아들이 바보들이라면 어떨까요, 소크라테스 선생님?

소크라테스: 자네의 아우 클레이니아스는?[36]

알키비아데스: 광인인 클레이니아스는 왜 말씀하시는 거죠?

소크라테스: 그러니까 만일에 클레이니아스가 미치고, 반면에 페리클레스의 두 아들은 바보들이라면, 자네가 이런 상태에 있는 걸 왜 그가 눈감아 버리는가 하고 우리가 무슨 탓을 하겠는가?

알키비아데스: 유념하지 않는 건 제 탓이라 생각합니다.

119a 소크라테스: 그러나 아테네인들 중에서고 딴 나라 사람들 중에서고, 노예건 자유민이건, 페리클레스와 함께함으로 해서 더 지혜로워진 덕을 본 사람은 누구든 말하게나. 내가 제논[37] 덕으로 지혜로워지

태로 돌아다니다가, 어디선가 그럴 수만 있다면, 스스로들 우연스레 그 훌륭함(aretē)에 접하게 되는 겁니다."

36) 바로 앞의 각주에 인용된 대목에서 곧바로 이어지는 구절이 다음 것이다. "괜찮다면, 여기 이 알키비아데스의 동생인 클레이니아스의 경우를 봅시다. 같은 이 사람 페리클레스가 그의 후견인이 되어, 그에 대해서 알키비아데스에 의해 그야말로 버려 놓게 되지 않을까 두려워하며, 그에게서 떼어서, 아리프론의 집에 있게 하고서 교육시켰죠. 그랬는데 여섯 달도 되기 전에, 그를 어떻게 다루어야 할지 몰라, 그에게로 돌려보냈습니다."(같은 대화편 320a~b) 그리고 여기서 언급된 Ariphrōn은 페리클레스와 형제간이다. 여기 언급된 '클레이니아스'는 아버지의 이름을 딴 그 아들이다. 그리고 Burnet 판 원문의 끝 마침표(.)는 의문부호(;)의 오타(오식?)로 보아, 고쳐 읽었다.

37) Elea의 Zēnōn(약 490~445 이후)은 플라톤의 대화편 《파르메니데스》 127b에 등장하는 파르메니데스의 25년 연하의 제자이다. 그는 네 가지 패러독스로 유명한데, 이 역설들은 스승 파르메니데스의 불변·불가분의 하나뿐인 것(일자: to hen)을 간접적으로 옹호하기 위한 것들로, 다원론자들이 실재하는 '여럿(多)'과 '운동'을 내세우는 주장들이 얼마나 허술한 것들인지를 알도록 하려는 것들이다. 이를테면, 하나의 선분은 점들로 이

고 저명하게 된 사람들로 이솔로코스의 아들 피토도로스[38]와 칼리아도스의 아들 칼리아스[39]를 자네에게 말할 수 있듯이. 이들 각각은 제논에게 일백 므나[40]를 지불하고서였네.

알키비아데스: 그러나 맹세코, 저는 아무도 댈 수가 없네요.

소크라테스: 됐네. 그러면 자네는 스스로와 관련해서는 무슨 생각을 하고 있는가? 지금 상태로 그냥 있을 것인지, 아니면 뭔가 마음 쓸 일을 할 것인지?

알키비아데스: 공동 협의요, 소크라테스 선생님! 하지만 선생님께서 말씀하시면, 생각하고서 동의할 것입니다. 나랏일들을 다루는 사람들이 소수를 제외하고는 교육을 받지 못한 사람들인 걸로 제게는 생각되니까요. b

소크라테스: 그렇다면 그 말은 왜?

알키비아데스: 제 생각으론, 만약에 그들이 교육을 받은 자들이라면, 이들을 상대로 맞싸우려는 자들도 배우고 단련도 하고서 경합 상대들에게로 나아가야만 할 것입니다. 그러나 지금은 이들 또한 문외

루어진 것으로 말하는데, 선분에서의 점들은 무한히 많기에, 이는 무한대일 수도 있고, 모든 사물도 무한대일 수 있다. 유한한 것이 동시에 무한하다는 것은 자기모순이다. "날아가는 화살은 정지하고 있다"든가 "앞선 거북이를 아킬레우스는 따라잡을 수 없다" 같은 것들이다. 나는 화살은 '찰나'에는 정지하고 있으며, 정지의 합이 운동일 수는 없다는 식의 논리이다.

38) 여기서 말하는 Pythodōros는 Elea의 Zēnōn의 제자이며, 아테네의 장군이기도 했다.

39) Kalliadēs의 아들 Kallias는 여기서도 말하듯, 제논의 제자로서, 장래의 전쟁에 대비한 아테네의 전력 강화를 목표로 한 정치에 관심을 가졌다고 한다.

40) 화폐 단위 mna와 관련해서는 이 책에 함께 실린 《대 히피아스》 편 282e의 해당 각주를 참조할 것.

한들인 상태로[41] 나랏일들에 뛰어든 터이니, 무슨 이유로 제가 수련을 하고 배우며 수고를 해야만 합니까? 이들보다야 적어도 자질에 있어
c 서는 제가 월등하게 뛰어난 터이니까요.

소크라테스: 이런, 이보게나, 자네가 이런 말을 하다니! 자네 풍채와 그 밖에도 자네에게 있는 것들의 값도 못하는 말을 어쩌면 그렇게!

알키비아데스: 딱히 뭣 때문에 그리고 무엇과 관련해서 그 말씀을 하시는지요, 소크라테스 선생님?

소크라테스: 자네를 위해서도 그리고 나의 사랑을 위해서도 안타깝네.

알키비아데스: 왜죠?

소크라테스: 자네가 자네의 이 시합을 여기 있는 이 사람들을 상대로 하는 것인 줄로 생각하고 있다면.

알키비아데스: 하면, 실상 누구들을 상대로?

d 소크라테스: 스스로 기개가 늠름한 것으로 생각하는 남자가 이런 걸 묻기까지 하다니.

알키비아데스: 어떻게 하시는 말씀인지? 저의 이 경합은 이들을 상대로 하는 게 아닌가요?

소크라테스: 가령 삼단 노 전함을 조종하면서 해전을 한다고 생각해 볼 경우라 할지라도, 그래 자네로선 같은 선원들 중에서 조타술과

---

41) 여기서 '문외한들인 상태로(idiōtikōs)'는 요즘 표현으로는 '아마추어 상태로'를 뜻한다. 이를테면, 의사(iatros)라든가 어떤 장인(dēmiourgos)의 경우처럼 어떤 분야의 '전문가'에 대비되는 '개인' 또는 '사인(私人)'을 헬라스어로는 idiōtēs라 하는데, 흔히 말하는 layman에 해당된다. 물론 의사의 경우에는 '개업의'가 아닌 경우의 '의사 실력을 갖춘 사람'일지라도 이에 해당되겠다.

119d

관련되는 일들과 관련해서 최선자인 걸로 만족할 것인지, 또는 이것도 갖추어야만 하는 걸로 생각하더라도, 진짜 적대자들 쪽으로 응시하되, 이들을 지금의 경합자들을 바라보듯 해서는 안 되겠지? 이들보다는 확실히 월등하게 되어서, 이들이 맞상대가 된다고 생각하지 못
할 정도가 아니라, 적들을 상대로 자네와 함께 싸우게 되어서는, 이들 e
이 멸시를 받을 정도로 되어야 하는 거지. 만약에 자네가 진실로 자네 자신과 나라에도 어울리는 그런 훌륭한 어떤 일을 증명해 보일 생각을 하고 있다면야.

알키비아데스: 그러나 사실 그런 생각은 어쨌든 하고 있죠.

소크라테스: 그러니까 자네로선 병사들보다 더 나으면, 그걸로 족한 걸로 생각하겠지만, 전쟁 상대들의 통솔자들을 눈여겨보지는 않고 있는 걸세. 그들을 살피고 그들에 대비해서 단련을 함으로써 그들보다 더 낫게 되었는지 유념하면서 말일세.

알키비아데스: 한데, 누구들을 이들로 말씀하시는 겁니까, 소크라 120a
테스 선생님?

소크라테스: 자네는 모르는가, 우리나라가 라케다이몬인들 그리고 대왕과 매번 전쟁을 하고 있는 걸?[42]

알키비아데스: 진실을 말씀하십니다.

소크라테스: 그러니까 만약에 자네가 이 나라의 영도자가 될 뜻을 품고 있다면, 자네의 싸움은 라케다이몬인들의 왕들과 페르시아의 대왕들을 상대로 하는 것이라 생각하는 게 옳지 않겠는가?

알키비아데스: 진실을 말씀하시는 것 같습니다.

---

42) 곧 스파르타인들과는 헬라스의 주도권 다툼 때문에, 페르시아의 대왕은 여러 차례의 헬라스 침공으로 대전들을 치렀으며, 수시로 해양 등에서 충돌을 하게 되어서 하는 말이겠다.

120a

소크라테스: 아닐세, 이보게! 자네는 메추라기 튀기기 놀이에 능숙
b 한 자인 메이디아스[43]와 그런 류의 다른 사람들에 대해 주목해야 하네. 이들은 나랏일들을 하려고 들지만, 아직도 여인들이 그리 말하겠는 그런 노예 꼴의 머리를 하고서,[44] 그 혼에는 교양이라곤 없이, 그 꼴을 벗어던져 버리지도 못한 채로, 여전히 알아들을 수 없는 말을 하면서, 이 나라에 아첨하러 왔지, 다스리려 온 자들이 아닐세. 내가 말하고 있는 바로 이런 자들을 자네는 보고서, 스스로에 대해 등한히 해야만 하네. 또한 배움과 관련되는 하고많은 것들을 배우지도 말고, 큰
c 경합을 하려고 수련하기로 했던 그 많은 수련도 하지 않고서, 일체의 준비가 갖추어진 자로서 이처럼 나랏일들에 임하는 걸세.

---

43) Meidias는 당시 데모스테네스와 대립관계에 있던 아테네의 중요한 정치인들 중의 한 사람이었던 Euboulos(약 405년~약 335년)의 추종자로서, 그 역시 아테네의 정치인이었다. 그런데 당시에 헬라스로 날아오는 겨울 철새들 중에서 제일 많은 것이 메추라기(ortyx)였다는데, 거울을 이용하거나 그물로 잡아서, 특히 여기서 말하는 놀이에 이용되었다고도 한다. 이 놀이는 주인이 훈련시킨 메추라기를 판자 따위의 일정 공간에 놓고서 내기를 하는 것인데, 이 내기에 도전하는 사람이 메추라기의 동그스름한 머리에, 요즘 우리가 꿀밤을 먹이는 식으로 한 손가락을 튀기는데, 훈련받은 메추라기가 겁을 먹고 물러나면, 주인이 지는 것이고, 그러지 않고 버티면 주인이 이기는 놀이였다고 한다. 이 놀이가 ortygokopia(메추라기 [머리] 튀기기 놀이) 곧 '메추라기 꿀밤 주기 놀이'였다. 이 놀이에 능숙한 사람을 ho ortygokopos(=ortygokopikos)라 했는데, 메이디아스가 바로 그런 사람이었다고 여기서 말하고 있다. 그런 연으로 아리스토파네스의 《새들(*Ornithes*)》, 1297~1299행에서는 그가 메추라기로 풍자되고 있다.

44) 일을 해야만 하는 노예들이니, 반드시 짧은 머리를 해야만 했고, 헬라스인들의 물결 모양의 긴 머리와 대비되는 표현이다. 그리고 바로 앞에서 '여인들이 말하겠는'이 뜻하는 것은 그런 꼴을 흉잡아서 하는 여인들 특유의 말투와 표현을 가리켜 하는 말이다.

120c

알키비아데스: 그러나, 소크라테스 선생님, 제게는 선생님께서 진실을 말씀하시는 것으로 생각됩니다. 라케다이몬인들의 장군들과 페르시아의 왕들도 다른 사람들과 전혀 다르지 않다고 저는 생각합니다.

소크라테스: 그러나, 이보게나, 자네가 지니고 있는 이 생각이 어떤 것인지 생각해 보게나.

알키비아데스: 무엇과 관련해서 말씀하시는 건지?

소크라테스: 첫째로, 자네 자신에 대해서 더 마음 쓰게 되는 것이,
이들을 두렵다고 생각하고 무서워하는 쪽 또는 그러지 않는 쪽 중에 d
서 어느 쪽인가?

알키비아데스: 두렵다고 제가 생각하는 쪽인 게 명백합니다.

소크라테스: 그러면 자네는 자네가 스스로에 대해서 마음 쓰게 됨으로써 뭔가 해를 입을 것으로 생각지는 않는가?

알키비아데스: 결코 그렇지가 않고, 크게 이득을 보게도 될 것으로 생각합니다.

소크라테스: 그렇다면 [자네의] 이 생각은 그만큼의 한 가지 나쁜 면도 갖고 있네.

알키비아데스: 진실을 말씀하십니다.

소크라테스: 따라서 둘째로는, 그게 거짓이기까지 하다는 걸, 개연성의 관점에서 고찰하게나.

알키비아데스: 그러니까, 어떻게?

소크라테스: 명문 출신들 중에서 더 나은 성향의 사람들이 태어날
것 같은지 또는 그렇지 않은지? e

알키비아데스: 명문 출신들 중에서 그럴 게 명백합니다.

소크라테스: 그러니까 출신이 좋은 자들이 훌륭하게 양육되기까지

하면, [사람으로서의] 훌륭함[45]과 관련해서도 이처럼 완벽해지지 않

45) 원어는 aretē이다. aretē와 관련해서는 졸저 《적도(適度) 또는 중용의 사상》 개정·증보판 87~92쪽에서 충분히 설명한 바 있어서, 가급적 이를 참조하는 것을 권하지만, 당장의 편의를 위한 간명한 정리 형태의 설명만 하겠다. 이 용어는 호메로스의 《일리아스》에서부터 등장하는 헬라스 사상에서 큰 비중을 차지하는 개념이다. 이 작품에서 '아레테'는 우선 온갖 '빼어남(excellence)'을 뜻한다. 다음으로 그것은 전쟁 영웅들의 '용기'(8. 535, 13. 237, 20. 242)를 뜻한다. 그래서 훗날 사람들이 '용기'의 뜻으로 쓰게 되는 andreia라는 말을 그에게서는 따로 찾아볼 수 없다. 시대가 바뀌면서 그것은, 전쟁터에서의 관점에서만이 아니라, 사람 자체의 관점에서 '사람다움' 곧 사람으로서의 '훌륭함(goodness)'을 더 많이 뜻하게 되었고, 이를 우리는 곧잘 '덕(virtue)'으로 일컫기도 한다. 그 반대는 '나쁨(나쁜 상태: kakia=badness)'이다. 또한 이에서 더 나아가 온갖 도구를 비롯한 인위적인 것들이나 생물 등을 포함한 자연적인 것들에도 그리고 인간의 활동이나 직업에 따라서도 그 기능(ergon)이 있고, 이에 따른 '훌륭함'의 지칭으로도 이 말이 쓰인다. 이를테면, 칼이나 침상, 아울로스(aulos) 따위의 악기 또는 공동체, 눈이나 귀, 몸, 군인 등, 심지어는 토양 따위(122d 참조)에도 그 기능과 연관된 '아레테'는 있게 마련이다. 따라서 원칙적으로 '아레테'는 독립적인 것이 아니라, 반드시 '[…의] 훌륭한 상태' 또는 '[…(으)로서의] 훌륭함'이라는 말의 기본 틀에서 벗어나지 않는 범위의 것이므로, 사람의 경우에는 이에 '사람'을 대입시켜 '[사람의] 훌륭한 상태' 또는 '[사람으로서의] 훌륭함'이라 함이 논의의 보편성에 부합하는 번역어가 되겠다. 물론 사람에게 적용되는 '아레테'를 우리말로 번역할 경우에, 의미 전달의 편리함을 위해서라면, 우리에게 익숙한 '덕'으로 옮기는 것이 좋겠으나, 의미 전달의 정확성과 보편성을 위해서는, 그것이 모든 종류의 사물에 두루 적용되는 것임을 고려해서, 적어도 헬라스 사상의 경우에는 '[…의] 훌륭한 상태' 또는 '[…으로서의] 훌륭함'으로 옮기는 것이 옳다. 영어로는 '덕'의 뜻으로는 virtue로 옮기지만, 그 본뜻을 살리는 관점에서는 excellence 또는 goodness를 그 번역으로 쓰고들 있는데, 영어권에서는 대개 excellence를 그 번역으로 쓰고 있다. 따라서 이를 우리 쪽에서도 '탁월함', '탁월성'으로 옮기고 있다. 그러나 나는 goodness 쪽을 애써 택하고 있다. 왜냐하면 excellence(탁월성·빼어남)는 '상대적·대비적 관점'에서 말하는 것인데, aretē는 그런 것이라기보

120e

겠는가?

알키비아데스: 그야 필연적입니다.

소크라테스: 그러면 고찰해 보세나. 그들의 혈통에 우리의 그것을 대비함으로써, 먼저 라케다이몬인들의 왕들과 페르시아의 왕들이 더 천한 혈통인지를. 이들 한쪽은 헤라클레스[46]의 혈통이지만, 다른 한쪽은 아카이메네스[47]의 후손들로서, 헤라클레스의 혈통과 아카이메네스의 혈통도 제우스의 아들인 페르세우스로 거슬러 올라가게 된다는 걸 우리가 알고 있지 않은가?

알키비아데스: 저희들의 혈통도, 소크라테스 선생님, 에우리사케 121a
스[48]로, 에우리사케스는 제우스로 거슬러 올라갑니다.

소크라테스: 알키비아데스여, 실은 우리 혈통도 다이달로스[49]로 거

다는 어떤 사물이 그 '종류 나름'의 기능과 관련해서 이를 수 있는 '이상적인 훌륭한 상태'로서의 goodness를 뜻하기 때문이다.

46) Hēraklēs는 제우스의 아들이고, 펠로폰네소스 반도에 이주해서 라코니케 곧 스파르타를 세운 도리스 부족은 그의 후손들이다.

47) Akhaimenēs도 제우스의 아들로서, 그의 후손들인 Akhaimenides가 다스리게 되는 페르시아의 시조이다. 페르시아는 Kyros 대왕(559~529)에 의해 제국으로서의 위상을 갖추게 된다.

48) Eurysakēs는 Aiakos의 증손자이고, 아이아코스는 제우스의 아들이다. 그는 아테네의 외항 피레우스 건너편의 섬 Salamis의 왕이었으며, 이 섬은 솔론의 시대에 아테네에 병탄되었다.

49) Daidalos 자신에 대해서는 앞서 《대 히피아스》 편(282a의 해당 각주)에서 이미 언급했다. 그런데 《에우티프론》 편(11b~c)에서는 소크라테스가 '우리 선조이신 다이달로스…'라 말하고 있는데, 이는 자신의 선친인 소프로니스코스가 석수(石手 또는 조각가)였고, 소크라테스 자신도 한때는 같은 일을 했다니까, 가통(家統)으로 말하면, 그도 다이달로스의 후예인 셈이고, 다이달로스는 대장일의 신이며 제우스의 아들인 헤파이스토스의 후손인 셈이다. 마치 의사들이 의신 Asklēpios의 후예들(Asklēpiadai)로 불리듯 말이다.

121a

슬러 올라가며, 다이달로스는 제우스의 아들 헤파이스토스로 거슬러
올라가네. 그러나 저들의 혈통도 이들로부터 왕들은 제우스에 이르
기까지의 왕들에서 왕들로 이어지네. 아르고스[50]의 왕들도 라케다이
몬인들의 왕들도 그랬네. 반면에 페르시아의 왕들도 늘 그랬지만, 지
금도 그렇듯, 여러 차례나 아시아[51]의 왕들이기도 했네. 반면에 우리
b 는 자신들도 사인들이지만, 아버지들도 그러했네. 그러나 만약에 자
네로 하여금 조상들과 에우리사케스의 조국 살라미스를 밝히지 않을
수 없도록 한다면, 또는 더 이전의 아이기나의 아이아코스[52]를 들먹
이게 한다면, 크세르크세스의 아들 아르토크세르크세스[53]에게 얼마

50) Argos는 펠로폰네소스 반도의 북동쪽 Mykēnē 아래쪽에 있던 나라였으며, 호메로스 시대의 영웅들인 디오메데스와 아가멤논의 왕국이었다. 도리스 부족에 펠로폰네소스가 침공당했을 때, 헤라클레스의 후손들은 Tēmenos의 지휘 아래 이를 성공적으로 막아 냈는데, 이들은 관할 지역을 아르고스와 라케다이몬(스파르타) 그리고 메세니아로 삼분해서, 아르고스는 테메노스 차지가 된다. 그런데 이들 세 나라는 이후로 심각한 영토 싸움을 하게 된다. 기원전 7세기 중엽까지만 해도 라케다이몬을 견제할 정도로 강력했던 아르고스는 이후 스파르타의 영향권 아래에서 기를 펴지 못한 상태로 있게 된다. 반면에 Messēnia라 불리던 나라로, 펠로폰네소스 반도의 서남 끝 쪽에 있던 이 나라는 농작물이 잘 자라는 곳이었는데, 8세기 말에 스파르타가 서쪽의 Taugetos산을 넘어가 정복해 버렸다. 7세기 중엽에 스파르타에 항거해 봉기했으나, 결국 합병되어, 그 땅은 스파르타인들에게 분배되고, 이 나라 사람들은 이른바 농노들(Heilōtai)로서, 그 땅을 분배받은 스파르타인 주인에게 농산물 수확의 반을 바쳤다. 이후 근 300년 동안 그들은 이런 농노 생활을 하면서도, 자주 반란을 일으켰으나, 370/369년에야 테베(Thēbai)의 도움을 받아 300년 만에 스파르타에서 독립하게 되어, 나라 이름을 Messēnē로 갖는다.

51) 여기서 말하는 '아시아'는 '소아시아'이다.

52) Aiakos는 제우스와 요정 Aigina 사이의 아들로서, 아이기나섬은 그 이름을 딴 것이다. 이 섬과 관련된 이야기가 《크라틸로스》 편 433a의 해당 각주에 있으니, 참고하는 것도 좋겠다.

나 웃음을 사겠는지 짐작이 되겠는가? 그 사람들의 혈통의 규모로 해서 그리고 그 밖의 양육으로 해서도 우리가 얼마나 열세인지 보게나. 혹여 자네는 라케다이몬인들의 왕들에게 얼마나 큰 혜택들이 있는지, 그리고 그들의 아내들은 '에포로스들'[54]에 의해 공적으로 수호를 받는데, 왕이 헤라클레스의 후손들 이외의 타인에게서 몰래 출생을 보게 될 가능성이 없도록 하느라 해서임을 자네는 모르는가? 한데, 페르시 c
아인들의 왕은 아주 월등해서, 제 소생 이외의 다른 사람의 소생이 왕이 될 수도 있을 것이라는 의심은 아무도 갖지 않네. 이 때문에 왕의 부인은 다름 아닌 두려움의 보호를 받고 있네. 한데, 맏아들이 태어나면, 통치권이 바로 그의 것인데, 궁전에서 왕의 통치를 받는 모든 신하들이 맨 먼저 잔치를 하는데, 이후에 다른 때 이 날에 왕의 생일을 온 아시아가 제물을 바치고 잔치를 하네. 그러나 우리가 태어나면, 희 d
극 작가들의 말대로, 알키비아데스여, 이웃들조차도 제대로 알아차리지 못하네. 그다음에 아이는, 보잘것없는 보모에 의해서가 아니라, 왕 주변의 환관들 중에서 가장 훌륭한 걸로 간주되는 환관들에 의해 양육되네. 이들에게는 이 신생아를 다른 일들로도 보살피도록 지시되어 있는데, 아이의 사지를 교정해서 바로잡아 주어, 최대한으로 준수하게 만들게끔 짜여 있네. 그리고 이런 일들을 하는 이들은 큰 명예

---

53) Artoxerxes(464~424)는 105c에서 언급된 크세르크세스 왕의 후계자이다.

54) 원어는 hoi ephoroi이다. 5명의 '에포로스(ephoros)'들의 선출은 해마다 모든 스파르타 시민들을 상대로 했는데, 아마도 그 성격상 왕들과 귀족들을 견제하는 역할을 동시에 수행하도록 한 제도였던 것 같다. 우리말로 굳이 옮긴다면, '국정 감독관들'이라 할 수 있겠다. 색다른 스파르타의 국정과 관련된 제도의 기본 틀에 대해서는 《법률》 편 제3권 691c~692b의 본문 및 이에 대한 각주들을 참고하는 게 도움이 되겠다.

121d

e 를 누리지. 이 아이들이 일곱 살이 되면, 말을 타며 승마 교사들에게로 가며, 수렵하러 가는 것도 시작하지. 열네 살이 되면, 저들이 왕들의 사부들로 일컫는 이들이 넘겨받네. 이들은 페르시아인들 중에서 가장 훌륭한 이들로 판단되는 어른 나이의 네 사람인데, 가장 지혜로운 사람, 가장 올바른 사람, 가장 절제 있는 사람, 그리고 가장 용감한
122a 사람일세. 이들 중의 한 사람은 호로마제스의 아들 조로아스트레스[55]
의 교리를 가르치지만—이는 신들에 대한 섬김이네만—왕과 관련된 것들도 가르치네. 반면에 가장 올바른 사람은 평생토록 진실할 것을 가르치고, 가장 절제 있는 사람은 쾌락들 중의 어느 하나에 의해서도 지배당하지 않도록 가르치는데, 이는 첫째로 자기 안에 있는 모든 것들을 다스리되 그 노예가 되지 않도록 함으로써, 자유롭도록 길들이어 참으로 왕답도록 하느라 해서네. 한데, 가장 용감한 사람은 두려움이 없고 위압당하지 않도록 준비함으로써, 위압당하면, 노예인 거라
b 고 가르치네. 그러나, 알키비아데스여, 자네에게는 페리클레스가 하인들 중에서도 노령으로 가장 쓸모없는 트라케인 조피로스를 학동 수행자[56]로 붙였네. 경쟁자들의 양육과 교육에 대해서는 그 밖에도 다른 걸 자세히 말할 수 있었을 것이네. 만약에 그것도 엄청난 일인 데다,

---

55) Zōroastrēs는 Zarathustra의 헬라스식 표기로서 페르시아 종교의 교조이다. 이 종교의 성직자나 현자는 Magos로 불리었고, 그 교리를 mageia라 일컬었다.

56) 이 문장에서 '학동 수행자'로 옮긴 것의 원어는 paidagōgos이다. 이는 '아이(pais)의(paidos) 인도자(agōgos)'란 뜻으로, 헬라스에서는 소년이 학관이나 김나시온(gymnasion) 등에 오갈 때나 외출 시에 수행하는 하인이나 노예를 가리킨다. 영어 pedagogue(교사, 교육자)는 이에서 유래된 말이다. 그런데 121e에서는 페르시아 왕실에서 왕자를 가르치는 사람들을 '사부'로 옮겼는데, 이 경우의 '사부'의 원어가 바로 같은 이 낱말이다.

122b

동시에 이에 따르는 그 밖의 것들까지도 충분히 설명하는 일이 아니었다면 말일세. 허나, 알키비아데스여, 자네의 출생과 양육 그리고 교육은, 또는 아테네인들 중의 누구의 그것들이건, 흔히 말하듯, 아무에게도 상관없는 일일세. 자네를 사랑하는 사람이 아니라면 말일세. 또한 자네가 페르시아인들의 부와 사치, 두름겉옷의 의상과 그 옷자락,
미르라 향료연고와 수행하는 많은 하인들 그리고 그 밖의 페르시아 c
인들의 사치를 보고 싶어 한다면, 자신이 이들에 비해 얼마나 부족한지를 느끼고서, 스스로에 대해 창피해하게 될 걸세. 그러나 이번에는 라케다이몬인들의 절제와 절도 있음, 선뜻 나섬, 좋은 성격, 호기로움, 질서감, 용기, 인내심, 부지런함, 경쟁심, 공명심을 자네가 주목한다면, 이들 모두에 비해 자네가 전적으로 아이라는 생각을 할 게야.
한데, 다시 부에 대해서 조금이라도 주목하게 된다면, 이와 관련해서 d
도 뭔가 생각하는 바가 있을 것이야. 자네가 어떤 처지에 서 있는지를 어떻게라도 느끼게 된다면 말일세. 만약에 자네가 라케다이몬인들의 부를 들여다보고자 한다면, 이곳 것들이 저곳 것들보다도 훨씬 못 미친다는 사실을 자네가 알게 될 것이기 때문이지. 땅은 그들 자신의 것과 메세네의 것으로 그들이 가진 것이 얼마나 큰 것인지, 그 규모에 있어서의 그것들과 그 빼어남[57]에 있어서의 그것들 중의 어느 하나와도 말다툼거리가 되지 않거니와, 다른 노예들과 농노들 집단[58]의 소

---

57) 원어 aretē가 이런 경우에도 쓰이고 있는 하나의 좋은 사례일 것이다. 120e의 해당 각주에서 언급했던 이 낱말의 쓰임과 관련된 언급들 중에서 토양과 관련된 '아레테'의 쓰임에 대한 부분을 다시 확인해 볼 일이겠다. 《크리티아스》 편(110e)에서도 토양의 '빼어남'을 이 낱말로 표현하고 있다.

58) 원어는 hoi heilōtikoi인데, 보통 단수는 Heilōs 또는 Heilōtēs로 일컫는다. 이 명칭은 라코니아의 Helos라는 마을의 주민들이 노예로 된 데서

122d

유에 있어서도, 실로 말들과 그 밖의 메세네에서 방목되는 하고많은 가
e 축들의 소유에 있어서도 말다툼거리가 되지 않네. 그러나 이 모든 것
들은 그만 말하겠네만, 금과 은이 온 헬라스를 통틀어 라케다이몬에
서 사사로이 갖고 있는 것들만큼 되지 않네.[59] 여러 세대 동안 온 사방
의 헬라스인들에게서 이곳으로 유입되었는데, 이방인들에게서도 여러
차례나 유입되기도 했지만, 어디로든 밖으로 흘러나오는 일은 없는데,
123a 영락없이 여우가 사자한테 말했다는 아이소포스의 우화대로야.[60] 라

유래된 것이라는데, 헬라스어로 haireō(덮치다·붙잡다·굴복시키다 등)의 수동형 helō에서 유래했다고도 한다.

59) 과연 그 시기의 스파르타에 금은이 그처럼 많았는지는 의문스럽다. 리쿠르고스에 의해 제도화된 스파르타의 체제에서는 금화나 은화는 쓰지 못하고, 쇠돈(철전)만 썼다고 한다. 많이는 갖고 다닐 수도 없고, 우마로 실어 나를 수밖에 없겠는 정도의 금액일 쇠돈으로 고가의 귀한 걸 살 엄두도 낼 수 없고, 그럴 이유도 없는 절제된 생활을 했던 스파르타인들이었다고 한다. 도대체 외국과의 교역이 거의 없던 스파르타였다는 건 잘 알려진 일이다. 스파르타의 '외국인 추방(xenēlasia)'도 그 일환이다. 그랬던 스파르타 사람들이 금이나 은에 눈독을 들이고 이를 챙기기 시작한 것과 관련해서는 플루타르코스의 《대비열전》 〈리쿠르고스〉 편 XXX에 이런 언급이 보인다. 펠로폰네소스 전쟁이 끝난 해인 404년에 아테네의 항복을 받아 낸 스파르타의 해군사령관 리산드로스(Lysandros)가 법을 어기고서 전쟁에서 얻게 된 금 · 은을 갖고 들어옴으로써 "조국을 부에 대한 사랑과 사치로써 채웠다"고 말하고 있다. 이게 사실이라면, 이 대화편의 설정 시기인 432년까지의 스파르타의 실정과는 너무도 거리가 먼 이야기가 되니, 그럴 경우에 이 대화편 속의 이 이야기는 시기 혼동에 따른 것 곧 anachronism일 수도 있겠다. 아니면 이런 생각은 해 볼 수 있겠다. 스파르타인들이 금이나 은을 비축한 것은 그걸 쓰기 위해서가 아니라, 그냥 보물처럼 지니고 있기 위해서였다고 말이다. 이와 관련해서는 졸저 《적도 또는 중용의 사상》(개정 증보판) 45~46쪽을 참조하는 것도 도움이 되겠다.

60) 사냥을 더는 할 수 없게 된 늙은 사자가 병이 든 것처럼 가장하고서 동굴에 들어가 앉았는데, 다른 짐승들이 궁금해서 그걸 확인하러 그 동굴로

123a

케다이몬으로 들어간 돈의 거기로 간 흔적들은 선명하나, 어디로도 나온 흔적은 아무도 볼 수가 없는 거지. 그래서 금과 은으로는 그곳 사람들이 헬라스인들 중에서는 가장 부유하고, 바로 그들 중에서도 왕이 그렇지. 그런 것들로 인한 최대의 대다수의 취함도 왕들에게 있으며, 더 나아가 왕의 세수 또한 적지 않을 것이니, 이는 라케다이몬
인들이 왕들[61]에게 바치는 것이네. 그런데 라케다이몬인들의 부도 다 b
른 헬라스인들의 부보다는 크지만, 페르시아인들과 그들의 왕들의 부에 비하면, 아무것도 아니네. 언젠가 그들의 왕궁을 방문했던 사람들 중에서 내가 믿을 만한 사람에게서 들었는데, 그가 거의 하룻길의 아주 크고 훌륭한 지역을 지나갔고, 이 지역을 그 지역 사람들은 '왕후의 띠'[62]로 일컬었다고 했네. 그런가 하면 다른 지역도 이번에는 [왕후
의] '면사포'[63]로 불리게 되었으며, 그 밖에도 다른 많은 훌륭하디훌륭 c
한 곳들이 왕후의 치장에 할당되어, 각각의 치장에서 각각의 지역 이름들을 따와 갖게 되었다고 했네. 그래서 가령 누군가가 태상왕후, 곧 크세르크세스의 왕후 아메스트리스에게 데이노마케의 아들이 당신의 아들과 맞설 생각을 하고 있다고 말하되, 그 어머니의 의상은 아마도 많아야 오십 므나 정도의 가치가 있는 것이고, 이 여인의 아들에게는 에르키아[64]에 삼백 플레트론[65]도 되지 않는 땅이 있다고 말한다면,

들어갔으나, 나오는 짐승은 하나도 없다는 걸 간파한 여우에게 사자가, "너는 왜 들어오지 않는 게야?" 하고 묻는다. 여우의 대답인즉, "들어간 발자국들은 있으나, 되돌아 나온 발자국은 없지 않으냐?"고 했다는 이야기다.

61) 스파르타의 왕들은 법적으로 둘이었다.

62) 원어는 zōnē로서, 허리띠 같은 띠를 뜻하는 말이지만, 페르시아의 왕후가 그걸 사는 데 쓸 비용을 대기 위한 땅을 뜻한다.

63) 원어는 kalyptra로 이번에는 그 비용을 대기 위한 땅인 셈이다.

64) Erkhia는 아티케 내륙 지역 지역에 있지만, 동쪽의 해안 지역과 인접

123c

도대체 뭘 믿고 이 알키비아데스가 아르토크세르크세스와 맞싸울 생
d 각을 하는 것인지 놀랄 것이라고 나는 생각하네. 또한 나는 이 태상왕
후가 이런 말을 함 직하다고 생각하네. 이 사람이 믿고서 시도할 것은
애씀[66]과 지혜 이외에는 아무것도 없다고. 왜냐하면 헬라스인들에게
있어서는 이것들만이 내세울 가치가 있는 것들이기 때문이지 하고.
어쨌거나 정작 이 알키비아데스가 첫째로는 아직도 스무 살이 채 되
지도 않았고, 다음으로는 전혀 교육도 받지 못했으며, 이에 더해, 그
를 사랑하는 자가 그에게 말하길 배우고서 스스로에 대해 마음을 쓰
게 되고 이렇게 단련을 하고서야 왕과 대결하러 가라고 하는데도, 그
e 러려고 하지는 않고, 지금 상태 그대로 충분하다고 말하는 걸 태상황
후가 듣게라도 된다면, 놀라서 물을 것이라고 나는 생각하네. "그러니
까 도대체 저 청년이 믿고 있는 것은 무엇인가요?" 그래서 우리가 빼
어난 용모와 체구, 혈통, 부, 혼의 성향을 말한다면, 알키비아데스여,
왕후는 자기들 쪽의 그런 모든 것들에 비춰 보고서는 우리를 미쳤다
고 생각할 것이야. 그런가 하면, 모두가 왕으로 된 레오티키데스의 딸
124a 이며, 아르키다모스의 아내이고, 아기스의 어머니인 람피토[67]조차도
자신들에게 있는 것들에 이를 비추어 보고서는 놀랄 것이야. 만약에

한 지역이다.

65) plethron(복수는 plethra)은 100피트(포데스)에 해당된다. '포데스=feet'임.

66) 원어는 epimeleia인데, 다른 경우에는 '마음 씀'으로 옮겼던 말이다. 이 낱말은 자신의 능력 향상 같은 것에 '마음 씀'은 '애씀'으로 표현하는 것이 더 적절하겠다. 따라서 이 두 번역어는 이후로 문맥에 따라 혼용되겠다.

67) Lampitō의 아버지 Leōtykhides의 재임 기간은 약 491~469년이고, Arkhidamos의 그것은 469?~427년이며, Agis의 그것은 427~400년이다.

124a

자네가, 이렇게 보잘것없는 상태로 지낸 터에, 자기의 아들과 겨룰 생각을 하고 있다면 말일세. 그런데도 부끄러운 걸로 생각되지 않는가? 만약에 적들의 여인들조차도 자기들에게 대적하려고 하는 자들이 어떤 정도의 사람들이어야만 하는지를, 우리가 우리 자신들에 대해 생각하는 것보다도 우리들과 관련해서 더 훌륭한 생각을 하고 있다면 말이네. 하니, 이보게나, 내 말에 그리고 델피의 명문(銘文)[68]에 따라 "너 자신을 알라"는 걸세. 우리의 경쟁자들은 이들이지, 자네가 생각 b
하는 자들이 아니기 때문이네. 바로 애씀과 전문적 지식[69]으로 해서가 아니라면, 다른 어떤 것으로도 이들을 우리가 능가할 수는 없을 것이네. 만약 이것들에 있어서 자네가 뒤처진다면, 그래서 자네는 헬라스인들 속에서도 이방인들 속에서도 유명해짐에서 뒤처지게 되겠는데, 명성을 사랑함에 있어서 자네는 다른 누가 뭘 사랑하는 것보다도 더한 것으로 내게는 생각되네.

알키비아데스: 그렇다면 무슨 애씀을 제가 해야만 합니까, 소크라

---

68) 원어는 to en Delphois gramma이다. 옛날의 아폴론 신전(naos)으로 들어가는 통로 구실을 한 공간(pronaos)에는 여러 가지의 잠언(paroimia)들이 새겨져 있었던 것 같다. "너 자신을 알라(Gnōthi sauton)"를 비롯해서, "그 어떤 것도 지나치지 않게(Mēden agan)" "적도가 최선이다(Metron ariston)" 등 그 명문(銘文: gramma)들은 적잖이 추가되어 갔던 것 같다. 심지어는 "보증 곧 화가 닥쳤느니라(Engyē para d' atē)"와 같은 것도 새겨져 있었다 하니 말이다. 모두가 되새김 직한 촌철살인적인 스파르타식 간결한 표현(brakhylogia)들이다. 그러나 이 신전에 들어서는 사람들을 맞는 아폴론의 인사말(to Delphikon prosrhēma)은 아닌게아니라 신이나 함 직하게 Gnōthi sauton이었다고 한다.

69) 앞서 123d3~4에서는 epimeleia와 sophia로 언급했던 걸 여기서는 sophia(지혜) 대신에 tekhnē로 말했는데, 이 경우에는 그냥 '기술'로 옮기기보다는 sophia에 준하는 용어로 '전문적 지식'으로 옮겼다.

124b

테스 선생님? 상세히 설명해 주실 수 있으신지요? 선생님께서는 누구보다도 진실을 말씀하시는 분으로 보이니까요.

소크라테스: 그럼세. 실은 어떤 방식으로 우리가 최대로 훌륭해지
c 겠는지에 대한 공동의 숙의일세. 왜냐하면 내가 자네와 관련해서 어떻게 교육을 받아야만 하는지를 내가 말하면서, 나와는 상관없는 걸로 말하는 건 아니니까. 실은 한 가지를 제외하고는 자네와 어떤 점에서도 다르지 않기 때문이네.

알키비아데스: 그게 무엇인가요?

소크라테스: 나의 후견자는 자네의 후견인인 페리클레스보다도 더 훌륭하고 더 지혜롭지.

알키비아데스: 그분은 누구신가요, 소크라테스 선생님?

소크라테스: 신이시네, 알키비아데스여! 이날 이전까지는 내가 자네와 대화하게 되는 걸 허락지 않으신 바로 그분이시지. 이 분을 또한 믿고서 내가 말하네. 나 말고는 다른 누구를 통해서도 자네에게 저명함이 있게 되지는 않을 것이라는 걸.

d 알키비아데스: 농담을 하시네요, 소크라테스 선생님!

소크라테스: 아마도. 하지만 나는 진실을 말하고 있네. 우리에겐 애씀이 요구되고 있으며, 모든 사람이 더욱 그래야만 하지만, 적어도 우리 둘은 특히나 더더욱 그러하네.

알키비아데스: 제가 그래야만 한다고 말씀하시는 건 거짓이 아닙니다.

소크라테스: 어쨌든 내가 그래야만 한다는 것도 확실히 거짓이 아닐세.

알키비아데스: 그러면 우리가 뭘 할지?

소크라테스: 아서라 하지도 말고 물렁해지지도 말아야 하네, 친

124d

구야!

알키비아데스: 그거야말로 정말 적절치 못하죠, 소크라테스 선생님!

소크라테스: 실상 적절치 못하지, 그러나 함께 고찰해야만 하네. 또한 내게 말해 주게나. 물론 우리는 최대한 훌륭해지고자 한다고 말하네. 안 그런가? e

알키비아데스: 네.

소크라테스: 무슨 훌륭함(aretē)에 있어서?

알키비아데스: 사람들이 바로 [사람으로서의] 훌륭함에 있어서 훌륭한 사람들이 되는 것인 게 명백합니다.

소크라테스: 무엇에 있어서 훌륭한 사람들인가?

알키비아데스: 일들을 처리함에 있어서 훌륭한 사람들인 게 명백합니다.

소크라테스: 어떤 일들인가? 말들을 다루는 일인가?

알키비아데스: 그건 아닌 게 확실합니다.

소크라테스: 말들을 다루는 사람들로 우리가 되려는 것일 테니까?

알키비아데스: 네.

소크라테스: 그러면, 선박 일들을 말하는가?

알키비아데스: 아닙니다.

소크라테스: 우리가 선박 조종자가 되려는 것일 테니까?

알키비아데스: 네.

소크라테스: 그럼, 어떤 것들인가? 어떤 사람들이 하는 일들인가?

알키비아데스: 아테네인들 중에서 훌륭하디훌륭한 이들[70]이 하는

70) 원어는 hoi kaloi kågathoi인데, 이의 단수 형태는 ho kalos kågathos

124e

바로 그 일들입니다.

125a 소크라테스: 그러면, 훌륭하디훌륭한 이들로 자네는 지혜로운 이들을, 아니면 어리석은 이들을 말하는가?

알키비아데스: 지혜로운 이들을 말합니다.

소크라테스: 그러니까 각자가 지혜로운 그것에 있어서 훌륭한가?

알키비아데스: 네.

소크라테스: 반면에 지혜롭지 못한 그것에 있어서는 부실하고?

알키비아데스: 어찌 그렇지 않겠습니까?

소크라테스: 그렇다면 구두 만드는 사람은 신발들의 제작에서 분별이 있겠네?

알키비아데스: 물론입니다.

소크라테스: 그러니까 이것들에 있어서 훌륭한가?

알키비아데스: 훌륭합니다.

소크라테스: 허나, 어떤가? 두름겉옷들의 제작에서는 구두 만드는 사람이 분별이 없지 않겠는가?

알키비아데스: 네.

b 소크라테스: 따라서 이에는 신통치 못하겠네?

알키비아데스: 네.

소크라테스: 그러니까 같은 사람이 어쨌든 이 논의에서는 신통치

이다. 여기서의 kågathos는 kai agathos를 모음 축합(母音縮合: crasis)하여 kalos와 합성한 관용어이다. 헬라스어로 kalos(beautiful, fine)는 '아름다운', '훌륭한' 등을 뜻하고, agathos(good)는 '좋은', '훌륭한'을 뜻하며, kai는 영어 and에 해당되는 접속사다. 경우에 따라, 이 둘을 아우르는 하나의 우리말은 '훌륭한', '훌륭하다'이다. 이런 형태의 합성어는 '훌륭한'을 강조하는 형태로 볼 수 있겠고, 이를 우리말로는 '훌륭하디훌륭한'으로 옮기는 게 좋다고 역자는 평소에 생각해 온 터라, 그리 옮기고 있다.

못하기도 하고 훌륭하기도 하네.

알키비아데스: 그리 보입니다.

소크라테스: 그래서 자네는 훌륭한 사람들을 신통치 못한 사람들로도 말하는가?

알키비아데스: 확실히 그리 말하지는 않습니다.

소크라테스: 그러면, 자네는 도대체 어떤 사람들을 훌륭한 사람들로 말하는가?

알키비아데스: 저로서는 나라에서 통치할 수 있는 사람들을 말합니다.

소크라테스: 어쨌든 말들을 통제할 수 있는 자들을 말하는 건 아니겠네?

알키비아데스: 아닌 게 명백합니다.

소크라테스: 사람들을 통치할 수 있는 자들을 말하는가?

알키비아데스: 네.

소크라테스: 아픈 사람들을 말인가?

알키비아데스: 아닙니다.

소크라테스: 그럼 항해하는 자들을 말인가?

알키비아데스: 제 말은 아닙니다.

소크라테스: 그러면 수확하는 사람들을 말인가?

알키비아데스: 아닙니다.

소크라테스: 그럼, 아무것도 하지 않는 사람들을 아니면 뭔가를 하 c
는 사람들을?

알키비아데스: 뭔가를 하는 사람들을 말합니다.

소크라테스: 뭔가를? 내게도 설명을 해 보게나.

알키비아데스: 그러니까 우리가 제 나라들에서 살아가듯, 저들끼리

접촉하며 서로 관계를 갖는 자들을.

소크라테스: 그렇다면 사람들과 관계를 갖는 자들을 통치하는 걸 말하는가?

알키비아데스: 네.

소크라테스: 그러면 노 젓는 사람들을 다루는 갑판장들을 통할하는 것인가?

알키비아데스: 물론 그건 아닙니다.

소크라테스: 어쨌거나 이 훌륭함(aretē)은 조타 기술이니까?

알키비아데스: 네.

소크라테스: 그러면, 아울로스 취주자들인 사람들 그리고 노래를
d 지도하고 무용수들을 다루는 자들을 통할하는 것인가?

알키비아데스: 물론 그게 아닙니다.

소크라테스: 이건 이번에는 합창가무단을 가르치는 기술이니까?

알키비아데스: 물론입니다.

소크라테스: 그러나 사람들과 관계를 갖는 자들을 통치할 수 있음을 도대체 뭐라 말하는가?

알키비아데스: 시민공동체(politeia)에 관여하며 서로 간에 접촉하며, 이 나라에서 살고 있는 이들을 통치함이죠.

소크라테스: 그러니까 이 기술은 무엇인가? 방금 내가 자네에게 했던 질문을 다시 한다고 하면, 항해에 참여하는 사람들을 무슨 기술이 통솔할 줄 알도록 만들겠는가?

알키비아데스: 조타 기술입니다.

e 소크라테스: 방금 말했듯, 노래에 참여하는 사람들을 무슨 지식이 통할토록 만드는가?

알키비아데스: 바로 방금 말했던 것으로 합창가무단을 가르치는 지

125e

식입니다.

소크라테스: 그러면 뭔가? 시민 공동체에 관여하는 사람들의 지식을 자네는 뭐라 일컫는가?

알키비아데스: 저로서는 좋은 조언[71]이라 일컫습니다, 소크라테스 선생님!

소크라테스: 그럼 뭔가? 조타수들의 전문 지식이 무분별한 것은 아닌 것으로 생각되지 않는가?

알키비아데스: 명백히 아닙니다.

소크라테스: 오히려 좋은 조언인가?

알키비아데스: 적어도 항해하는 사람들을 안전토록 함에는 그런 것 126a
인 걸로 제게는 생각됩니다.

소크라테스: 훌륭한 말일세. 어떤가? 자네가 말하는 좋은 조언이란 무엇을 위한 것인가?

알키비아데스: 나라를 더 좋게 경영하며 보전하기 위한 것입니다.

소크라테스: 그러면, 그것이 더 좋게 경영되고 보전되는 것은 무엇이 있게 되거나 없게 되어선가? 이는 마치 자네가 내게 이렇게 묻는 경우와 같은 것이네. "몸이 더 좋은 상태에 있게 되며 보전되는 것은

71) 원어는 euboulia인데, 이와 관련해서 《프로타고라스》 편(318e~319a)에서 소크라테스가 프로타고라스에게 배우러 오는 사람이 뭘 배우게 될 것인지 물으니, 이런 대답을 그가 하는 장면이 나온다. "그 배울 것(mathēma)은 집안일과 관련해서 자신의 가정을 가장 잘 경영할 수 있도록 해 주는 좋은 조언(euboulia)이며, 또한 나랏일들과 관련해서 나랏일을 처리하고 말함에 있어서 가장 유능력하도록 해 주는 좋은 조언이오." "그러면 제가 선생님 말씀을 제대로 이해한 건가요? 선생님께서는 나라 경영의 기술(politikē tekhnē)을 말씀하시는 걸로, 또한 사람들을 훌륭한 시민들로 만드는 걸 장담하시는 것으로 제게는 생각되니까요."

126a

무엇이 있게 되거나 없게 되어서죠?" 나는 대답할 것이네. 건강은 있게 되되, 질병은 없게 되는 것이라고. 자네 또한 이렇게 생각하지 않는가?

b 알키비아데스: 그리 생각합니다.

소크라테스: 또다시 자네가 내게 묻기를, "무엇이 있게 되면 눈이 더 좋아지죠?" 하고. 나는 마찬가지로 대답할 것이야. 시각은 있게 되되, 눈먼 상태는 없어지게 되면 하고. 그리고 귀가 귀먹은 상태가 없어지고, 청각이 생기게 되면, 더 좋아지고 더 좋아지도록 보살핌을 받게 될 것이야.

알키비아데스: 옳습니다.

소크라테스: 그러면 다음은? 나라는 무엇이 있게 되고 없어지게 됨으로써 더 나아지고 더 좋게 보살펴지며 경영되겠는가?

c 알키비아데스: 제게 생각되기로는, 소크라테스 선생님, 우애(philia)가 이들 상호간에 생기되, 미워함과 불화함은 없어질 때인 걸로 제게는 생각됩니다.

소크라테스: 그러면 자네는 우애를 한마음 한뜻(homonoia)으로 또는 딴마음(dikhonoia)으로 말하는가?

알키비아데스: 한마음 한뜻으로요.

소크라테스: 무슨 전문 지식(tekhnē)을 통해서 나라들이 수와 관련해서 한마음 한뜻이 되는가?

알키비아데스: 산술[72]을 통해섭니다.

72) 원어는 arithmētikē이고, 영어 arithmetic이 이에서 유래한다. arithmos는 '수'를 뜻하며, arithmētikē는 계산술, 즉 '산술'과 '수론'을 동시에 의미하는 것이었다. 초등학교에서 '산수'가 산술 및 간단한 수론과 관련된 교과이듯, 양쪽을 다 가리키는 말이다. 《필레보스》 편 56d에서는

126c

소크라테스: 개인들의 경우는 무엇인가? 같은 것을 통해서가 아닌가?

알키비아데스: 네.

소크라테스: 그러니까 각자가 저 자신과도 한마음 한뜻이 되는 것도?

알키비아데스: 네.

소크라테스: 그러면 무슨 전문 지식을 통해서 각자가 저마다 뼘(spithamē) 및 완척[73]과 관련해서 어느 쪽이 더 긴지에 대해 스스로와 한마음 한뜻이겠는가? 측정[기]술(metrētikē)을 통해서가 아니겠는가? d

알키비아데스: 물론입니다.

소크라테스: 그러니까 개인들도 서로 그리고 나라들도 그렇지 않겠는가?

알키비아데스: 네.

소크라테스: 어떤가? 저울의 경우에도 마찬가지가 아니겠나?

알키비아데스: 그렇습니다.

소크라테스: 그러면 자네가 한마음 한뜻이라고 말하는 것이, 무엇이며 무엇과 관련된 것이고, 무슨 전문 지식이 이를 갖추도록 해 주는가? 그리고 바로 이것이 나라에도, 개인에도 같은 것인가? 스스로와도 남과도 한마음 한뜻일진대.

알키비아데스: 정말로 그런 것 같습니다.

---

arithmētikē를 '다중의 것'과 '철학자들의 것'으로 나누고 있는데, 앞 것은 산술을, 뒤의 것은 수론을 가리키고 있다. 당시에는 대수학이 아직 알려져 있지 않았기 때문일 것이다.

73) 원어는 pēkhys로서, 손목에서 팔꿈치까지의 길이를 뜻한다.

126d

소크라테스: 그러면 그게 무엇인가? 대답하느라는 지쳐하지 말고,
e 힘내서 말하게나.

알키비아데스: 저는 그걸 우애 그리고 한마음 한뜻이라 말하는 걸로 생각하거니와, 바로 이런 방식으로 아버지와 어머니가 아들을 사랑하며 한마음 한뜻이 되고, 형제와 형제가 한마음 한뜻이 되고, 아내가 남편과 한마음 한뜻이 되는 것이라 생각합니다.

소크라테스: 그러면, 알키비아데스여, 남편이 아내와 모 방적과 관련해서, 남편은 모르나 아내는 아는데, 한마음 한뜻이 될 수 있을 걸로 자네는 생각하는가?

알키비아데스: 안 될 게 확실합니다.

소크라테스: 그럴 필요도 전혀 없네. 이건 여자가 배우는 것이기 때문이지.

알키비아데스: 네.

127a 소크라테스: 그럼, 어떤가? 아내가 배우지도 않았는데 중장비보병 기술과 관련해서 남편과 한마음 한뜻일 수 있겠는가?

알키비아데스: 안 될 게 확실합니다.

소크라테스: 아마도 이번에는 이게 남자의 일이라고 자네가 말할 테니까.

알키비아데스: 저로서야.

소크라테스: 그러니까 자네 주장에 따르면, 여자들이 배우는 것들이 있는가 하면, 남자들이 배우는 것들이 있네.

알키비아데스: 어찌 없겠습니까?

소크라테스: 따라서 이런 것들에는 남자들과 여자들 간에는 한마음 한뜻이 없겠네.

알키비아데스: 없지요.

127a

소크라테스: 정녕 우애가 한마음 한뜻이었다면, 우애도 없네.

알키비아데스: 없는 것으로 보입니다.

소크라테스: 그래서 여자들이 자신들의 일들만 하는 한, 남자들에게서 사랑받지 못하네.

알키비아데스: 못 할 것으로 보입니다. b

소크라테스: 남자들 또한, 자신들의 일들만 하는 한, 여자들에게서 사랑받지 못하네.

알키비아데스: 못 받죠.

소크라테스: 저마다 자신들의 일을 할 경우에는, 이런 식으로는 나라들이 잘 경영되지 않겠지?[74]

---

74) "저마다 자신들의 일을 한다(ta hautōn hekastoi prattōsin)"는 걸 이렇게 부정적으로 말하는 건 플라톤이 《국가(정체)》 편(433a~444d)에서 말한 것과는 완전히 배치된다. 나라의 구성원들이 저마다 성향과 능력에 따라 '제 일을 하는 것(to ta hautou prattein)'이, 곧 '자신에게 맞는 자신의 일을 함(제 할 일을 함: oikeiopragia)'이 나라에 '올바름(dikaiosynē)'의 구현을 가능케 한다고 말하고 있으니까. 따라서 나랏일과 관련되어서도 남녀의 성별에 따른 구별이 아니라, 오직 성향(physis)과 능력에 따른 구별만이 중요하다. 그래서 이에 따른 분업이 강조된다. 그래서 그는 이런 말을 스스럼없이 한다. "나라를 경영하는 사람들의 일(업무)로서 여자가 여자이기 때문에 여자의 것인 것은 없고, 남자가 남자이기 때문에 남자의 것인 것도 없다네. 오히려 여러 가지 성향이 양쪽 성의 생물들에 비슷하게 흩어져 있어서, 모든 일(업무)에 여자도 '성향에 따라'(kata physin) 관여하게 되고, 남자도 모든 일(업무)에 마찬가지로 관여하게 되는 걸세. 하지만 이 모든 경우에 여자가 남자보다 힘이 약하기는 하이."(456c) "결국 우리가 '자연의 이치에 따라(성향에 따라)' 법(nomos)을 정하였을진대, 우리는 결코 불가능한 것들이나 소원과도 같은 것들을 입법한 게 아닐세. 오히려 이에 어긋나게 된 오늘날의 것들이 자연[의 이치]에 어긋나게(para physin) 된 것 같으이."(455d~e) 그런데 현실적인 나라 수립을 위한 법률 제정을 다룬 《법률》 편(781a~b, 804d~806c)에서는 이보다도

127b

알키비아데스: 저로서는 잘 경영될 걸로 생각합니다, 소크라테스 선생님!

소크라테스: 어찌 그리 말하는가? 우애가 그 안에 생김으로써 나라들이 잘 경영되지, 달리는 안 된다고 우리가 말한, 그 우애가 생기지도 않는데도.

알키비아데스: 그러나 제게는 이들 각자가 자신들의 일을 하니까, 이에 따라 이들에게 우애가 생기기도 하는 것으로 제게는 생각됩니다.

c 소크라테스: 방금은 그렇지 않았네. 그러나 지금은 또 어떤 뜻으로 말하고 있는 건가? 한마음 한뜻이 이루어지지도 않았는데, 우애가 생기는가? 일부의 사람들은 알지만, 다른 일부의 사람들은 모르는 것들과 관련해서도 한마음 한뜻이 이루어질 수 있을까?

알키비아데스: 불가능합니다.

소크라테스: 각자가 저마다 자신들의 일들을 하는 경우에, 이들은 정당한 것들을 하는가 아니면 부당한 것들을 하는가?

알키비아데스: 정당한 것들을 합니다. 어찌 그러지 않겠습니까?

한층 더 강한 어조로, 그러면서도 더욱 설득력 있게 남녀평등을 말하고 있는데, 일찍이 양성의 평등을 그만큼 선구적으로 외친 사상가는 없었던 것 같다. "모든 관행을 남녀에게 공통되게 제도화한다는 것은 나라의 행복을 위해서 더 좋을 것입니다."(781b) "어른이고 아이고 간에 모두가 가능성에 따라(kata to dynaton) 의무적으로 교육을 받아야만 합니다. 이들은 낳은 이들의 것들이라기보다도 오히려 나라의 것들이니까요. … 남자들에 관련된 것들 모두와 똑같은 것들을 여자들도 수련해야만 한다는 겁니다. … 여자들에게는 적합지 않을 것이라곤 없다고 말입니다. … 나라가 똑같은 비용과 수고로 두 배 대신에 … 거의 그 반인 꼴로 있고 또한 있게 될 것이기 때문입니다. 입법자에게는 바로 이 일이 놀랄 만한 실수가 될 것입니다."(804d~805d) 플라톤의 이런 주장은 동시대인들의 여성관을 고려한다면, 참으로 파격적이고 가히 혁명적이라 할 것이다.

127c

소크라테스: 그러면 그 나라에서 시민들이 정당한 것들을 행하면, 서로 간에 우애가 생기지 않겠는가?

알키비아데스: 그것 또한 필연인 걸로 제게는 생각됩니다, 소크라테스 선생님!

소크라테스: 그러니까 우리가 훌륭한 사람들이기 위해, 우리가 관 d
련해서 지혜롭고 좋은 조언자들이어야만 하는 우애와 한마음 한뜻이 도대체 무엇이라 자네는 말하는가? 그게 무엇인지도 누구들에게 있는지도 나는 알 수가 없기 때문이네. 왜냐하면 때로는 그것이 같은 사람들에게 있는 것으로 보이다가도, 때로는, 자네 말처럼, 보이지 않아서네.

알키비아데스: 그러나 신들에 맹세코, 소크라테스 선생님, 저는 제가 무슨 말을 하는지도 모르겠고, 제가 이전에 아주 부끄러운 상태에 있었던 걸 잊어버리고 있는 것 같기도 합니다.

소크라테스: 하지만 용기를 내야 하네. 만약에 자네가 쉰 살이 되어
서야 이를 깨닫게 되었다면야, 자네 자신에 대해서 애쓰게 되는 것[75] e
이 자네로선 힘들 것이야. 그러나 자네는 이제야 성년이니, 이를 깨달아야 할 나이인 거지.

알키비아데스: 그러면 그걸 깨달은 자가 무엇을 해야만 하나요, 소크라테스 선생님?

소크라테스: 질문받은 것들엔 대답을 해야 하는 거지, 알키비아데스! 그리고 신이 바라서, 이를 자네가 한다면, 또한 나의 예언도 신뢰해야만 한다면, 자네와 나도 더 나아질 걸세.

---

75) 원어는 epimelēthēnai이고, 이의 명사형의 것인 epimeleia에 대해서는 123d의 해당 각주에서 언급했다.

127e

알키비아데스: 어쨌든 제가 대답을 하게 되기 위해서라도 그래야 할 것입니다.

소크라테스: 자, 그러면 스스로에 대해 애쓰게 된다는 건 무엇인
128a 가?—우리는 우리 스스로에 대해서 애쓴다고는 생각하지만, 곧잘 자
신들도 모른 채로 애쓰지 않고 잊지는 않는지—그러니까 사람은 정
작 이를 언제 하는가? 자신의 것들에 대해서 애쓸(마음 쓸) 때, 그때
자신에 대해서도 그러겠지?

알키비아데스: 어쨌거나 제게는 그리 생각됩니다.

소크라테스: 어떤가? 사람이 발에 대해 언제 마음(애)쓰는가? 발에 속하는 것들에 대해 마음 쓸 때겠지?

알키비아데스: 모르겠습니다.

소크라테스: 자네는 뭔가를 손에 속하는 것으로 일컫겠지? 이를테면, 반지는 사람에 속하는 것들 중에서 손가락 이외의 다른 무엇인가에 속하는 것인가?

알키비아데스: 그런 건 명백히 아닙니다.

소크라테스: 그러니까 같은 식으로 신발도 발에 속하지 않겠는가?

알키비아데스: 네.

소크라테스: 〈두름겉옷들과 매트리스도 마찬가지로 몸의 다른 부분에 속하겠고?

b 알키비아데스: 네.〉

소크라테스: 그러면 우리가 신발에 마음 쓸 때, 그땐 발에 마음 쓰겠지?

알키비아데스: 저는 도통 이해하지 못하겠습니다, 소크라테스 선생님!

소크라테스: 어떤가, 알키비아데스? 자네는 어떤 일에든 '옳게 애

쓴다(마음 쓴다)'는 표현을 하지? 128b

알키비아데스: 저로서는 그러죠.

소크라테스: 그러면 누군가가 뭔가를 더 좋도록 만들 때, 그때 자네는 '옳은 애씀(마음 씀: epimeleia)'으로 말하지?

알키비아데스: 네.

소크라테스: 그러면 무슨 기술이 신발을 더 잘 만드는가?

알키비아데스: 제화 기술입니다.

소크라테스: 그러니까 우리는 제화 기술로 신발에 대해 애쓰는가?

알키비아데스: 네. c

소크라테스: 그러면 발에 대해서도 제화 기술로? 또는 오히려 이것으로써 발을 더 좋게 하는가?

알키비아데스: 그것으로써 그러겠습니다.

소크라테스: 그러나 발을 더 좋게 하는 건 발만이 아닌 몸의 다른 부분도 더 좋게 하는 것인 바로 그것에 의해서가 아닌가?

알키비아데스: 제게는 그리 생각되네요.

소크라테스: 이것은 체육이 아닌가?

알키비아데스: 그렇고말고요.

소크라테스: 그러니까 체육에 의해서는 발에 대해 우리가 마음 쓰지만, 제화 기술로는 발에 속하는 것들에 대해 마음 쓰겠구먼?

알키비아데스: 물론입니다.

소크라테스: 그리고 체육으로는 우리가 손에 대해서 마음 쓰나, 반지의 보석을 깎고 가는 기술로는 손에 속하는 것들에 대해 마음 쓰겠구먼?

알키비아데스: 네.

소크라테스: 그리고 체육으로는 몸에 대해서 우리가 마음 쓰나, 직

128c

조 기술로나 그 밖의 다른 기술들로는 몸에 속하는 것들에 대해 그러
d 겠구먼?

알키비아데스: 전적으로 그렇습니다.

소크라테스: 따라서 우리가 각각의 것 자체에 대해서 마음 쓰는 것과 이것에 속하는 것에 대해서 마음 쓰는 것은 서로 다른 기술로야.

알키비아데스: 그리 보입니다.

소크라테스: 그러면 자네가 자네에 속한 것들에 마음 쓸 때는, 자네 자신에 대해서 마음 쓰는 게 아니네.

알키비아데스: 결코 아닙니다.

소크라테스: 같은 기술로써 누군가가 자신에 대해서도 마음 쓰고 자신에 속한 것들에 대해서도 마음 쓰는 건 아닌 것으로 보이기 때문이지.

알키비아데스: 아닌 걸로 보입니다.

소크라테스: 자, 그러면 도대체 무슨 기술로써 우리가 우리 자신들에 대해 마음 쓰게 되는 걸까?

알키비아데스: 저는 말할 수가 없습니다.

e 소크라테스: 그러나 이 정도는 어쨌든 우리가 합의를 본 거겠지? 그것으로써 우리에게 속하는 것들 중의 무엇인가를 더 좋게 만드는 것이 아니라, 그것으로써 우리 자신들을 더 좋게 만드는 것이라는 건?

알키비아데스: 진실을 말씀하십니다.

소크라테스: 실상 신발을 모르고서도, 무슨 기술이 신발을 더 좋은 걸로 만드는지를 도대체 우리가 알기나 했겠는가?

알키비아데스: 불가능합니다.

소크라테스: 반지를 모르고서는 무슨 기술이 반지들을 더 좋은 것들로 만드는지도 모를 것이야.

128e

알키비아데스: 진실을 말씀하십니다.

소크라테스: 어떤가? 도대체 우리 자신들이 무엇인지도 모르면서, 무슨 전문 지식(앎)[76]이 자신을 더 훌륭하게 만들 것인지를 우리가 도대체 알겠는가?

알키비아데스: 불가능합니다. 129a

소크라테스: 그러면 '저 자신을 아는 것'[77]이 쉬워서, 누군가 평범한 사람이 피토[78]에 있는 신전에 바쳤는지, 또는 어려운 것이어서 결코 누구나 알 수 있는 것이 아닌지?

알키비아데스: 제게는, 소크라테스 선생님, 그게 누구나 알 수 있는 것으로 종종 생각되기도 했지만, 아주 어렵다고도 종종 생각되더군요.

소크라테스: 그러나, 알키비아데스여, 그게 쉽건 또는 그렇지 않건, 어쨌든 그건 우리에게 이러하네. 이를 우리가 알면, 우리 자신들에 대한 애씀을 아마도 알 것이나, 그걸 모르면, 이 또한 결코 모를 것이야.

알키비아데스: 그건 그렇습니다.

소크라테스: 자, 그러면 어떤 식으로 '저 자체(자기 자신)'[79]를 알아 b
내게 되겠는지? 어쩌면 이런 식으로 우리 자신들이 도대체 무엇인지

---

76) 줄곧 그냥 '기술'로 옮겨 오던 tekhnē를 이 경우에는 '전문 지식(앎)'으로 옮겼다. 이 낱말은 '지식'을 뜻하는 epistēmē와 동의어처럼 쓰이는 경우가 많다.

77) 원어는 to gnōnai heauton이다. 앞의 124a에서 "너 자신을 알라"는 델피의 명문과 관련된 해당 각주를 참조할 것.

78) 델피가 있는 지역을 Pythō라 함.

79) '저 자체(자기 자신)'로 옮긴 것의 원문은 auto taὐto이다. 앞에서 '저 자신을 아는 것'의 원문이 to gnōnai heauton이었는데, heauton를 중성화해서 taὐto로, 다시 여기에 auto를 그 앞에 덧붙인 꼴이다.

129b

를 알아낼 수 있을지, 아니 이에 대해서는 우리가 여전히 모르는 상태에 있어서, 어쩌면 불가능할 것이야.

알키비아데스: 옳은 말씀입니다.

소크라테스: 맙소사, 잠깐! 자네는 지금 누구와 대화를 하고 있는가? 나와 하고 있는 게 아니고 뭔가?

알키비아데스: 네.

소크라테스: 그러니까 나도 자네하고?

알키비아데스: 네.

소크라테스: 따라서 소크라테스가 대화자인 거지?

알키비아데스: 물론입니다.

소크라테스: 알키비아데스는 듣는 쪽인 거고?

알키비아데스: 네.

소크라테스: 그러니까 소크라테스는 말로 대화를 하고 있고?

c 알키비아데스: 물론이죠.

소크라테스: 대화하는 것과 언어를 사용하는 것은 아마도 같은 것으로 일컫지?

알키비아데스: 물론입니다.

소크라테스: 사용하는 자와 사용되는 것은 다르지 않은가?

알키비아데스: 어떻게 하시는 말씀인지?

소크라테스: 마치 제화공이 자르는 칼과 새김 칼 그리고 자를 때 사용하는 그 밖의 도구들을 사용하듯.

알키비아데스: 네.

소크라테스: 그러니까 자르고 사용하는 자와 자르면서 사용하게 되는 것은 다르지 않은가?

알키비아데스: 어떻게 다르지 않겠습니까?

129c

소크라테스: 그러면 마찬가지로 키타라를 타는 사람이 이를 타면서 사용하는 것들과 키타라를 타는 사람 자신은 다를 테지?

알키비아데스: 네.

소크라테스: 그래서 내가 방금 물은 것은 이것일세. 사용자와 그가 d
사용하는 것은 언제나 다른 것이라 생각되는지.

알키비아데스: 그리 생각됩니다.

소크라테스: 그러면 제화공에 대해 뭐라 우리가 말할까? 그가 자르기를 도구로만 하는가 아니면 손으로도 하는가?

알키비아데스: 손으로도 합니다.

소크라테스: 그러면 이것들 또한 사용하는 거네?

알키비아데스: 네.

소크라테스: 눈도 사용하면서 제화를 하겠군?

알키비아데스: 네.

소크라테스: 사용자와 그가 사용하는 것들은 다른 것들임을 우리는 동의하고 있는 건가?

알키비아데스: 네.

소크라테스: 제화공과 키타라를 타는 사람은 이들이 자신들의 활동
을 하면서 사용한 손 그리고 눈과는 다른가? e

알키비아데스: 그리 보입니다.

소크라테스: 그러니까 사람은 온몸도 사용하지 않는가?

알키비아데스: 물론입니다.

소크라테스: 사용자와 사용되는 것은 다르다고 했지?

알키비아데스: 네.

소크라테스: 그러면 사람은 저의 몸과는 다른가?

알키비아데스: 그런 것 같습니다.

129e

소크라테스: 그러니까 도대체 사람은 무엇인가?

알키비아데스: 저는 말할 수가 없네요.

소크라테스: 실은 어쨌든 몸을 사용하는 자라고 말할 수 있을 것이네.

알키비아데스: 네.

130a 소크라테스: 실로 혼 이외의 다른 것이 이를 사용하겠는가?

알키비아데스: 다른 것은 못 합니다.

소크라테스: 그러니까 거느리는 게 아닌가?

알키비아데스: 네.

소크라테스: 또한 더 나아가 이건 아무도 달리 생각지 않을 것이라 나는 생각하네.

알키비아데스: 어떤 것인데요?

소크라테스: 사람은 어쨌거나 셋 중의 하나인 게 아니겠나.

알키비아데스: 셋 중에서요?

소크라테스: 혼이나 몸 또는 양쪽 다인 것, 곧 이 전체인 것.

알키비아데스: 물론이죠.

소크라테스: 그렇지만 몸을 거느리는 이것을 우리는 사람이라 동의해 오지 않았던가?

b 알키비아데스: 동의해 왔죠.

소크라테스: 그런데 몸은 스스로 저를 거느리는가?

알키비아데스: 결코 못 합니다.

소크라테스: 이건 거느려진다고 우리가 말하니까.

알키비아데스: 네.

소크라테스: 그러니 이건 어쨌든 우리가 찾고 있는 게 아닐세.

알키비아데스: 아닌 것 같습니다.

130b

소크라테스: 그러면 둘이 결합된 것이 몸을 거느리며, 바로 이것이 사람인가?

알키비아데스: 아마도 그런 게 확실하겠습니다.

소크라테스: 그건 뭣보다도 가능성이 적네. 왜냐하면 그 둘 중의 어느 한쪽이 함께 거느리는 데 참여하지 못한다면, 둘이 결합된 것이 거느릴 수 있는 어떤 방책도 없기 때문이지.

알키비아데스: 옳습니다.

소크라테스: 몸도 둘이 결합된 것도 사람이 아니기에, 남는 것은 이 c
건 아무것도 아니거나, 만약 무엇이라면, 사람은 혼 이외의 다른 아무것도 아니라는 것일세.

알키비아데스: 그야말로 그러네요.

소크라테스: 그러면 혼이 사람이라는 걸 한층 더 명확한 것으로 자네에게 아직도 증명해 보여야만 하는가?

알키비아데스: 맹세코, 제게는 충분한 것으로 생각됩니다.

소크라테스: 하지만 정확히는 아닐지라도, 적절히는 한 것이라면, 우리로선 그것으로 족하네. 왜냐하면, 많은 고찰을 해야만 하는 것이어서, 지금 우리가 스쳐 버린 것을 우리가 알아내게 될 때, 그때는 우리가 정확하게 알게 될 것이기 때문이네. d

알키비아데스: 그게 무엇입니까?

소크라테스: 방금 대략 이런 식으로 말했던 것, 곧 '저 자체(자기 자신)'[80]를 첫째로 알아내야만 한다는 것이네. 지금은 '저(자기: to auto)'

80) 129b에서는 '저 자체(자기 자신)'로 옮긴 것의 원문이 auto taǔto였는데, 여기서는 앞의 경우처럼 단축 형태의 것이 아닌 auto to auto이다. 이와 관련된 앞의 각주 내용을 숙지하는 게 좋겠다. 우리 자신들 곧 나 자신이 도대체 무엇인지를 알아내는 것에 대한 언급을 하고 있는 것이다.

130d

대신에 '각각 자체(auto hekaston)'가 무엇인지 고찰했네. 아마도 그것으로도 족할 것이네. 왜냐하면 우리들 자신들의 것들 중에서 어쨌든 혼보다도 더 귀중한 것은 아마도 아무것도 없겠기 때문이지.

알키비아데스: 없는 게 확실합니다.

소크라테스: 따라서 이렇게 생각하는 것이 좋을 것이네. 나와 자네는 언어를 사용해서 서로 대화를 하고 있는데, 혼을 상대로 혼으로 하고 있다고.

e 알키비아데스: 그야 물론입니다.

소크라테스: 물론 이는 좀 전에 말했던 것일세. 소크라테스가 알키비아데스와 언어를 이용해서 대화를 하고 있는데, 이는 자네 얼굴을 상대로 해서 하는 것으로는 보이지 않고, 알키비아데스를 상대로 대화를 하고 있는 걸로 보인다고. 한데, 이건 혼일세.

알키비아데스: 제게는 그리 생각됩니다.

소크라테스: 저 자신을 알 것을 지시하는 사람은 우리로 하여금 혼을 알라고 권유하고 있네.

131a 알키비아데스: 그런 것 같습니다.

소크라테스: 따라서 몸에 속하는 것들 중의 뭔가를 아는 자는 누구건 자신에 속하는 것들을 아는 것이지, 저 자신을 안 게 아닐세.

알키비아데스: 그렇습니다.

소크라테스: 그러니 의사들 중의 그 누구도, 그가 의사인 한, 저 자신을 모르며, 체육 교사들 중의 그 누구도, 그가 체육 교사인 한, 저 자신을 모르네.

알키비아데스: 모르는 것 같습니다.

소크라테스: 농부들도 그 밖의 장인들도 저 자신들을 알기에는 많이 부족하지. 왜냐하면 이들은, 그리 보이듯, 제 자신의 것들조차도

131a

모르거니와, 자신들이 가진 기술들과 관련된 자신들의 것들과도 한결 머네. 이들은 몸에 속하는 것들만 알고 있어서, 이것들로 몸을 보살피 b
게 되는 걸세.

알키비아데스: 진실을 말씀하십니다.

소크라테스: 그래서 저 자신을 아는 것이 마음이 건전한 상태(절제)라면,[81] 이들 중의 아무도 제 기술과 관련해서 절제 있지 못하네.

알키비아데스: 그렇지 못한 것으로 제게는 생각됩니다.

소크라테스: 바로 이 때문에 이 기술들은 저속한 것들로 간주되거니와 훌륭한 사람들이 배울 것들로도 간주되지 않네.

알키비아데스: 물론입니다.

소크라테스: 그러면 다시 또 누구든 몸을 보살피는 자는 자신의 것들을 보살피지, 자신을 보살피는 게 아닐세.

알키비아데스: 그런 것 같습니다.

소크라테스: 하지만 누구든 재물을 보살피는 자는 자신도 자신의
것들도 돌보지 않고, 자신의 것들보다도 한층 더 먼 거리의 것들을 보 c
살피겠지?

알키비아데스: 제게는 그리 생각됩니다.

소크라테스: 축재를 일삼는 사람은 그러니까 더는 자신의 것들을 하지 않네.

알키비아데스: 옳습니다.

소크라테스: 따라서 누군가가 알키비아데스의 몸을 사랑하는 사람으로 되었다면, 그는 그러니까 알키비아데스를 사랑하게 된 것이 아

81) 원어 sōphrosynē는 '절제' 또는 '건전한 마음 상태'로 두 뜻으로 읽을 수 있는 것이다. "너 자신을 알라"는 델피의 잠언과 함께 있던 명문인 "무엇이나 지나치지 않게"도 실은 제 분수를 알라는 뜻이기도 하다.

131c

니라, 알키비아데스에 속하는 것들 중의 어떤 걸 사랑하게 된 걸세.

알키비아데스: 진실을 말씀하십니다.

소크라테스: 그러나 누구든 자네를 사랑하는 사람은 그 혼을 사랑하는 거지?

알키비아데스: 논의의 필연적 귀결로 보입니다.

소크라테스: 그러니까 자네의 몸을 사랑하는 자는, 자네의 한창 꽃다운 젊음이 그치게 되면, 떠나가 버리지 않겠는가?

알키비아데스: 그리 보입니다.

d 소크라테스: 그러나 적어도 자네의 혼을 사랑하는 자는 떠나지 않겠지, 그 혼이 더 나은 쪽으로 가고 있는 한은?

알키비아데스: 어쨌든 그럴 것 같습니다.

소크라테스: 그래서 나는 자네의 몸은 그 [꽃다운] 시절이 그쳤는데도 떠나지 않고 남아 있는 걸세. 다른 사람들은 떠나 버렸지만.

알키비아데스: 어쨌든 잘하시는 겁니다, 소크라테스 선생님! 또한 가 버리시지도 말고요.

소크라테스: 그러니 최대한 훌륭해지도록 힘쓰게나.

알키비아데스: 힘쓸 것입니다.

e 소크라테스: 어쨌거나 자네의 처지는 이러하네. 클레이니아스의 아들 알키비아데스에게는, 그리 보이듯, 그를 사랑하는 자가 없었고, 지금도 없는데, 예외로 유일하며 반기는 이 소프로니스코스와 파이나레테의 아들 소크라테스만이 있네.

알키비아데스: 정말입니다.

소크라테스: 그래서 자네는 내가 쪼끔 먼저 자네에게 다가갔다고 말했던 거지? 실은 뭣 때문에 나만 떠나 버리지 않았는지 물어 보려고 자네가 내게 먼저 다가오려고 했지만.[82]

131e

알키비아데스: 실은 그랬죠.

소크라테스: 나만이 자네를 사랑한 사람이었고, 다른 사람들은 자네에 속한 것들을 사랑한 사람들이었다는 것, 그러니까 이게 그 까닭이었지. 자네에 속한 것들은 그 젊음의 꽃다움이 그치지만, 자네는 꽃피기 시작하지. 그리고 이제야말로 자네가 아테네의 민중들로 해서 132a
타락하지도 않고 더 부끄럽게 되지도 않는다면, 나는 자넬 버리지 않을 것이네. 이것이야말로, 곧 민중을 사랑하는 사람(dēmerastēs)으로 되어 타락하지나 않을까 하여 지극히도 내가 두려워하고 있으니까. 왜냐하면 우리 아테네인들 중에서 이미 많은 훌륭한 분들이 이 사태를 겪었기 때문이네. '도량이 큰 에레크테우스의 민중'[83]은 정중한 표

82) 이 대화편의 첫머리 104c~d에서 알키비아데스가 그리 말했다.

83) 이 구절은 호메로스의 《일리아스》 2권 547행에 나오는 것인데, 여기에서는 dēmos가 '땅' 또는 어떤 '지역'을, 따라서 에레크테우스의 '영토'를 뜻하는 낱말이지만, 이 대화편의 이 대목에서는 이 낱말의 또 다른 큰 비중의 뜻인 '민중'의 뜻으로 쓰이고 있다. 그리고 Erekhtheus는 전설상의 아테네의 왕들 중의 하나이다. 그는 엘레우시스인들과 포세이돈의 아들인 Eumolpos가 아테네의 아티케 지역을 침공해 들어왔을 때, 이를 물리쳤고, 이 전쟁에서 에우몰포스는 전사했다. 그런데 아테네의 전설상의 최초의 왕은 Kekrops라 한다. 이들 두 전설상의 왕들은 흙에서 나왔다고 하는데, 이는 이들이 외지에서 온 사람들이 아니라, 토착민임을 강조하기 위한 설화로 굳혀진 것으로 보인다. 그리고 아테네를 비롯한 아티케 지역의 관할권을 두고 벌어진 아테나 여신과 포세이돈 간의 경합에서 심판을 본 사람이 케크로프스였다고 한다. 이들 케크로프스와 에레크테우스, 포세이돈과 아테나, 그리고 둘의 경합과 관련되었던 유물들 등을 모시는 별도의 신전을 아크로폴리스의 파르테논 신전 남서쪽에 406년에 마지막으로 세웠는데, 이를 훗날 에레크테이온(Erkhtheion)으로 일컫게 되었고, 이는 '에레크테우스 신전'이란 뜻이다. 오늘날도 그리 불리고 있는데, 이 구조물의 동쪽 끝자락에 있는 [hai] Karyatides[경간(徑間) 여인상 기둥들]은 특히 아크로폴리스에 올라 파르테논 신전을 일단 둘러본 관람객들의

정이지. 그러나 이는 벗겨 보아야 하는 거네. 그러니 내가 말하는 조심성에 유의하게나.

알키비아데스: 그건 무엇인가요?

b 소크라테스: 이보게나, 첫째로 수련을 하게, 그리고 배우되, 그 전에는 나서지 말게나. 나랏일에 임하여야 할 것들을 배우게나. 해독제를 갖고서 임할 것이며 그 어떤 두려운 일도 당하지 않아야 하네.

알키비아데스: 훌륭한 말씀을 하시는 걸로 제게는 생각됩니다, 소크라테스 선생님! 하지만 어떤 식으로 저희들 스스로에 대해 마음 써야만 할지 설명해 주시도록 해 주세요.

소크라테스: 그래서 우리가 그만큼은 나아간 걸세. 우리가 무엇인지에 대해서는 상당히 합의를 보았으니까. 그러나 이 문제로 우리가 비틀거리다가, 자신들도 모르는 사이에 다른 어떤 것에 마음 쓰고, 정작 우리 자신들에 대해서는 마음 쓰지 않고 있는 게 아닌지 두렵네.

알키비아데스: 그건 그렇습니다.

c 소크라테스: 그리고 바로 다음으로는 혼에 대해 마음 쓰고 이를 살펴야만 하네.

알키비아데스: 그건 명백합니다.

소크라테스: 그러나 몸들과 재물에 대한 마음 씀은 다른 사람들에게 넘겨주어야만 하고.

알키비아데스: 물론이죠.

눈길을 새삼 이끄는 것이기도 하다. 아테네의 수호신 아테나(Athēna Polias)를 모시던 Parthenon 신전이 480년의 페르시아 침공으로 부분적으로 파손되었던 터라, 새로 지은 이 신전이 그 대역을 톡톡히 하게 된 것이다. 그래서 판아테나이아 축제(ta Panathēnaia) 행렬의 끝도 여기서 마무리하고 또한 그 끝에 올리는 제물도 이곳 신전의 제단에서 올렸다고 한다.

소크라테스: 그러면 이를 어떤 식으로 우리가 가장 명확히 알게 되겠는가? 이를 알게 되면, 우리 자신들도 우리가 알게 될 것 같기 때문이네. 그러면, 맹세코, 그러기를 잘 했던, 방금 우리가 언급했던 델피의 명문을 잘 이해하게도 되지 않겠는가?

알키비아데스: 무슨 생각을 하시고서, 말씀하시는 겁니까, 소크라테스 선생님?

소크라테스: 내가 자네에게 말할 것이네. 이 명문은 어쨌거나 나로선 말하기가 미심쩍고 우리가 협의를 해야 되지 않겠나 했던 것일세, d
그 예는 여러 군데에 있는 게 아니라, 시각과 관련해서만 있기 때문이네.

알키비아데스: 어떻게 하시는 말씀인지?

소크라테스: 자네 또한 고찰하게나. 만약에 자네가, 사람에게 이르듯, 우리 눈에 "너 스스로를 보라"고 말한다면, 뭘 권하는지 어떻게 우리가 알아들을까? 그러니까 눈이 이를 봄으로써 저 자체를 보게 되는 것, 이걸 보지 않겠는가?

알키비아데스: 명백합니다.

소크라테스: 사물들 중에서 뭘 들여다봄으로써 그것과 함께 우리 자신들도 보게 되겠는지 생각해 볼까? e

알키비아데스: 거울 그리고 그런 류의 것들을 들여다봄으로썬 게 명백합니다, 소크라테스 선생님!

소크라테스: 옳게 말하고 있네. 그러니까 눈으로 우리가 보는데, 그 안에 그런 류의 뭔가가[84] 있지 않은가?

알키비아데스: 물론입니다.

---

84) 텍스트 읽기에서 〈ti〉의 괄호를 풀고 읽었다.

132e

소크라테스: 그러니까 눈을 들여다보는 자의 얼굴이 맞은편의 시각
133a 속에, 마치 거울 속에서처럼, 나타나는데, 바로 이걸 눈동자로도 부르는데, 들여다보는 자의 일종의 영상인 거겠지?

알키비아데스: 진실을 말씀하십니다.

소크라테스: 그러니까 눈이 눈을 봄으로써, 그리고 저의 바로 최선인 것, 이것을 이것으로써 보고, 이것을 들여다봄으로써, 이처럼 저 스스로를 보네.

알키비아데스: 그런 것 같습니다.

소크라테스: 그러나 사람에 속하는 것들 중에서 다른 것이나 사물들 중의 어느 것을 보더라도, 이것과 같은 그런 경우는, 이 경우 말고는 저를 보는 경우는 없네.

b 알키비아데스: 진실을 말씀하십니다.

소크라테스: 그러니 만약에 눈이 저를 보려면, 그것으로써 보아야 하고, 눈의 훌륭함(훌륭한 상태)[85]이 그 안에 생기는 그곳으로 들여다보아야 할 것이네. 이것이 아마도 시각일 게야.

알키비아데스: 그렇습니다.

소크라테스: 그러니까, 알키비아데스여, 혼도 저 스스로를 알고자 한다면, 혼으로써 혼을 들여다보아야 할 것이며, 무엇보다도 혼의 훌륭함, 곧 지혜가 그 안에 생기는 혼의 그곳을 들여다보아야 할 것이며, 이와 닮은 것인 다른 것 또한 들여다보아야만 하네.

알키비아데스: 제게는 그리 생각됩니다, 소크라테스 선생님!

c 소크라테스: 그러면 우리는 이보다도 더 신적인 혼의 부분[86]이 무엇

---

85) 원어는 aretē이며, 이의 특이한 용례이겠다. 이 용어와 관련된 언급은 120e의 해당 각주에서 이미 했다.

86) nous(지성)에 대한 시사로 볼 수 있겠다.

133c

인지, 그 주변에 앎과 지혜로움이 있는 그걸 우리가 말할 수 있는가?

알키비아데스: 우리는 그럴 수가 없네요.

소크라테스: 그러니까 혼의 이 부분은 신을 닮았으며, 누군가가 이를 바라보고서 모든 신적인 것을 알게 된다면, 신과 지혜도 알고, 이처럼 저 자신도 더할 수 없이 잘 알 것이네.

알키비아데스: 그런 것 같습니다.

〈소크라테스: 그래서 거울들이 눈에서의 반사면보다 더 분명하고 깨끗하며 밝듯, 이처럼 신 또한 우리의 혼에 있는 최선의 것보다 더 깨끗하고 밝다는 점도?

알키비아데스: 어쨌거나 그런 것 같습니다, 소크라테스 선생님!

소크라테스: 그러니 신을 들여다보며, 그를 가장 훌륭한 반사면으로 우리가 이용하여, 인간 혼의 훌륭한 상태(훌륭함) 또한 본다면, 이처럼 우리 자신들도 보고 알게도 될 게야.

알키비아데스: 네.〉[87]

소크라테스: 한데 스스로를 아는 것을 건전한 마음 상태(절제)라고 우리는 동의했지?

알키비아데스: 물론입니다.

소크라테스: 그러니까 우리 자신들을 모르고 건전한 마음 상태도 아니고서, 자신들에게 속하는 우리 것들을, 나쁜 것들이건 좋은 것들

87) 〈 〉로 묶인 이 문장은 Burnet 판에서는 〈 〉로 묶인 것으로서, 이는 그 안의 것이 '필사본 텍스트에 짐작으로 덧보태게 된 것임'을 가리키는 것인 반면에, Budé 판에서는 [ ]로 묶인 것으로서, 이는 버릴 것임을 가리키는 것이다. 필사본 텍스트들에는 없고, Eusebius의 책에서는 읽을 수 있었다 한다. 우리의 이 책에서는 이를 〈 〉로 묶은 상태로, 번역문을 그대로 실었다. 바로 앞 소크라테스 자신의 발언에 대한 부연적인 설명인 셈이기도 하니, 참고용으로 읽으면 되겠다.

133c

이건 간에, 알 수가 있겠는가?

알키비아데스: 그게 어떻게 가능하겠습니까, 소크라테스 선생님?

d 소크라테스: 알키비아데스를 모르고서 알키비아데스에 속하는 것들 중에서 무엇이 알키비아데스의 것인지를 안다는 것은 아마도 불가능한 것으로 자네에게는 보이겠기 때문이네.

알키비아데스: 맹세코, 정말로 불가능합니다.

소크라테스: 그러면 우리가 우리 자신들을 알지 못한다면, 우리 것들이 우리 것인지도 알지 못하겠군?

알키비아데스: 어찌 알겠습니까?

소크라테스: 그러니까 우리 것들도 모른다면, 우리 것들에 속하는 것들도 알지 못하겠네?

알키비아데스: 모를 것 같습니다.

소크라테스: 그렇다면 방금 우리가 이런 합의를, 곧 저 자신들은 알지 못하나, 저 자신에 속하는 것들은 아는 어떤 사람들이 있는가 하면, 자신의 것들에 속하는 것들을 아는 다른 사람들이 있다고 말한 것은 전혀 옳게 한 것이 아닐세. 왜냐하면 이 모두를 간파하는 것은 한
e 사람에 그리고 하나의 지식에 속하는 것인 것으로 보이기 때문이네. 저 자신과 저 자신의 것들 그리고 저 자신의 것들에 속하는 것들은 말일세.

알키비아데스: 그런 것 같습니다.

소크라테스: 그러나 누구든 저 자신에 속하는 것들을 모르는 자는 남들에 속하는 것들도 마찬가지로 모를 것이라 나는 생각하네.

알키비아데스: 물론입니다.

소크라테스: 따라서 만약에 남들에 속하는 것들을 모른다면, 나라들에 속하는 것들도 모를 것이네.

133e

알키비아데스: 그건 필연적입니다.

소크라테스: 물론 이런 사람은 정치가가 될 수 없을 것이야.

알키비아데스: 못 될 게 확실합니다.

소크라테스: 어쨌거나 가장도 될 수 없을 게 확실하네.

알키비아데스: 그럴 수 없을 게 확실합니다. 134a

소크라테스: 그는 자기가 무엇을 하고 있는지도 모를 것이야.

알키비아데스: 모르고말고요.

소크라테스: 한데 알지 못하는 자는 실수를 하게 되지 않겠는가?

알키비아데스: 그야 물론입니다.

소크라테스: 또한 실수를 하면, 개인적으로도 공적으로도 잘못하지 않겠는가?

알키비아데스: 어찌 아니 하겠습니까?

소크라테스: 잘못 행하게 되면, 비참하지 않겠는가?

알키비아데스: 몹시 그렇겠죠.

소크라테스: 이 사람이 상대하는 당사자들은 어떻겠는가?

알키비아데스: 이들도 몹시 그렇겠죠.

소크라테스: 만약에 누군가가 절제도 없고 훌륭하지도 못하다면, 그는 행복할 수도 없겠지?

알키비아데스: 그럴 수도 없습니다. b

소크라테스: 그러니까 사람들 중에서도 나쁜 이들은 비참하겠지?

알키비아데스: 몹시 그렇습니다.

소크라테스: 따라서 부유하게 된 사람이 비참함에서 벗어나게 되는 것이 아니라, 절제하게 된 사람이 그리 되지 않겠는가?

알키비아데스: 그런 것 같습니다.

소크라테스: 그러니 사람들이 행복해지려면, 성벽들도 삼단 노 전

134b

함들도 조선소들도 나라들에 필요한 것들이 아닐세, 알키비아데스여! [사람으로서의] 훌륭함(덕: aretē)은 없는 상태로 다수와 크기가 필요한 것도 아닐세.

알키비아데스: 물론 아닙니다.

소크라테스: 따라서 자네가 나랏일들을 옳게 그리고 훌륭하게 하려

c 면, 자네로선 시민들이 이 훌륭함을 공유하도록 해야만 하네.

알키비아데스: 어찌 그래야만 하지 않겠습니까?

소크라테스: 그러나 자신이 갖지 못한 것을 누가 공유토록 할 수가 있겠는가?

알키비아데스: 어떻게 그리할 수 있겠습니까?

소크라테스: 그러니 자네 자신이 첫째로 [사람으로서의] 훌륭함을 갖추어야 할 것이며, 다른 사람 또한 그래야 할 것이야. 누구든 개인적으로 자신을 그리고 자신에 속하는 것들을 다스리고 이에 마음을 쓰게 되도록 할 뿐만 아니라, 나라와 나라에 속하는 것들에 대해서도 그러려는 자는 말일세.

알키비아데스: 진실을 말씀하십니다.

소크라테스: 따라서 자네에게 그리고 나라에도 자네가 원하는 바를 무엇이나 마음대로 할 수 있게 하는 힘이나 통치권을 확보해 주어서는 안 되고, 올바름(정의)과 절제를 확보해 주어야만 하네.

알키비아데스: 그래야 할 것 같습니다.

d 소크라테스: 올바르게 그리고 절제 있게 행함으로써 자네도 나라도 신의 사랑을 받는 사람으로서 처신할 걸세.

알키비아데스: 그럴 것 같습니다.

소크라테스: 또한 앞에서 우리가 말한 바대로 신적이며 빛나는 것을 들여다보면서 행동하게 될 것이네.

134d

알키비아데스: 그래야 할 것 같습니다.

소크라테스: 그래서 실로 바로 이리로 봄으로써, 자네들 자신들과 자네들의 좋은 것들을 발견하고서 알게 될 걸세.

알키비아데스: 네.

소크라테스: 따라서 자네들은 옳게 그리고 훌륭하게 행동하지 않겠나?

알키비아데스: 네.

소크라테스: 하지만 이렇게 행동하는 자네들이 진실로진실로 행복 e
할 것임을 내가 보증하고 싶네.

알키비아데스: 실상 선생님께서야 안전한 보증인이시죠.

소크라테스: 하지만 신이 없는 어두운 곳을 보며, 부당하게 행동한다면, 아마도 그렇겠듯, 자네들 자신들도 모르는 상태로 그런 것들과 닮은 행동을 할 것이네.

알키비아데스: 그럴 것 같습니다.

소크라테스: 알키비아데스여, 만약에 누군가에게, 지성은 없는데, 하고 싶은 대로 할 수 있는 자유가 주어진다면, 개인에게고 나라에고 무슨 일이 일어날 것 같은가? 이를테면, 의술적인 지성은 전혀 없고,
누구도 그에게 아무런 꾸지람도 할 수 없는 참주 같은 환자에게 하고 135a
싶은 걸 할 수 있는 자유가 주어져 있다면, 그 결과는 무엇일까? 몸을 망치게 될 게 십상이지 않겠는가?

알키비아데스: 진실을 말씀하십니다.

소크라테스: 그럼 배에서는 어떤가? 조타술과 관련된 지성과 훌륭함도 갖추지 못한 자에게 제 생각대로 할 수 있는 자유가 주어져 있다면, 이 사람과 동료 선원들에게 일어나겠는 일들을 자네는 간파하겠는가?

135a

알키비아데스: 저로서는 모두가 어쨌든 사라질 것이라는 걸 간파하겠네요.

소크라테스: 그러니까 마찬가지로 나라에서고 모든 관직들에서고 [사람으로서의] 훌륭함이 결여된 상태의 그런 자유에는 나쁘게 행함
b 이 뒤따르겠지?

알키비아데스: 그야 필연입니다.

소크라테스: 그러니, 알키비아데스여, 만약에 행복하려면, 자네 자신이고 나라고간에, 참주 체제가 아니라 [사람으로서의] 훌륭함을 갖추게 되어야만 하네.

알키비아데스: 진실을 말씀하십니다.

소크라테스: 하지만 [사람으로서의] 훌륭함을 갖추기 전에는, 아이만이 아니라 어른도 다스리기보다는 더 나은 사람에 의해 다스림을 받는 것이 더 좋아.

알키비아데스: 그리 보입니다.

소크라테스: 그러니까 어쨌거나 더 나은 것이 더 훌륭하겠지?

알키비아데스: 네.

소크라테스: 더 훌륭한 것은 더 적절하겠고?

c 알키비아데스: 어찌 그렇지 않겠습니까?

소크라테스: 따라서 열등한 자로서는 복종하는 게 적절하겠네. 그게 더 나으니까.

알키비아데스: 네.

소크라테스: 그래서 나쁨(kakia)은 복종하는 편이 적절한 것이겠고.

알키비아데스: 그리 보입니다.

소크라테스: 훌륭함(aretē)은 자유로움이 적절한 것이겠네.

알키비아데스: 네.

135c

소크라테스: 그러니까, 이보게나, 노예 정신은 피해야만 하겠지?

알키비아데스: 그야 뭣보다도 그렇습니다, 소크라테스 선생님!

소크라테스: 한데, 지금 자네는 어떤 처지인 걸로 느끼고 있는가? 자유민답다고 또는 그렇지 않다고?

알키비아데스: 제게는 제가 아주 심하게 느끼게 된 걸로 생각됩니다.

소크라테스: 그러면 자네는 자네가 처한 이 상황을 어떻게 벗어날 수 있을지 아는가? 이를 미남에게 닥친 상황이라고 우리가 일컫지는 않게끔 말일세.

알키비아데스: 저야 알지요. d

소크라테스: 어떻게?

알키비아데스: 선생님께서 바라시면요, 소크라테스 선생님!

소크라테스: 잘못 말하고 있네, 알키비아데스!

알키비아데스: 그럼 어떻게 말해야만 하나요?

소크라테스: 신께서 바라신다면 하고.

알키비아데스: 그럼, 그리 말합니다. 또한 이에 덧붙여 실은 이것도 말합니다. 소크라테스 선생님, 우리가 서로 모양새를 바꾸게 될 것 같다고요, 저는 선생님 모양새로, 선생님께서는 제 모양새로요. 왜냐하면 이날부터 제가 선생님의 수행을 받는[88] 것이 아니라, 선생님께서

88) 앞서 122b의 해당 각주에서, 아테네인들의 경우, 소년이 학관이나 김나시온(gymnasion) 등에 오갈 때, 그를 수행하며 보호하고 인도하는 노예를 paidagōgos라 했는데, 이와 관련해서는 그 각주에서 이미 언급했다. 그런데 여기에서는 그 동사형 paidagōgeō(수행하다)의 수동형이 쓰이고 있다. 그러니까 여기서는 이제부터는 알키비아데스가 수행을 받는 것이 아니라, 소크라테스가 수행을 받는 꼴이 된다는 뜻인데, 이는 이 대화편의 첫머리(104d)에서 소크라테스가 집요하게 알키비아데스에 대한 관심으로 해서 그를 지켜보느라 따라다닌 꼴이었던 것과 연관된 발언인 셈이다.

135d

저의 수행을 받게 되는 것이기 때문이죠.

e 소크라테스: 고귀한 마음씨야, 그러고 보니 나의 사랑은 황새[89]의 그것과 조금도 다를 게 없겠네. 자네에게 사랑의 날개를 부화시켰더니, 이로 해서 되돌봄을 받게 된다면 말일세.

알키비아데스: 그건 그렇습니다. 그리고 어쨌든 여기서 이 시점부터 올바름에 대해 마음 쓰고 애쓰길[90] 시작할 것입니다.

소크라테스: 나는 자네가 또한 일관하길 바라는 마음일세. 그러나 두렵네. 뭔가 자네의 천성에 대해 못 믿어서가 아니라, 나라의 힘을 보고서, 그게 나와 자네를 압제하지나 않을까 해서네.[91]

---

89) 황새(pelargos)는 저를 부화시키고 키워 준 부모가 늙어 제대로 먹이 활동을 할 수 없게 되면, 부양해 주는 걸로 알려져 있다 한다.

90) 원어 epimelesthai의 이중적 의미를 살려서 '마음 쓰고 애씀'으로 옮겼다. 따라서 그 명사형 epimeleia는 문맥에 따라 '마음 씀' 또는 '애씀'으로 옮겼다.

91) 소크라테스의 이 발언은 어쩌면 두 사람 다가 훗날 다중의 힘에 휘둘리는 법정에 서도록 고발당하는 사태에 대한 예견처럼 읽히는 것이기도 하겠다.

《알키비아데스 II》 편

《알키비아데스 II》 편(*Alkibiadēs Deuteros*) 해제

앞 머리말에서 이 대화편은 위작임을 이미 밝혔다. 같은 이름의 대화편 때문에 덩달아 전집에 따라다니는 꼴의 것이다. 따라서 이 대화편에 대해서까지 긴 해제를 붙이진 않고, 목차도 따로 만들지 않기로 하겠다. 길지도 내용이 복잡하지도 않으니, 바로 대화편 읽기로 들어가는 선택을 하는 것도 좋겠다.

이 대화편은 신께 기원을 하러 가며 고민하고 있는 알키비아데스를 소크라테스가 만나게 되어, 대화를 하는 데서 시작된다. 기원을 하는 데도 지혜로움이 요구된다. 그래서 사려 분별이 있는 사람과 분별이 없는 사람에 대한 고찰을 하게 된다. 분별이 없는 대표적인 경우로, 눈이 멀게 된 오이디푸스를 드는데, 이는 그에 대한 두 아들의 홀대로, 그가 이들에게 저주를 내리게 했기 때문이다. 또한 이런 저주와도 같은 것이 무지이다. 무지야말로 많은 해악들의 원인이다. 최선의 것을 모르는 사람에게 불현듯 떠오르는 생각이 최악의 것을 최선의 것으로 착각하는 것인 경우가 있다. 상당한 수준의 앎을 지닌 사람이라도 최선의 것을 모르는 경우가 대부분이다. 이런 앎들은 부분적으로는 이롭게 하나, 많은 경우에 해롭게도 한다. 그러니까 나라도 혼도 옳게 살아가게 되고자 하는 것이면, 이 앎을 꼭 붙들어야만 한다고 한다. 이 앎이 없는 상태에서, 재물의 획득이나 육체적인 힘 또는 이런 유의 그 밖의 것들과 관련해서, 행운의 순풍이 솔솔 불어 줄수록, 그리 보이듯, 난바다에서의 항해에서 이것들로 인한 잘못들도 그만큼 더 커질 게 필연적일 것이기 때문이란다. 이른바 박학다재인 사람도, 이 앎이 없는 상태는 지적으로 고아 상태와 같아서, 그것들 각각에 의해서 이끌리게 되면, 참으로 당연히도 난바다에서 심한 폭풍우를 만나게 된 꼴이 되겠고, 조타수도 없이 계속 항해하는 꼴이 되겠기 때문이란다.

신들 그리고 지성을 갖춘 사람들에게서는 올바름과 지혜가 존중받거니와 이를 갖춘 사람들은 그들을 상대로 어떤 언행을 취해야 할지를 안다. 이를 배우게 될 때까지는 신 앞에 기원하러 가는 것도 기다릴 일일 것 같다는 권고다.

대화자들

소크라테스와 알키비아데스

소크라테스: 알키비아데스여, 신께 기원을 하려고 가고 있는 겐가? 138a

알키비아데스: 실은 그렇습니다, 소크라테스 선생님!

소크라테스: 어쨌거나 우울해 보이는 데다 땅바닥을 보고 있는 것 같은 게, 뭔가 골똘히 생각하고 있어서인 게야.

알키비아데스: 누군가가 골똘히 생각하는 게 무엇이겠습니까, 소크라테스 선생님?

소크라테스: 내게 생각되기로는, 더할 수 없이 심각한 고민거리인 것 같군, 알키비아데스! 자, 맹세코, 자네는 신들이 이러는 것으로 생 b
각지 않는가? 우리가 사적으로건 공적으로건 기원하게 되는 것들, 이

138b

것들 중의 어떤 것들을 때로는 허하지만, 때로는 허하지 않으며, 이것들 중에서도 어떤 사람들에겐 허하되, 어떤 사람들에겐 허하지 않는 것으로?

알키비아데스: 분명히 그렇습니다.

소크라테스: 그러니까 많은 주의가 어쨌든 요구되지 않겠는가? 좋은 것들로 여기고서, 자신도 모르는 결에 큰 해악들을 기원하는 일이 없도록 말일세. 신들은 이런 상황에서도 누군가가 기원하는 것들은
c 허하지. 이를테면, 오이디푸스가 세습 자산들을 칼로써 아들들이 나누게 되도록 기원하게 되는 것으로 말하고 있듯이.[1] 그로서는 자신에게 닥친 해악들을 비켜 가는 어떤 방책을 기원하는 것이 허용될 수 있었는데도, 기왕의 것들에 더해 또 다른 저주들을 내려 달라고 했네. 그렇게 하니 이 또한 이루어졌을 뿐만 아니라, 이로 해서 또 다른 많은 무서운 일들이 일어났는데, 이것들을 무엇 때문에 일일이 말해야 하겠는가?

알키비아데스: 하지만, 소크라테스 선생님! 선생님께서는 미친 사람을 말씀하셨습니다. 건강하고서야 누가 그런 것들을 기원하기를 감행할 것이라고 선생님께 생각될까 해선데요?

---

1) 아이스킬로스의《테베를 공격하는 일곱 장수》785~790행에 이와 관련된 구절들이 나오는데, 그 경위와 요지를 정리하면, 이런 것이다. 오이디푸스가 가혹한 운명으로 자기가 저지른 끔찍한 사태들을 못 알아본 제 눈을 탓하며, 어미의 옷핀으로 제 두 눈을 찔러 장님이 된다. 그 뒤에, 그런 처지의 자신에게 오이디푸스가 살해한 아버지 라이오스가 쓰던 잔으로 포도주를 대접하는가 하면, 아버지에게는 드릴 수 없는 부위의 고기를 대접하는 등, 두 아들의 막된 돌봄에 분통이 터진 그가 그들에게 내리라고 한 모진 저주(ara)는 유산을 둘이 칼로 나눠 가지라는 것이었는데, 이들은 이 싸움으로 둘이 서로를 죽이게 된다.

138c

소크라테스: 그러면 미침(to mainesthai)이 지혜로움(phronein)과는 어쨌든 대립되는 것으로 자네에겐 생각되는가?

알키비아데스: 물론입니다.

소크라테스: 한데, 자네에겐 분별이 없는 사람들과 사려 분별이 있는 사람들이 있는 걸로 생각되는가? d

알키비아데스: 확실히 있는 걸로 생각됩니다.

소크라테스: 자, 그러면 도대체 이들이 누구들인지 고찰해 보세나. 어떤 사람들은 분별이 없고 어떤 사람들은 사려 분별이 있으며, 다른 어떤 사람들은 미친 걸로 합의를 본 터이니까.

알키비아데스: 실상 그리 합의를 보았죠.

소크라테스: 한데, 더 나아가 건강한 어떤 사람들도 있고?

알키비아데스: 있습니다.

소크라테스: 그러면 병약한 다른 사람들도?

알키비아데스: 물론입니다. 139a

소크라테스: 그러니까 이들은 같은 사람들이 아닌 거지?

알키비아데스: 실상 아닙니다.

소크라테스: 그러면 이들 중의 어떤 상태에 있지도 않은 사람들로 다른 어떤 사람들 또한 있는가?

알키비아데스: 없는 게 확실합니다.

소크라테스: 사람이면, 병이 들었거나 병이 들지 않았거나 한 게 필연적이니까.

알키비아데스: 제겐 그리 생각됩니다.

소크라테스: 어떤가? 사려 분별(지혜: phronēsis)과 분별없음(aphrosynē)과 관련해서 자네는 같은 의견을 가졌는가?

알키비아데스: 어떻게 하시는 말씀인지요?

139a

소크라테스: 사려 분별이 있거나 분별이 없거나만 가능한 걸로 자네에겐 생각되는가, 아니면 사람을 사려 분별이 있는 걸로도 분별이
b 없는 걸로도 만들지 않는 그 중간인 어떤 셋째 것이 있는가?

알키비아데스: 분명히 없습니다.

소크라테스: 그러면 이들 둘 중의 어느 하나인 게 필연적이네.

알키비아데스: 어쨌든 제게는 그리 생각됩니다.

소크라테스: 그러니까 자네는 광기(mania)가 사려 분별과 반대되는 걸로 동의한 걸 기억하지 못하는가?[2]

알키비아데스: 저야 기억하죠.

소크라테스: 그러니까 또한 사람을 사려 분별이 있게 만들지도 않고 분별이 없게 만들지도 않는, 그 사이의 셋째 상태는 아무것도 없는가?

알키비아데스: 실은 제가 동의했었죠.

소크라테스: 하지만 하나인 것에 두 개의 반대되는 것들이 어떻게 있겠는가?

알키비아데스: 결코 없습니다.

c 소크라테스: 그러고 보니 분별없음과 광기는 같은 것인 것 같네.

알키비아데스: 그리 보입니다.

소크라테스: 그러니까, 알키비아데스여, 모든 분별없는 것으로 드러난 사람들은 미친 것으로 말하는 게 옳을 것 같네. 이를테면, 자네 또래들 중에서도, 실제로 그렇듯, 어떤 사람들이 분별없는 사람들이라면, 또한 더욱 나이 먹은 사람들이 그런 사람들이라면 말일세. 자, 맹세코, 이 나라에 있는 사람들 중에서 소수가 사려 분별이 있는 사람들이지만, 다수자들은 분별이 없다고 자네는 생각하지 않는가? 바로

2) 138c에서.

139c

이들을 자네가 미친 사람들로 일컫는가?

알키비아데스: 저로서는.

소크라테스: 그래서 우리가 그처럼 많은 미친 사람들과 함께 시민
생활을 하면서 잘 지냈을 것으로 자네는 생각하는가? 그리고 두들겨 d
맞고 내동댕이쳐지지도 않고, 미친 사람들이 해 대는 짓거리들을 당하지도 않았을 것으로 생각하는가? 일찍이 그들이 바로 그렇게 했듯이. 이보게나, 사태가 이러하지 않았을 것인지 보게나.

알키비아데스: 어떻게 그럴 수 있겠습니까, 소크라테스 선생님? 실은 제가 생각한 것처럼 그렇지는 않은 것 같습니다.

소크라테스: 내게도 그리 생각되지는 않네. 그러나 이런 식으로 보아야만 하겠네.

알키비아데스: 도대체 어떻게 말씀입니까?

소크라테스: 그러면 내가 자네에게 말해 줌세. 어쨌든 얼마쯤은 질병에 걸린 이들이 있는 걸로 우리는 보네. 안 그런가?

알키비아데스: 그야 물론입니다.

소크라테스: 그러니까 통풍이나 열병 또는 안염을 앓는 환자가 반 e
드시 있을 것으로 자네에겐 생각되거나, 또는 이들 질환은 전혀 걸리지 않았지만, 다른 질환을 앓고 있는 것으로 자네에겐 생각되지 않는가? 질환들은 어쨌거나 여러 가지이고, 이것들만이 아닐 테니까.

알키비아데스: 제게는 그리 생각됩니다.

소크라테스: 그러니까 안염은 다 질병인 걸로 자네에겐 생각되겠네.

알키비아데스: 네.

소크라테스: 그렇다면 모든 질병도 안염인가?

알키비아데스: 확실히 아닌 걸로 제게는 생각됩니다. 하지만 어떻게 제가 말할지 당혹스럽습니다.

140a 소크라테스: 하지만 내 말에 유의한다면, 또한 둘이 함께[3] 고찰하면 아마도 찾게 될 걸세.

알키비아데스: 제 힘껏 유념하고 있습니다, 소크라테스 선생님!

소크라테스: 그러니까 안염은 모두가 질병이지만, 질병이 모두 안염인 건 아니라고 우리가 동의했지?

알키비아데스: 동의했습니다.

소크라테스: 그건 어쨌든 옳게 동의된 것이라 내게는 생각되네. 왜냐하면 발열 상태에 있는 사람들은 모두가 질병 상태에 있지만, 질병 상태에 있는 사람들 모두가 발열 상태에 있는 게 아니며, 통풍을 앓고 있는 것도 아니며, 안염을 앓고 있는 것도 아니라고 나는 생각하기 때
b 문이네. 그러나 그런 것 모두가 질병이지만, 이것들의 증상 대처는 우리가 의사들로 일컫는 사람들이 다르다고 말하네. 왜냐하면 모두에게 있어서 그것들은 똑같지도 않으며 똑같이 영향을 미치지도 않고, 그것 각각은 그것 자체의 영향력에 따라 그 영향을 미치기 때문이네. 하지만 그 모두가 질병이지. 마치 우리가 어떤 사람들을 장인들로 이해하듯. 안 그런가?

알키비아데스: 그야 물론입니다.

---

3) 호메로스의 《일리아스》 10권 224~225행에 "둘이 함께(syn dyo) 가면, 한 사람이 다른 사람에 앞서 어떻게 이득이 있을지를 안다"라는 구절이 있는데, 이 중에서 '둘이 함께'만 인용한 것일 수도 있겠다. 그런데 소크라테스는 이를 '둘이 함께 고찰하면(syn dyo skeptomenō)'으로, 곧 공동탐구(syzētēsis)를 제의하고 있다. 공동 탐구야말로 소크라테스의 대화 정신 곧 그의 문답법의 기본 정신이라 할 수 있겠다. 이 공동 탐구와 관련해서는 오늘날의 그리스인들이 말하는 좋은 속담이 있어서 소개한다. to ena [k]heri plenei to allo kai ta dyo to prosōpo.(한 손은 다른 손을 씻어 주고, 두 손은 얼굴을 씻어 준다.)

140b

소크라테스: 그러니까 제화공들과 목수들, 인물상 조각가들 그리고 그 밖의 온갖 무리들, 이들을 왜 각각 말해야만 하는가? 물론 그들이
어쨌거나 기술 분야들을 나누어 갖지만, 이들 모두는 장인들이고, 목 c
수들은 어쨌든 제화공들도 조각가들도 아니네.

알키비아데스: 그런 건 아닌 게 확실합니다.

소크라테스: 그러니까 분별없음도 이처럼 나눠져 있고, 이의 가장 많은 부분을 차지하고 있는 자들을 미친 자들로 우리가 일컫지만, 조금 더 작은 부분을 차지하는 자들을 얼간이들로 멍청이들로 일컫네. 반면에 가장 완곡한 표현으로 낮춰 표현하고자 하는 이들로, 일부는 공상가들로, 다른 일부는 단순한 사람들로, 또 다른 이들은 무해한 사
람들로, 물정을 모르는 사람들로 그리고 지각없는 사람들로 일컫네. d
그러나 그 밖에도 더 찾아보면 다른 많은 지칭들을 자네는 찾아낼 것이야. 그러나 이 모두는 분별없음이지만, 다르네. 마치 우리에게 기술이 기술과 다르고 질병이 질병과 다른 것으로 명백해졌듯. 자네에겐 어떻게 생각되는가?

알키비아데스: 제게는 그리 생각됩니다.

소크라테스: 그러니까 거기에서 다시 거슬러 올라가세나. 왜냐하면 우리 논의의 처음에도 있었던 것이기 때문인데, 분별이 없는 사람들과 사려 분별이 있는 사람들이 도대체 누구들인지 고찰해야만 한다는 것이었지. 누구들인가 있다는 건 합의를 보았으니까. 안 그런가?

알키비아데스: 네, 합의를 보았죠.

소크라테스: 그러면 자네는 이들을, 곧 어떤 것들을 행하고 말해야 e
만 하는지를 아는 사람들을 사려 분별이 있는 사람들로 이해하겠지?

알키비아데스: 저로서는.

소크라테스: 어느 쪽 사람들을 분별이 없는 사람들로? 그러니까

140e

어쨌거나 이것들 중의 어느 쪽도 모르는 사람들을?

알키비아데스: 이들을요.

소크라테스: 그러니까 어쨌든 이것들 중의 어느 쪽도 모르는 사람들은 말하지 말아야 하고 행하지 말아야 할 것들을 자신들도 모른 채로 말하고 행하지 않는가?

알키비아데스: 그리 보입니다.

소크라테스: 알키비아데스여, 실로 오이디푸스가 그런 사람들에 포
141a 함된다고 나는 말했네. 요즘 사람들 중에서도 아직도 많이들, 그 사람
처럼, 분노해서가 아닌 사람들을 자네는 발견할 것이며, 또한 자신들
에게 나쁜 것들 아닌 좋은 것들이라 생각하고서 기원하는 사람들 또
한 많아. 그는 그리 기원하지도 않았고, 그리 생각하지도 않았던 거
네. 그러나 이와는 반대되는 사태를 겪은 다른 어떤 사람들이 있네.
내가 우선 자네 생각을 하기를, 만일 신에게 기원을 하러 가고 있는
자네에게, 신에게 자네가 정작 아무런 기원도 하기 전에, 신이 나타나
서는, 아테네인들의 나라의 전제군주가 되면, 자네가 만족하겠는지
묻는다고 하세. 만약에 자네가 이를 하찮고 대단한 것도 아니라고 여
겨서, 신이 모든 헬라스인들의 전제군주가 되는 걸 덧붙인다고 하세.
b 그러나 온 유럽의 전제군주가 또한 되지 않는다면, 자네가 아직도 성
에 차지 않는다고 생각하는 걸로 신이 본다면, 그래서 신이 이를 또
한 약속한다면, 이를 약속할 뿐만 아니라, 자네가 원한다면, 바로 같
은 날 모든 사람이 클레이니아스의 아들 알키비아데스가 전제군주임
을 알게 될 것이라고 말일세. 그럴 경우, 내가 생각하기로, 자네는 최
대로 좋은 것들을 얻게 되었다며, 엄청 기뻐하며 떠날 것이야.

알키비아데스: 소크라테스 선생님, 다른 누구라 할지라도, 정녕 이와 같은 일이 그에게 일어난다면, 그럴 것이라 저는 생각합니다.

소크라테스: 하지만 어쨌든 그게 자네의 목숨과 바꾸는 것이라면, 온 헬라스인들과 이방인들의 영토와 전제군주의 지위가 자네 것이 되는 것도 자네는 원하지 않을 것이야. c

알키비아데스: 저로서는 그러지 않을 것이라 생각합니다. 그것들을 아무짝에도 이용할 수도 없을 텐데, 어찌 그러겠습니까?

소크라테스: 그것들을 나쁘게 그리고 해롭게 이용하게 될 것이라면, 어쩔 것인가? 이 경우에도 원하지 않을 것인지?

알키비아데스: 물론 하지 않을 것입니다.

소크라테스: 그래서 주어지는 것을 조심성 없이 받는 것도, 스스로 이런 일이 일어나기를 기원하는 것도, 이로 인해서 누군가가 해를 입거나 완전히 삶을 잃게 된다면, 안전하지 않은 것을 자네는 보네. 우 d
리는 이전에, 뭔가 좋은 걸 한답시고, 전제군주의 지위를 도모하여, 이게 자신들에게 생기도록 열성을 쏟았으나, 전제 정치에 대한 역모를 도모한 자들에 의해 목숨을 앗기게 된 하고많은 사람들을 말할 수 있을 것이네. 나는 자네가 엊그제[4] 일어난 일들[5]을 못 듣고 있는 걸로는 생각진 않네. 마케도니아의 참주 아르켈라오스를, 그가 소년애의

---

4) 《일리아스》 2권 303행에 바로 이 khthiza te kai prōiza(엊그저께)라는 표현이 나온다.

5) 여기서 '엊그저께 일어난 일들(khthiza te kai prōiza gegenēmena)'은 《고르기아스》 편 470d에서도 똑같은 뜻인 ta ekhthes kai prōen gegonota로 지칭되고 있다. 이 일은 소크라테스가 독배를 비운 바로 그 해에 일어난 최근의 일이었는데, 더할 수 없이 간교하고 악랄한 방법으로 마케도니아의 왕위를 찬탈했다가, 결국 자신도 제 소년애의 대상이었던 자에 의해서 암살되고, 바로 이어지는 본문에서 언급되고 있듯, 이 암살자는 3, 4일간의 왕 노릇을 하고서, 자살하게 된다. 왕족 상전의 노예 소생이었던 Arkhelaos(재위 기간: 413～399)와 관련해서는 《고르기아스》 편(470d～471d)에서 길게 언급하고 있으니, 이를 참조하는 게 좋겠다.

141d

대상으로 저를 사랑한 것보다도 더 참주 자리를 더 사랑한 젊은이가,
저 자신이 참주로 행복한 사람으로 되고자 해서, 저를 사랑한 자를 살
e 해해 버린 것이네. 그러나 이 자는 사나흘 동안 참주 자리를 차지했다
가, 이번에는 다른 몇 명에 의한 모의로 종말을 보게 되었네. 물론 우
리 시민들의 경우도 자네는 보네. ―이는 우리가 남들에게서 들은 게
아니라, 우리 자신들이 직접 목격한 것들이네. ―그리도 많은 사람들
142a 이 장군[6]의 지위를 한때는 열망하고 그 지위에 올랐지만, 더러는 지금
아직도 이 나라에서 망명객들로 있는가 하면, 더러는 이미 목숨을 잃
었네. 그들 중에서 가장 훌륭하게 처신한 것으로 여겨졌던 이들도 많
은 위험들과 두려움을 겪었는데, 이는 비단 전장에서의 장군으로서
임무 수행을 하는 중에서만이 아니라, 자신들의 가정으로 돌아오고서
도, 적들에 의한 포위공격 못지않게 밀고자들에 의해서 시달렸네. 그
래서 이들 가운데 더러는 장군이었기보다는 장군이 결코 아니었기를
b 기원하게 되었네. 그야 그런 위험들과 노고들이 이로움을 가져다주는

6) 501/0년에 아테네에서는 새로운 행정 단위인 10개 부족에서 각기 1명씩의 '장군'(stratēgos)을 해마다 선출케 했다. 이들은 각기 자기 부족의 중장비 보병단과 기병대를 지휘하는 장군들이었으며, 모두 대등한 지위를 누렸다. 따라서 전략 협의는 함께 하고, 결정은 다수에 의해서 했던 것 같다. 이때만 해도 집정관들(행정관들: arkhontes) 중의 한 사람이었던 '폴레마르코스'(polemarkhos: 전쟁을 지휘하는 총사령관)가 적어도 명목상은 주도권을 행사한 편이었으나, 487/6년 이후에 이들은, 집정관들을 비롯한 나머지 관직들이 대개 추첨에 의해서 결정되는 데 반해, 적어도 그 나름의 전문적인 능력이 인정되어 선출되었으므로, 정치적인 영향력도 행사하게 된다. 480년에 살라미스 해전에서 페르시아의 대 함대를 격파한 테미스토클레스(Themistoklēs)도 '스트라테고스'로 선출된 사람이었고, 페리클레스 또한 443년부터 429년에 역병으로 사망하기까지 무려 15번이나 '스트라테고스'로 연달아 선출되었던 사람이다.

142b

것이었다면야, 일리 있는 일이었겠지만. 그러나 지금은 아주 그 반대
일세. 자식들과 관련해서도 마찬가지임을 자네는 알게 될 것이야. 일
찍이 어떤 이들은 자식들이 태어나기를 기원해서, 태어나서는 큰 불
운과 고통에 처하게 되네. 왜냐하면 어떤 이들은 철저하게 못된 자식
들이어서, 온 평생을 괴로워하면서 보냈기 때문이네. 그런가 하면 태
어나기는 선량한 자식들이었으나, 불행으로 해서 이들 선량한 자식 c
들을 잃게 되어, 이들도 못지않은 불행에 처하게 되니, 이들이 태어나
기보다 이들이 아예 태어나지 않았기를 바랐네. 하지만 이것들에 유
사한 이러저러한 많은 사태들이 이처럼 아주 명백한데도, 누구든 제
게 주어지는 걸 거부하거나 기원을 함으로써 얻을 수 있을 텐데도, 기
원을 삼가는 그런 사람을 찾는 건 좀처럼 드무네. 그러나 많은 사람들
은 전제군주의 지위가 주어진다거나 장군의 지위나 그 밖의 다른 많
은 것들이 주어진다면, 거절하려 하지 않을 것이니, 그게 현실화되면, d
이득이 되기보다도 해롭게 되더라도 말일세. 오히려 그게 현실화되지
않는다면, 그게 실현되기를 기원하기까지 할 것이네. 그러나 때로는
조금 있다가 이를 취소하는데, 처음에 기원했던 모두를 철회함으로써
야. 그래서 나는 실로 사람들이 공연히 신들을 탓하는 게 아닌가 하고
의아해하네. 자신들에게 나쁜 것들이 있게 된 것이 그들로 해서라고
말하면서. 그러나 이들 또한 자신들의 무모함 또는 분별없음으로 해서,
응분의 운명 이상의 고통을 겪지.[7] 어쨌든, 알키비아데스여, 저 시인은 e
사려 분별이 있는 것 같네. 그는 생각 없는 친구들이 더 나을 것 없는
것들을, 이들에게는 더 나을 것이라 여겨져서, 행하며 기원하는 걸 보

7) 여기에서 고딕체로 표시된 부분은 호메로스의 《오디세이아》 1권 32~34행의 내용을 산발적으로 인용한 것들임을 표시한 것이다.

142e

고서는, 이들 모두를 위해 함께 기원하도록 주선했네. 그러고선 대강 이렇게 말하네.

143a 제우스 주군이시여, 좋은 것들은 기원하건 기원하지 않건,
저희에게 주시되, 불운한 것들은, 기원하더라도 막아 주시옵소서.[8]

그러니까 그 시인이 훌륭하게 그리고 안전하게 말한 걸로 내게는 생각되네. 허나 이에 대해서 뭔가 생각하는 바가 있다면, 침묵하지는 말게.

알키비아데스: 소크라테스 선생님, 훌륭하게 말한 것에 대해 반론하기가 어렵네요. 그야 어쨌든 이런 생각은 듭니다. 인간에게 있어서 무지가 얼마나 많은 해악들의 원인인지, 우리 자신들도 모르는 결에
b 이것으로 해서 최악의 것들을 행하며 더할 수 없이 고약한 것은 그것들을 기원까지 하는 경우입니다. 그러니까 이거야말로 아무도 생각지 않았던 것일 것이고, 스스로가 스스로를 위한 최선의 것들을, 결코 최악의 것들이 아닌 것을 능히 기원할 수 있다고 모두 생각했을 것입니다. 이는 실로 어떤 저주와도 같은 것이지, 기원과 같은 것은 아닐 것이기 때문입니다.

소크라테스: 그러나, 이보게나, 어떤 사람은 말할 것이네. 나보다도 또한 자네보다도 지혜로운 어떤 사람이, 이처럼 무지를 함부로 비난
c 함으로써, 우리가 옳게 말하지 않는다고. 그게 무엇들에 대한 무지인지 그리고 그게 누구들에게 어떤 상황에서 나쁘듯, 또한 좋은지도 덧

8) The Palatine Anthology(Anthologia Palatina), x. 108을 고쳐 옮긴 형태의 것임. 이 책과 관련해서는 앞의 제목으로 인터넷에서 검색하면, Wikipedia에서 상세한 자료들에 대한 정보를 얻을 수 있다.

143c

붙여 말하지 않는다면.

알키비아데스: 어떻게 하시는 말씀인지요? 도대체 어떤 일이 어떤 사람에게 모르는 것이 아는 것보다 좋은 것일 수 있는가요?

소크라테스: 어쨌든 내게는 그리 생각되네. 자네에게는 그리 생각되지 않는 겐가?

알키비아데스: 하지만 제게는 단연코 그리 생각되지 않습니다.

소크라테스: 그러나 나는 오레스테스[9]와 알크마이온[10]이 제 어머니에 대해서 저지른 것으로 말하는 일들 그리고 그들과 똑같은 짓들을 한 다른 사람들이 있다면, 그런 짓들을 자네가 하고자 한다고 책망하려는 게 아닐세. d

알키비아데스: 맹세코, 말씀을 삼가시죠, 소크라테스 선생님!

소크라테스: 알키비아데스여, 자네가 불길한 말을 삼가 달라고 해야 할 사람은 이런 일들이 자네에게 벌어지는 걸 자네가 바라지 않을 것이라 말하는 사람이 아니라, 누군가가 그 반대되는 걸 말한다면, 훨씬 그쪽일 것이네. 그 일이 자네에게는 몹시도 끔찍스런 일로 생각되어,

---

9) Orestēs는 트로이아 원정에 참가한 헬라스 군대의 총사령관이었던 아가멤논(Agamemnōn)의 아들이다. 아가멤논이 출정한 뒤에 왕비 클리타이므네스트라(Klytaimnēstra)를 유혹하여 그 정부가 된 아이기스토스(Aigisthos)는 왕비와 공모하여 원정에서 미케네(Mykēnē)로 귀환한 아가멤논을 살해하고선 왕이 된다. 이로부터 8년째 되던 해에 오레스테스가 나타나, 누이 엘렉트라(Ēlektra)의 적극적인 도움을 받으며, 아이기스토스와 자신의 어머니까지도 살해함으로써, 그 복수를 하게 된다. 이 사건과 관련된 이야기는 호메로스의 《오디세이아》 1권과 3권에 나오거니와, 훗날 특히 아이스킬로스의 삼부작 비극 "Oresteia(오레스테스 이야기)"의 내용이 된다.

10) Alkmaiōn은 아버지의 지시에 따라 제 어미 Eriphylē를 살해했는데, 이 친모 살해로 해서 복수의 여신들(Erinyes)의 추적을 끊임없이 받는다.

143d

결코 이처럼 함부로 말해서는 안 되는 일이니까. 만약에 오레스테스가 사려 분별이 있어서 저로서 무엇을 하는 게 가장 좋을지도 알았다면, 그런 짓들 중의 어떤 걸 그가 감행했을 것으로 자네는 생각하는가?

알키비아데스: 분명히 그러지 않았을 것입니다.

e 소크라테스: 다른 누구도 그러지 않았을 걸로 나는 생각하네.

알키비아데스: 정말로 안 했을 겁니다.

소크라테스: 그러고 보면 최선의 것에 대한 무지가 그리고 최선의 것을 모르고 있다는 게 나쁜 것인 것 같네.

알키비아데스: 제겐 그리 생각됩니다.

소크라테스: 그에게도 그리고 그 밖의 모두에게도 그리 생각되지 않겠는가?

알키비아데스: 그렇습니다.

소크라테스: 그러면 더 나아가 이 또한 고찰하세나. 만약에 자네에게 불현듯 생각이 떠오르길, 그러는 게 좋다는 생각을 하게 되어, 단도를 쥐고서 자네의 후견인이며 친구인 페리클레스를 [저택] 대문으
144a 로 찾아가서는, 집 안에 있는지를 묻네. 다른 누구도 아닌, 바로 그를 죽이려고 작심하고서. 그들(하인들)은 그가 집 안에 있다고 하네. 한데, 나는 자네가 이런 짓들 중의 어떤 일을 하려고 할 것으로 말하지는 않네. 그러나 최선의 것을 모르는 사람에게 불현듯 떠오를 생각을 막을 것은 아무것도 없겠으니, 최악의 것을 최선의 것으로 생각하게 되는 거지. 혹시 그리 생각되지 않는가?

알키비아데스: 분명히 그렇습니다.

소크라테스: 그래서 자네가 안으로 들어가 그를 보고서도 그를 알
b 아보지도 못하고 다른 누군가인 걸로 생각하게 된다면, 그런데도 여전히 그를 자네가 죽이려 들까?

144b

알키비아데스: 결단코 아닙니다. 그러려 하지 않을 것으로 제게는 생각됩니다.

소크라테스: 우연히 만난 사람이 아니라, 자네가 죽이려고 했던 바로 그 사람이었으니까. 안 그런가?

알키비아데스: 네.

소크라테스: 그래서 비록 자네가 여러 차례나 감행하려 하더라도, 이를 정작 행하고자 할 때, 언제나 페리클레스를 알아보지 못한다면, 그를 공격할 수가 없을 것이네.

알키비아데스: 못 할 게 명백합니다.

소크라테스: 어떤가? 오레스테스가 이처럼 어머닐 어쨌든 못 알아보았다면, 어머니를 공격할 수 있었을 것으로 생각되는가?

알키비아데스: 저로선 그럴 수 없었을 것으로 생각합니다. c

소크라테스: 왜냐하면 그는 아무나 만나게 되는 여인도, 누구의 어머니인지도 알아보지 못하는 어머닐 살해할 생각은 하지 않고, 자신의 어머니를 살해할 생각을 하고 있었기 때문이네.

알키비아데스: 그건 그렇습니다.

소크라테스: 따라서 어쨌든 이런 것들을 알지 못함은 이런 상황에 처한 자들에게는 그리고 이런 생각을 갖고 있는 자들에게는 더 나은 것이네.

알키비아데스: 그리 보입니다.

소크라테스: 그래서 어떤 것들에 대한 무지가 어떤 사람들에게 그리고 어떻게 좋고, 방금 자네에게 그리 생각되었듯, 나쁘지 않은지를 본 거지?

알키비아데스: 그런 것 같습니다.

소크라테스: 그러면 더 나아가 이 다음 것에 대해 고찰하기를 바란 d

144d

다면, 아마도 자네에겐 이상하다는 생각이 들 것이야.

알키비아데스: 특히 뭐가 그렇겠는지요, 소크라테스 선생님?

소크라테스: 말하자면, 누군가가 최선의 것에 대한 앎은 지니지 못
하고 있으면서도, 다른 것들에 대한 앎들은 지닌 것 같을 경우, 이를
가진 자를 드물게는 이롭게 하지만, 많은 경우에 해롭게 하네. 이렇게
생각해 보게. 우리가 뭔가를 즉각적으로 행하거나 말하고자 할 경우,
먼저 우리는 우리가 이를 아는지 또는 정말로 알고 있는지를 생각해
e 야만 하는 게 필연적인 걸로 자네에겐 생각되지 않는가?

알키비아데스: 어쨌든 제게는 그리 생각됩니다.

소크라테스: 이를테면, 실상 변론가들은 아는 자로서 또는 스스로
안다고 생각하고서 우리에게 그때마다 조언을 하는데, 어떤 이들은
전쟁과 평화에 대해서, 반면에 어떤 이들은 성벽의 구축과 관련해서
145a 또는 항만의 조성과 관련해서 그러네. 한마디로 말해서, 나라가 다른
나라에 대해서 또는 나라가 자체적으로 하는 하고많은 일들이 변론가
들의 조언으로 해서 모두 이루어지네.

알키비아데스: 진실을 말씀하십니다.

소크라테스: 그러면 이를 근거로 한 일들도 보게.

알키비아데스: 제가 할 수 있으면요.

소크라테스: 실상 자네는 사람들을 사려 분별이 있다고도 분별이 없다고도 일컬을 게 틀림없겠는데?

알키비아데스: 저야 그러죠.

소크라테스: 그러니까 많은 사람들을 분별이 없는 이들로, 반면에 소수의 사람들을 사려 분별이 있는 이들로 일컫지 않는가?

알키비아데스: 그리 일컫습니다.

소크라테스: 그러니까 뭔가를 기준으로 삼고서 양쪽을?

145a

알키비아데스: 네.

소크라테스: 어느 쪽이 더 좋으며 언제가 더 좋은지를 떠나서, 그런 b
것을 조언할 줄 아는 사람을 사려 분별이 있는 사람으로 일컫겠는가?

알키비아데스: 분명히 아닙니다.

소크라테스: 누구든 전쟁은 언제 하는 게 더 좋으며 어느 정도의 시간만큼 하는 게 더 좋은지를 아는 걸 떠나서는, 전쟁하는 것 자체를 아는 자로 나는 생각지 않네. 안 그런가?

알키비아데스: 네.

소크라테스: 그러니까 또한 언제 그러는 게 더 좋으며, 누구를 그러는 게 더 좋은지를 아는 걸 떠난 채로, 누군가가 누군가를 죽이는 것도, 재물을 빼앗는 것도, 조국에서 망명케 하는 것도 그렇지 않겠는가?

알키비아데스: 실상 그렇지 못하죠.

소크라테스: 그러니까 누구든 그런 것들 중의 어떤 것을 아는 사 c
람, 이 사람에게 가장 좋은 것에 대한 앎이 수반된다면—이것이 또한 바로 그 유익한 것에 대한 앎과도 같은 것이기도 했지. 그렇지 않은가?—

알키비아데스: 네.

소크라테스: 어쨌든 이 사람을 우리는 사려 분별이 있는 사람으로, 또한 나라를 위한 그리고 자기 자신을 위한 충족한 조언자로도 말할 것이네. 그러나 그렇지 않은 사람은 이와 반대되는 사람으로 말할 것이고. 어떻게 생각되는가?

알키비아데스: 제게는 그리 생각됩니다.

소크라테스: 어떤가? 만약에 누군가가 말타기와 활쏘기를 안다면, 또는 권투와 레슬링 또는 다른 어떤 운동 경기나 또는 기술에 의해서
우리가 아는 하고많은 그런 유의 다른 어떤 걸 안다면, 이 기술에 따 d

145d

라 더 훌륭해지는 것을 아는 자라면, 이 사람을 자네는 뭐라 일컫는가? 그러니까 승마술과 관련된 자는 기수라 일컫지 않겠나?

알키비아데스: 저로서는.

소크라테스: 하지만 권투와 관련해서는 권투 선수라 일컫지만, 아울로스 취주와 관련해서는 아울로스 취주자로, 그리고 그 밖의 경우들도 이것들에 상응해서 일컫네. 아니면 달리 어떻게?

알키비아데스: 아뇨, 그렇게요.

소크라테스: 그러면 이것들과 관련해서 뭔가를 알고 있는 사람은 사려 분별이 있기도 한 사람인 게 필연적인 걸로 자네에겐 생각되는
e 가, 아니면 많이 부족한 걸로 우리는 말할 것인가?

알키비아데스: 하지만, 단연코, 부족합니다.

소크라테스: 그러면 훌륭한 궁수들과 아울로스 취주자들, 더 나아가 운동선수들과 그 밖의 기술자들, 그리고 이들이, 방금 우리가 말한 전쟁하는 것 자체와 살해하는 것 자체를 아는 사람들과 섞이고, 또한 정치적인 떠버리들인 변론가들, 그리고 또 가장 좋은 것에 대한 앎은 없이 또한 이들 각각의 기술을 언제 누구를 상대로 쓰는 게 더 좋은지를 아는 사람도 없이, 이들 모두가 섞인다면, 어떤 나라체제(politeia)
146a 일 걸로 자네는 생각하는가?

알키비아데스: 저로서는 변변찮은 나라체제일 걸로 생각합니다, 소크라테스 선생님!

소크라테스: 자네는 이들 개개인이 명예를 사랑하고 나라체제의 할당을 함에는 최대

부분을 이에,

스스로 저로서는 최선일 수 있는 것에.[11]

그러나 내가 말하는 건 그 최선의 것은 기술 자체에 따라 이루어지는 것이라는 걸세. 하지만 나라에도 그 자신에게도 가장 좋은 것에서는 대개가 전적으로 실패하였는데, 이는 지성은 없이 의견(doxa)을 신뢰했기 때문이라고 나는 생각하네. 이것들이 이러하니, 이런 나라 b
체제는 많은 소요와 불법으로 가득 찼다고 하는 게 옳게 말하는 게 아니겠는가?

알키비아데스: 단연코 옳게 말씀하시는 겁니다.

소크라테스: 그러니까 우리가 이제 곧 뭔가를 하거나 말하려는 것은 맨 먼저 우리가 알거나 또는 참으로 알아야만 한다는 생각을 해야 하는 것이 필연적이라는 생각이 우리에게 들지 않았는가?

알키비아데스: 들었죠.

소크라테스: 그러면 누군가가 자신이 알거나 안다고 생각하는 것을 하는데, 이에 이롭게 함이 동반된다면, 그는 우리를 그리고 나라와 스스로 자신에게도 이롭도록 하지 않겠는가? c

알키비아데스: 어찌 그렇지 않겠습니까?

소크라테스: 하지만 만약에, 내가 생각하기로, 그가 이와 반대로 한다면, 나라에도 스스로 자신에게도 그렇게 하지 못하겠지?

알키비아데스: 그러지 못할 게 확실합니다.

소크라테스: 어떤가? 지금도 여전히 마찬가지로 생각되는가 아니면 달리 생각되는가?

---

11) 이 시구는 토막 시 형태로 전하는 에우리피데스의 《안티오페(*Antiopē*)》의 일부이다. 그 첫 줄의 온전한 형태는 "그날의 가장 큰 부분을 이것에 배당하며,"인데, 이를 여기에서는 본문의 내용과 맞추어 바꿔 가며 활용한 셈이다. 이 시구의 원래 내용과 그 의도에 대해서는 《고르기아스》 편 484e에서 역주자의 해당 각주(137)를 참조하는 게 좋겠다.

알키비아데스: 아뇨, 그리 생각합니다.

소크라테스: 그러니까 자네는 다중을 분별이 없는 이들로 일컫지만, 소수는 사려 분별이 있는 이들로 일컫는다고 말했지?

알키비아데스: 저로서는.

소크라테스: 따라서 우리는 다시금 다중이 가장 좋은 것을 잘못 짚는데, 이는 대개의 경우 지성은 없이 의견을 신뢰해서라고 나는 생각하네.

d 알키비아데스: 실상 우리는 그리 말합니다.

소크라테스: 그래서 다중에겐 그들이 아무것도 모르는 것도, 안다고 생각하는 것도 이득이 되지 않네. 가령 이들이 아는 또는 안다고 생각하는 것들을 하려고 더욱 열의를 보이게 될 경우, 이를 함으로써 이롭게 되기보다는 오히려 더 해를 입게 되네.

알키비아데스: 더없이 진실한 말씀을 하십니다.

소크라테스: 그러면 보겠네. 만약에 누군가가 가장 좋은 것에 대한
e 앎은 지니지 못한 상태이지만, 다른 앎들의 소유는 이를 가진 자를 드물게는 이롭게 하나, 더 많은 경우 해롭게 하는 것 같다고 내가 말했을 때, 진실로 옳게 말한 것으로 보이지 않았던가?

알키비아데스: 그때는 그렇지 않았더라도, 지금은 제게 그리 생각됩니다, 소크라테스 선생님!

소크라테스: 그러니 나라도 혼도 옳게 살아가게 되고자 하는 것은 이 앎을 꼭 붙들어야만 하네. 마치 영락없이 병자가 의사를, 또는 안
147a 전하게 항해를 하고자 하는 자가 어떤 키잡이를 붙들듯이. 왜냐하면 이 앎은 없는 상태에서, 재물의 획득이나 육체적인 힘 또는 이런 유의 그 밖의 것들과 관련해서, 행운의 순풍이 솔솔 불어 줄수록, 그리 보이듯, 이것들로 인한 잘못들도 그만큼 더 커질 게 필연적일 것이기 때

문일세. 하지만 이른바 박학다재인 사람도, 이 앎이 없는 고아 상태에서, 그것들 각각에 의해서 이끌리게 되면, 참으로 당연히도 심한 폭풍우를 만나게 되지 않겠는가? 내가 생각하기로 조타수도 없이 난바다에서 계속 항해하다가, 얼마 살지도 못하겠기 때문이네. 그래서 이 경 b
우에도 그 시인의 시구가 맞아떨어지는 걸로 내게는 생각되네. 그는 아마도 누군가를 비난하면서 말하고 있는 것 같은데, 그러니까 이런 걸세. "그는 많은 일을 알고 있었지만, 모두 잘못 알고 있었다."[12]고 말하는 걸세.

알키비아데스: 그러니까 무엇 때문에 그 시인의 시구가 등장하는 겁니까, 소크라테스 선생님? 제게는 전혀 적절히 말씀하신 것으로 되지 않은 것으로 생각되어섭니다.

소크라테스: 그것도 아주 적절히 말한 걸세. 그러나 이보게나, 이 시인도 그리고 다른 시인들도 거의 모두가 수수께끼 투로 말하네. 그리고 실은 시작(詩作: poiētikē) 전체가 본성적으로 수수께끼 투이고 아무나 알 수 있는 성질의 것이 아니기 때문이네. 더 나아가 그게 본 c

12) 이 시구는 기원전 7~6세기의 Margitēs라는 제목의 이야기 투 서사시인데, 같은 이름의 바보스런 인물인 주인공이 혼인 날에 읊은 것이라 한다. 아마도 그동안 인생의 역정을 거치며, 그 나름으로 이 일 저 일 하며 산전수전 다 겪은 셈이다. 혼인을 하고서 첫날밤을 지내게 되고서, 그동안의 제 삶을 돌아보며, 이 시를 읊고 있었던 것일 것이다. 바로 다음에 옮긴 6행만 남은 이 시의 마지막 줄이 본문에 인용된 것이다. "한 늙은 빼어난 음유시인이 콜로폰으로 왔네./무사 여신들과 제 목적을 성취하는 아폴론을 섬기는 /사랑스런 손에는 소리를 잘 내는 리라를 쥐고서./신들은 그를 광부로도 농부로도 만들지 않았으며,/ 아무것에도 별나게 지혜롭게 만들지 않았다. 모든 기술에서 좌절했다./ 그는 많은 일을 알고 있었지만, 모두 잘못 알고 있었다." 그리고 이 시의 첫째 줄에 나오는 Kolophōn은 이오니아의 에페소스 위쪽에 있은 나라였다.

성적으로 이런 것인 데다, 자신의 지혜를 우리에게 드러내 보이고 싶어 하지 않고 최대한 감추고 싶어 하는 시기심 많은 사람을 그게 붙들게라도 될라치면, 그 각각의 시가 도대체 뭘 뜻하는지, 그걸 엄청나게 알기 어려운 걸로 보이게 만드네. 왜냐하면 더할 수 없이 천부적이며 지혜로운 시인인 호메로스가 '잘못 알 수 있었다는 걸' 알지 못하는 걸로 자네가 생각지는 않을 게 확실하니까. — 마르기테스가 많은 것을 알게 되지만, 모든 것을 잘못 알았다고 말하는 것으로 말하
d 는 사람은 그이기 때문이네. — 그러나 kakon(신통치 못하다) 대신에 kakōs(잘못)를, '알게 되다(epistasthai)' 대신에 '알았다(ēpistato)'를 끌어다 씀으로써 수수께끼 투로 말하게 된 것으로 나는 생각하네. 운율을 벗어나 결합하게 되면, 그가 뜻하는 것은 이런 것이 되네. "그는 많은 일을 알았지만, 그로서는 이것들 모두를 아는 것이 신통치 못했다."[13] 따라서 만약에 그로서는 많은 것을 아는 것이 정말로 신통치 못했다면, 그는 하찮은 사람이었던 게 명백하네. 앞에서 말했던 것들에

---

13) 여기에서의 논의를 제대로 이해하기 위해서는 보완적 설명이 필요하겠다. 146d~e에서의 다음 구절에 대한 언급을 먼저 하는 것부터 시작하겠다. "만약에 누군가가 '가장 좋은 것(to beltiston)에 대한 앎(epistēmē)'은 지니지 못한 상태이지만, 다른 앎들의 소유는 이를 가진 자를 드물게는 이롭게 하나, 더 많은 경우 해롭게 하는 것 같다고 내가 말했을 때, 진실로 옳게 말한 것으로 보이지 않았던가?" 이런 결과는 바로 그 앞(146c 끝 쪽)에서 말했듯, '가장 좋은 것을 잘못 짚음(diēmartēkenai tou beltistou)'에서 비롯된다. 곧 '참으로 잘 사는 것·세상사 잘 처리하며 잘 지내는 것(to eu prattein)'과 관련해서 제대로 알지 못한 것 곧 '잘못(kakōs: badly, ill) 안 것'이다. 이 앎이 없는 상태(aneu)를 여기(147a)에서는 심지어 지적인 '고아 상태(orphanos)'로까지 말하고 있다. '가장 좋은 것'은 결국 플라톤이 궁극적 인식 대상으로 제시한 '좋음 자체(auto to agathon)'를 지칭하는 것일 것이다.

대해 어쨌든 신뢰해야만 한다면 말일세.

알키비아데스: 그러나 제게는 그리 생각됩니다, 소크라테스 선생 e
님! 만약에 이에도 제가 동의하지 못한다면, 다른 어떤 논의들에 제가 동의하기가 어렵겠네요.

소크라테스: 어쨌든 자네에게 그리 생각된다는 건 옳기도 하네.

알키비아데스: 다시 또 이렇게도 생각되네요.

소크라테스: 자, 단연코, 이 얼마나 큰 그리고 어떤 당혹스러움에 나와 함께 자네도 처하게 되었는지를 자네가 보며 실감하고 있는 걸로 생각되네. 실로 자네가 오락가락하며 멈추지도 못하고 있지만, 무엇이건 특히 확신이 서면, 이것이 자넬 다시 빠져나오게 해서 더는 똑
같은 생각을 하지 않게 할 것이야. 그러니 만약에 자네가 찾아 가고 148a
있던 그 신이 여전히 지금도 나타나서, 자네가 무슨 기원이든 하기 전에, 자네에게 묻기를, 처음에도 말했던 바로 그것들 중의 어느 하나가 이루어지면, 자네로선 만족하겠는지 묻는다면, 또는 그로서는 자네에게 기원하도록 맡긴다면, 그에게서 주어지는 것들을 받는 쪽 또는 스스로 기원함으로써 소원을 이루게 되는 쪽 중에서 어느 쪽을 생각하고 있는가?

알키비아데스: 하지만, 맹세코, 저는 이처럼 선생님께 아무런 대답의 말도 할 수가 없네요, 소크라테스 선생님! 하지만 얼빠진 짓인 걸로 제게는 생각되기도 하고, 참으로 몹시 마음 사릴 일이기도 합니다.
누군가가 좋은 것들이라 여기고서, 나쁜 것들을 잊지 않고 기원하도 b
록 했다가는, 조금 뒤에 멈추고서는, 바로 선생님께서도 말씀하셨던 대로,[14] 취소하는데, 처음에 기원했던 것들 모두를 철회하고서죠.

14) 142d에서.

소크라테스: 그러니까 논의의 첫머리에서[15] 언급된 그 시인은 우리보다도 더 많은 걸 알고 있어서, 불행한 것들을 기원하는 사람들에게도 그걸 막아 달라고 한 것이 아니겠는가?

알키비아데스: 제게는 그리 생각됩니다.

소크라테스: 그러니까, 알키비아데스여, 이 시인을 라케다이몬(스
c 파르타)인들이 부러워해서건, 또는 이들 자신들도 이처럼 고심해서건 간에, 사사롭게도 공적으로도 그때마다 거의 비슷한 기원을 하는데, 좋은 것들에 더해 또한 아름다운 것들을 신들이 저들 자신들에게 내려 주십사 하고 당부하면서네. 그러나 그들 기원을 하는 사람들에게서 아무도 더는 듣는 게 없네. 이 때문에 이제껏 이들은 누구 못지않게 행운일세. 그래서 이들에게 모든 면에서 행운이 아닌 경우가 있
d 더라도, 이는 기원 때문이 아니라, 신들에 달린 것이어서, 어떤 것들은 기원을 함으로써 주어지는 것이기도 하나, 이와 반대의 경우도 있네. 그러나 나는 자네에게 다른 어떤 이야기도 해 주고 싶네. 이는 언젠가 내가 어떤 연장자들에게서 들은 것이네. 아테네인들과 라케다이몬인들 사이에는 늘 분쟁이 일어, 육지에서고 바다에서고 전쟁이 벌어질 땐, 우리 나라는 불운하고 결코 제압을 할 수 없었네. 그래서 아테네인들은 그 사태에 괴로워하며 당혹스러워, 당면한 나쁜 사태들에
e 서 탈피하는 방책을 찾아야만 해서, 협의를 한 이들에게는 저 아몬[16]에게 사절을 보내 물어보는 것이 최선이라 판단되었다네. 이에 더해, 또한 이렇게 물어보기로 했다네. 도대체 무엇 때문에 신들이 자신들에게보다도 라케다이몬인들에게 더 승리를 안기는지를. 그들은 이렇

15) 143a에서.

16) 고대 이집트의 수도 테베의 신 Amana(훗날 Amun으로 바꿔 부름). Ammōn은 헬라스 식 명칭임.

148e

게 말했다네. "자신들이 헬라스인들 중에서 가장 많고 가장 훌륭한 제
물들을 가지고 오며, 그들의 신전들을, 다른 누구들보다도, 봉물들로
장식하였으며, 해마다 신들에게 가장 호사스럽고 엄숙한 제례 행렬
을 제공했으며, 다른 모든 헬라스인들이 하지 못한 재화를 지불했습 149a
니다." 또한 그들은 말했다네. "반면에 라케다이몬인들은 이런 것들에
대해 아무런 관심도 가진 적도 없고, 신들에 대해 이처럼 소홀히 하는
처지여서, 그때마다 불비한 상태로 제물을 바치며, 그 밖에도 모든 걸
우리보다도 적잖이 모자라게 치릅니다. 재물은 저희 나라보다도 적지
않게 갖고 있으면서요." 이런 것들을 말한 다음, 이들은 자신들이 무
엇을 함으로써 당면한 해악들에서 벗어날 길을 찾게 되겠는지 물었
더니, 그 예언자는 다른 어떤 대답도 하지 않고, ―그 신이 그 이상은 b
허락지 않았기 때문인 게 분명하겠는데―그를 부르더니, 말했다네.
"아몬께서는 아테네인들에게 이렇게 말씀하시오. 당신께서는 헬라스
인들의 모든 제물보다도 라케다이몬인들의 좋은 징조의 삼가는 말[17]
인 걸 바란다고." 그는 그만큼만 말하고, 더는 말하지 않았다네. 그러
니까 좋은 징조의 삼가는 말로 이 신이 말하는 건 이들의 기원 이외
의 다른 어떤 것인 게 아닌 걸로 내게는 생각되네. 왜냐하면 그건 다
른 것들과는 참으로 아주 다르기 때문이네. 다른 헬라스인들은 일부 c
는 뿔을 황금으로 입힌 소를 옆에 세우고서, 또 다른 이들은 봉헌물들
을 신들에게 바치고서는, 생각나는 대로 좋은 것들이건 나쁜 것들이
건 기원을 하네. 그래서 신들은 이들의 불경스런 언사들[18]을 듣고서
는, 이들 값비싼 제례 행렬들과 제물들을 받아들이지 않네. 그러나 내

17) 여기서 '좋은 징조의 삼가는 말'은 euphēmia를 그렇게 옮긴 것이다.

18) '불경스런 언사'의 명사형은 blasphēmia로서 바로 앞 각주에서 말한 euphēmia의 반대어이다.

149c

게는 대단한 마음 사림과 도대체 뭘 말해야만 하며 뭘 말하지 말아야 할지에 대한 고찰이 요구되는 걸로 생각되네.

한데 자네는 호메로스에게서도 이것들과 비슷한 이야기들을 발견할
d 것이야. 그는 이렇게 말하고 있으니까. 트로이아인들이 야영을 치면서

> 죽지 않는 신들에게 완벽한 헤카톰베[19]를 제물로 바쳤다.
> 바람들이 제물들의 타는 훈기와 냄새를 들판에서 하늘로 올려 보내네.
> 구수할 테지만. 복된 신들은 전혀 끼어들게 되지도 않았으며,
> 내켜하지도 않았다. 몹시도 그들에게 미움을 사서였다. 성스러운 일리오스도
> e 프리아모스도 창에 숙달한 프리아모스의 군사들도.[20]

그래서 이들에게는 제물을 바치고 선물을 하는 것이 아무런 도움도 되지 않고 헛일이었네, 신들에게 미움을 산 터라. 선물들로 해서 오도되는 그런 일은 악덕 고리대금업자와도 같은 짓이라 나는 생각하니까. 하지만 이 점에서는 라케다이몬인들보다 우리가 우월하다고 생각한다면, 우리가 어리석은 거네. 만약에 신들이 우리의 선물들과 제물들은 주시하되 혼에 대해서는 주시하지 않는다면, 곧 누군가가 경건
150a 하며 올바른지는 주시하지 않는다면, 이상할 일일 테니까. 어쨌든 이

19) hekatombē는 어원상으로는 백(hekaton) 마리의 소(bous)란 뜻이지만, 실제로 제물로 바치는 것은 훨씬 적은 수이고, 소 대신에 숫양이 주를 이루기도 했다고도 한다.

20) 인용된 시구는《일리아스》8권 548~552행이다. 그런데 여기에서 고딕체로 표시된 549행을 제외한 나머지는 원래의 필사본들에는 없었던 것이었는데, 바로 이 대화편에서 호메로스가 이 대목에서 이런 말을 한 것으로 언급한 걸로 되어 있어서, 오늘날의 텍스트에서 이를 삽입하고 있다.

150a

에 훨씬 더 주목할 것이라 나는 생각하네. 이들 값비싼 행렬과 제물들에 대해서보다도. 이것들이 신들에 대해서고 인간들에 대해서고 많은 거스르는 짓을 하는 것인데도, 해마다 개인이고 나라고간에 수행하네. 그러나 신들은 뇌물을 받는 자들이 아니어서, 이 모든 것을 경멸하네. 아몬과 신들의 대변자가 말하듯. 실로 신들 그리고 지성을 갖춘 사람들에게서는 올바름과 지혜가 각별히 존중받네. 지혜롭고 올바른 b
사람들은 신들 그리고 인간들을 상대로 해야 할 언행을 알고 있는 이들 이외의 다른 누구들도 아닐세. 나는 자네가 이것들에 대해서 마음 속으로 도대체 어떤 생각을 품고 있는지 자네에게서도 듣고 싶네.

알키비아데스: 하지만, 소크라테스 선생님, 바로 선생님께 그리고 신께 생각되는 바와 달리 어떻게 제게 생각될 건 없겠네요. 제가 신과는 반대 투표를 할 것 같지가 않기 때문입니다.

소크라테스: 그러니까 자네는 자신이 나쁜 것들을 좋은 것들로 여기고서 자신도 모르는 결에 기원하지 않을까 크게 당혹스러운 처지에 있다고 말한 걸 기억하고 있는 게 아닌가? c

알키비아데스: 기억하고 있습니다.

소크라테스: 그래서 자네는 신께 기원하러 가는 것이 얼마나 불안한 것인지를 보고 있네. 자네가 자칫 불경한 말을 하는 걸 듣고서, 제물을 수용하기는커녕, 혹여 엉뚱한 것을 받아 갖게 되는 그런 일이나 일어나지 않을까 하고서. 그래서 조용히 있는 게 더 나은 걸로 내게는 생각되네. 라케다이몬인들의 기원은 자네가 그 공상가적인 생각[21]—이건 분별없음에 대한 지칭들 중에서 가장 좋은 표현이기

21) 원어는 megalopsykhia인데, 이를 LSJ 대사전에서는 아예 Quixotism(돈 키호테처럼 현실과 동떨어진 생각을 하고 있는 마음 상태)로 규정하고 있다. 앞서 140c에서는 '공상가들(megalopsykhoi)'로 어떤 사람들을

150c

d 에—때문에 이용하려 하지 않을 걸로 내게는 생각되니까. 그러니까 신들과 인간들에 대해 누군가 어떤 태도를 취해야만 하는지를 배우게 되기까지는 기다리는 게 필연적이기 때문이네.

알키비아데스: 그러면, 소크라테스 선생님, 언제가 그때가 될까요? 가르쳐 줄 사람은 누구이고요? 이 사람이 누구일지 보게 되면 더할 수 없이 기쁘겠다는 생각이 듭니다.

소크라테스: 이 사람에겐 자네가 관심 대상이지. 그러나 내게는 이런 생각이 드네. 마치 아테나 여신이 디오메데스의 눈에서 안개를 걷어 냈다고 호메로스가 말하듯,

> 그가 신도 사람도 잘 알아볼 수 있도록,[22]

e 이처럼 자네도 지금 퍼져 있는 안개를 첫째로 혼에서 걷어 내어야 할 것이니, 그때에야 이를 통해서 나쁜 것과 좋은 것을 알아보게 될 준비가 되는 것일세. 실상 지금으로선 자네가 그럴 수 있게 되지는 않은 것으로 내게는 보이네.

알키비아데스: 걷어 내게 하세요. 안개든 다른 무엇으로 부르겠든 간에. 저는 그에게서 지시받는 것들 중의 어느 것도 피하지 않을 준비가 되어 있으니까요. 그 사람이 누구이든, 어쨌거나 제가 더 낫게만 된다면요.

151a 소크라테스: 하지만 그도 자네와 관련해선 놀라울 정도의 열의를

가리키는지 설명하고 있다. 여기에서도 이것이 어떤 표현인지 설명하고 있다.

22) 《일리아스》 5권 128행. 그리고 127행의 내용은 바로 앞 본문에 산발적으로 풀어져 있다.

151a

갖고 있네.

알키비아데스: 그러면 제물을 바치는 것도 그때로 미루는 게 더없이 좋겠네요.

소크라테스: 또한 옳은 생각이기도 하고. 그게 그런 위험을 감행하는 것보다도 더 안전하니까.

알키비아데스: 하지만, 어쩌죠, 소크라테스 선생님? 실로 이 화관은, 선생님께서 제게 훌륭한 조언을 해 주셨으니, 선생님께 두르게 해 드리겠습니다. 그러나 신들께도 화환과 함께 다른 모든 관례의 것들 b
을, 그날이 도래하는 걸 제가 보게 될 그때에, 우리가 바치게 될 것입니다. 또한 신들께서 바라실 때, 그때는 머지않아 올 것입니다.

소크라테스: 나로서야 그 선물도 받겠고, 자네가 주는 그 밖의 선물도 기쁘게 받는 내 모습도 보고 싶군. 마치 크레온이 화관들을 쓰고 있는 테이레시아스를 보고 또한 그가 자신의 예언 기술로 해서 적들에게서 첫 전리품으로 이를 취하게 된 것임을 듣고서, [이렇게] 말하는 것으로 에우리피데스가 시를 지었듯이.[23]

> 그대의 영광스런 승리의 화관을 상서로운 징조로 보네.
> 자네가 알고 있듯, 우린 파도 속에 있으니.

---

23) 이 시구는 에우리피데스의 《페니키아 처녀들(*Phoinissai*)》 858~859행임. Kreōn은 오이디푸스의 아내 Iokastē의 오라버니이다. 이 전쟁은 오이디푸스의 두 아들 Eteoklēs와 Polyneikēs 간의 왕위 다툼과 관련된 것이다. 그런 점에서는 아이스킬로스의 《테베를 공격하는 일곱 장수들》과 그 이야기 내용이 부분적으로는 겹치는 것이다. 페니키아의 처녀들은 이 비극에서 합창가무단으로 등장하는데, 델피 아폴론 신전의 봉사원들로, 순회 중에 테베의 전쟁으로 억류된 상태에 처하게 된 것이다.

c 이처럼 나 또한 자네의 그 생각을 상서로운 징조로 보네. 크레온의 그것보다 못지않은 파도 속에 있는 걸로 생각되기도 하고, 자네를 사랑하는 자들에 대한 승리의 화관을 쓰는 자가 되고 싶으이.

참고 문헌

1. 《대 히피아스》 편 · 《소 히피아스》 편 · 《알키비아데스》 편 · 《알키비아데스 II》 편 모두의 원전 · 주석서 · 역주서

Burnet, J., *Platonis Opera*, II, Oxford: Clarendon Press, 1901.

Burnet, J., *Platonis Opera*, III, Oxford: Clarendon Press, 1903.

Croiset, M., *Platon: Œuvres Complètes*, Tom. I, *Hippias Mineur, Alcibiade, apologie de Socrate, Euthyphron, Criton*, Paris: Les Belles Lettres, 1985.

Croiset, M., *Platon: Œuvres Complètes*, Tom. II, *Hippias Majeur, Charmide, Laches, Lysis*, Paris: Les Belles Lettres, 1972.

Denyer, N., *Plato: Alcibiades*, Cambridge: Cambridge University Press, 2001.

Fowler, H. N., *Plato, IV, Cratylus, Parmenides, Greater Hippias, Lesser Hippias*, Loeb Classical Library, Cambridge, Mass.: Harvard University Press, London: W. Heinemann, 1926.

Lamb, W. R. M., *Plato, XII, Charmides, Alcibiades, etc.*, Loeb Classical Library, Cambridge, Mass.: Harvard University Press, London: W. Heinemann, 1927.

Marboeuf, Ch. et Pradeau, J.-F., *Platon: Alcibiade*, Paris: Flammarion, 1999.

Pradeau, J.-F. et Fronterotta, F., *Platon: Hippias majeur, Hippias mineur*, Paris: Flammarion, 2005.

Schleiermacher, F. /Hofmann H., *Platon Werke*, I, *Ion, Hippias I, II, Protagoras, Laches, Alkibiades*, etc, Darmstadt: Wissenschaftliche Buchgesellschaft, 1977.

Tarrant, D., *The Hippias Major attributed to Plato*, Cambridge: Cambridge University Press, 1928.

Vancamp, B., *Platon: Hippias Maior–Hippias Minor*, Stuttgart: Steiner, 1996.

Woodruff, P., *Plato: Hippias Major*, Oxford: Basil Blackwell, 1982.

2. 《대 히피아스》 편 · 《소 히피아스》 편 · 《알키비아데스》 편 · 《알키비아데스 II》 편 번역서

Cooper, J. M. ed., *Plato: Complete Works*, Indianapolis/Cambridge: Hackett Pub. Co., 1997.

3. 기타 참고서

Brandwood, L., *A Word Index to Plato*, Leeds: W. S. Maney and Son Ltd., 1976.

Diels/Kranz, *Die Fragmente der Vorsokratiker*, I, II, Bonn: Weidmann, 1954.

Goodwin, W. W., *A Greek Grammar*, London: Macmillan & Co. Ltd, 1955.

Guthrie, W. K. C., *A History of Greek Philosophy*, Vol. III, IV, Cambridge University Press, 1969, 1975.

Hornblower, S. and Spawforth, A. (edd), *The Oxford Classical Dictionary* (3rd ed.), Oxford University Press, 1999.

Howatson, M. C. (ed.), *The Oxford Companion to Classical Literature*, Oxford University Press, 1990.

Kahn, C. H., *Plato and the Socratic Dialogue*, Cambridge University Press, 1996.

Kraut, R. (ed.), *The Cambridge Companion to Plato*, Cambridge University Press, 1992.

Riginos, A. S., *Platonica*, Leiden: E. J. Brill, 1976.

Slings, S. R., *Platonis Respublica*, Oxford: Clarendon Press, 2003.

Smyth, H. W., *Greek Grammar*, Renewed ed., Cambridge, Massachusetts, Harvard University Press, 1984.

Stanford, W. B., *The Odyssey of Homer*, Books I–XII, London: St Martin's Press, 1965.

Stanford, W. B., *The Odyssey of Homer*, Books XIII–XXIV, London: St Martin's Press, 1965.

Willcock, M. M., *The Iliad of Homer*, Books I–XII, London: St Martin's Press, 1978.

Willcock, M. M., *The Iliad of Homer*, Books XIII–XXIV, London: St Martin's Press, 1984.

Ziegler, K. & Sontheimer, W., *Der Kleine Pauly*, 1~5, München: Deutscher Taschenbuch Verlag, 1979.

박종현 지음, 《헬라스 사상의 심층》, 서광사, 2001.
박종현 지음, 《적도(適度) 또는 중용의 사상》(개정·증보판), 서광사, 2022.
박종현 편저, 《플라톤》(개정·증보판), 서울대학교 출판부, 2006.(절판)
박종현·김영균 공동 역주, 《플라톤의 티마이오스》, 서광사, 2000.
박종현 역주, 《플라톤의 네 대화편: 에우티프론, 소크라테스의 변론, 크리톤, 파이돈》, 서광사, 2003.
박종현 역주, 《플라톤의 필레보스》, 서광사, 2004.
박종현 역주, 《플라톤의 국가(政體)》(개정 증보판), 서광사, 2005.
박종현 역주, 《플라톤의 법률》: 부록 《미노스》, 《에피노미스》, 서광사, 2009.
박종현 역주, 《플라톤의 프로타고라스/라케스/메논》, 서광사, 2010.
박종현 역주, 《플라톤의 향연/파이드로스/리시스》, 서광사, 2016.
박종현 역주, 《플라톤의 고르기아스/메넥세노스/이온》, 서광사, 2018.
박종현 역주, 《플라톤의 소피스테스/정치가》 서광사, 2022.
박종현 역주, 《플라톤의 카르미데스/크리티아스/서간집》 서광사, 2023.
박종현 역주, 《플라톤의 에우티데모스/크라틸로스》 서광사, 2025.

고유 명사 색인

1. 《대 히피아스》 편은 Stephanus 판본 III권(St. III) p. 281a에서 시작해 p. 304e로 끝난다. 그리고 《소 히피아스》 편(Hippias Elattōn)은 St. I. pp. 363a~376e이다. 《알키비아데스》 편은 St. II. pp. 103a~135e이고, 《알키비아데스 II》 편은 St. II. pp. 138a~151c이다.
2. 스테파누스 쪽수 앞의 * 표시는 그곳에 해당 항목과 관련된 각주가 있음을 뜻한다.

내용 색인

1. 《대 히피아스》 편은 Stephanus 판본 III권(St. III) p. 281a에서 시작해 p. 304e로 끝난다. 그리고 《소 히피아스》 편(Hippias Elattōn)은 St. I. pp. 363a~376e이다. 《알키비아데스》 편은 St. II. pp. 103a~135e이고, 《알키비아데스 II》 편은 St. II. pp. 138a~151c이다.
2. 스테파누스 쪽수 앞의 * 표시는 그곳에 해당 항목과 관련된 각주가 있음을 뜻한다.

[ㄱ]

[ㄴ]

[ㄷ]

[ㄹ]

[ㅁ]

[ㅇ]

[ㅈ]

[ㅊ]

[ㅋ]

[ㅌ]

[ㅍ]

[ㅎ]